BRAINSP●TTING

뇌과학 기반 트라우마 치료법
브레인스포팅

| David Grand, PhD. 저 | 서주희·고경숙 공역 |

학지사

브레인스포팅
Brainspotting

역자 서문

연신 비가 내리고 있는 장마철이다. 눅눅함이라는 느낌에 머물러 보니 장마철에 있었던 기억들이 새록새록 떠오른다. 재작년 이맘때쯤이었을 것이다. 그날도 역시 비가 내려 눅눅한 날씨였는데, 타카오 선생님을 청주의 한 한정식집에서 만났었다. 타카오 선생님은 80을 바라보는 나이시지만, 늘 끊임없이 수행하며 임상에서 치료사로 활약하시며 새로운 치료법을 탐구하는 즐거움을 느끼시는 하코미 트레이너이시자 한결같으신 스승님이셨다. 몇 년 만에 뵙는 자리였지만, 한국의 제자들에게 아주 획기적인 치료법을 소개해 주겠다며 한걸음에 달려와 그 자리에서 시연을 해 보이시고, 나에게는 번역을 해 보라고 손에 있던 책을 그대로 선물로 주셨다. 짐작하셨겠지만, 그날의 책이 지금 여러분이 읽고 계시는 『브레인스포팅』이다.

그 뒤로 몇 번의 모임을 통해 선생님은 브레인스포팅을 전수해 주셨고, 이것은 열린 치료법이기 때문에 기존에 쓰고 있던 치료법인 하코미 테라피나 한의학적인 방법과도 같이 결합하여 응용할 수 있다는 말씀도 잊지 않으셨다. 전수받은 내용을 바탕으로 임상에서 써 보며 효과를 보았지만, 정규 트레이닝 과정에 참여하고 싶은 갈망에 2019년 한겨울 공역자인 고경숙 선생님과 함께 일본 도쿄로 날아가 브레인스포팅 트레이닝 과정에 참여하게 되었다. 그때 데모 세션에 참여하게 되었고, 그 세션에서 그 전에 다른 어떤 치료법에서도 경험해 보지 못한 강렬한 신경계의 반응을 느끼게 되었다. 한국에 돌아와서도 그 여파는 지속되어 다른 명현반응들로 이어졌고, 일주일 정도 지난 다음 잠잠해졌다. 그날 이후 뭔가 가벼워진 기분과 함께 내 머릿속에서는 '헌신'이라는 단어가 맴돌고 있었다.

브레인스포팅은 EMDR 치료사였던 저자가 피겨 스케이팅 선수였던 내담자를 치료하는 장면에서 우연히 발견하게 된 방법이고, 이후 다른 치료사들과 함께 다양한 방법으로 적용하며 발전시켰으며, 저자 역시 다른 트라우마 치료기법들을 접하면서 그것들과 브레인스포팅을 접목하며 점점 혁신을 거듭해 현재의 모습을 띠게 되었다.

EMDR과 브레인스포팅은 시각처리를 이용한다는 점에서는 그 출발선이 비슷할 수 있지만, 뇌 안에서 이루어지는 치료의 프로세스는 다른 듯하다. EMDR은 좌우로 시선을 움직이는 안구 운동을 이용하지만(안구 운동 외에 다른 양측성 자극도 사용), 브레인스포팅은 "어디를 보느냐에 따라 느낌이 달라진다."라는 모토를 기반으로 시선을 고정하여 처리하는 방법이다(브레인스포팅의 근거와 효과에 대해서는 이미 연구들이 진행되었고 현재도 진행 중이다).

한의학을 몰랐을 저자였을 텐데, 브레인스폿이 뇌의 혈자리라는 표현은 그야말로 정확했다. 한의학에서는 경락이라는 것을 통해 단순히 아픈 자리에 침을 놓는 것이 아니라 그러한 증상을 나타나게 하는 원인을 탐구하여 그 원인 자체를 다스릴 수 있는 연관성이 있는 혈자리에 침을 놓아 질병을 치료한다. 외상 기억은 일반적인 기억과는 다르게 통합되지 않은 채 파편화되어 소화되지 못한 조각으로 뇌에 저장되어 있다. 브레인스폿은 인간의 뇌가 가지고 있는 고유의 지혜와 스스로의 치유 능력을 믿고 트라우마로 인해 얼어붙어 있는 기억에 접근할 수 있는 시야의 지점을 찾고, 그 지점을 바라보게 함으로써 처리되지 못했던 부분이 풀려 나가게 하는 방법이다. 마치 얼어 있던 땅에 돋보기를 대고 햇볕을 모아 주면 그 자리가 녹듯이 말이다.

번역 작업을 하면서 감동적이었던 것은, 브레인스포팅이라는 혁신적인 치료 기술의 발견은 물론이거니와, 그 기법을 사용하는 데에 있어 중요한 치료자의 마음가짐을 강조한 부분이었다.

치료자는 내담자의 꼬리처럼 한발 뒤에서 따라가고, 치료자와 내담자 사이의 안심, 안전의 장을 기본으로 확립하고 이후에 그 장 안에서 펼쳐지는 서로 간의 공명과 신경계의 공명을 설명하였는데, 이런 치료자와 내담자 사이의 관계성만으로도 최근의 대인관계 신경생물학에서도 밝히고 있는 충분한 치유적 충분조건이 될 수 있는 것이다. 서로 마주보고 있는 역동적인 상호 주관적인 장에서 공감적인 치료자가 환자의 조절되지 못한 신경계의 패턴에 암묵적인 방식으로 순간순간 추적하며 서로 조화시킨다. 내담자에 온전히 공명하고, 치료를 위해서라면 그 어떤 다른 치료법도 포용하고 통합하려는 저자의 따뜻하고 열린 마음이 번역하는 내내 느껴져 나 자신도 같은 마음으로 공명되는 듯하였다.

한국정신치료학회 회장이셨던 소암 이동식 선생님은 얼어붙어 있는 환자의 동토에 봄을 가져다주는 것이 치료라 하셨다. 또한 치료의 결정적인 요인은 치료자와 환자와의 관계이고, 이것은 환자를 공감하는 치료자의 인격에 의해서 만들어진다고 하셨다.

획기적인 치료법이라 빨리 치료의 현장에서 쓰고 싶은 조급한 마음도 있었다. 하지만 기법을 써 보고 싶어 서두르다가 그보다 더 중요한 치료자의 공감적 자세를 잃어버리고 안전의 장이 형성되지 않은 채 시도되면 안 된다고 타카오 선생님께서도 누누이 말씀하셨고, 다미주 이론을 제창한 스티븐 포지스 박사도 치유 과정의 가장 중요한 요소로서 '안전하다고 느끼는 것'임을 강조하셨다. 이러한 마음가짐을 잊지 않고 치료자의 자세를 유지하는 것 자체가 도(道)이고 곧 치유일 것이다.

이 책이 한국에 나올 수 있도록 문을 열어 주신 타카오 타케히로 선생님, 강형원 교수님, 일본 브레인스포팅 트레이너 스즈키 타카노부상, SE 프랙티셔너 모토코 타마키상, 무엇보다도 한국에 처음 소개되는 생소한 기법인데 흔쾌히 출판을 허락해 주시고 도와주신 학지사 김진환 사장님께도 깊은 감사의 마음을 전하고 싶다.

2020년 10월 역자 대표 서주희

브레인스포팅
Brainspotting

추천사

데이비드 그랜드 박사의 '브레인스포팅'이 한국어로 번역이 되어 나온 것을 진심으로 환영합니다. 브레인스포팅은 그랜드 박사가 정신분석, EMDR 및 SE 훈련을 소화하고 통합하여 만든 새로운 트라우마 치료 방법으로 내담자들을 보다 효과적으로, 보다 빨리, 보다 힘들지 않게 치료하는 방법을 찾기 위한 노력의 산물로 만들어진 것입니다. 트라우마 내담자들은 자신만의 고유한 방법으로 증상을 앓고 또한 치유의 과정도 개개인마다 다르기 때문에 치료사들이 다양한 이론과 치료 방법을 배워야 하지만, 정작 내담자를 대면할 때는 모든 것을 내려놓고 내담자에게 조율하고 내담자의 리드를 따라야 한다는 너무나 당연하지만 중요한 진실을 그랜드 박사는 독자들에게 알려 줍니다. 한국에서 트라우마 환자들을 효과적으로 치료하기 위한 방법을 끊임없이 찾고 또 배우고 있는 한방신경정신과 전문의 서주희 박사가 이 책의 역자라는 것도 우연은 아닐 것입니다. "구하면 찾을 것이다."라는 말처럼 그랜드 박사와 서주희 박사의 트라우마 환자들을 고통에서 구하겠다는 마음과 의지 또 자신이 아는 것을 남들과 나누려는 마음이 만난 결과로 출판되는 이 책이 많은 치료사와 내담자에게 전달되어 트라우마의 고통이 지배하는 역사가 아니라 이를 극복한 승리의 역사를 만들어 나가는 데 일조하기를 기원합니다.

-뉴욕에서 정신분석가 권혜경 박사. DA, LP, NCPsyA. 『감정조절』 저자

잠시 바라보면 몸을 느낀다!

눈동자의 움직임을 관찰하면서 어지럽거나 이명이 커지고 속이 울렁거리는 등의 신체 증상을 확인한 후 특정 방향으로 안구 재활운동을 시키는 것이 전정재활훈련인데, 여기에 마음을 담아서 정신적 장애와 트라우마가 있는 경우에 마음의 창인 눈의 특정 방향을 통해 심리적 장애 수준에 따라 신경-심리치료를 해 주는 탁월한 방법이 바로 바로 브레인스포팅이다.

사방팔방 어딘가를 쳐다보고 바라보는 것은 뇌의 스폿을 활용해 마음과 몸을 활성화시키는데 트라우마나 정신적 고통, 우울과 불안장애가 오는 경우에 바라보는 것이 잘 작동이 안 되면서 건강의 탄력성과 사회성을 잃게 된다.

눈동자의 움직임은 큰뇌와 중뇌, 감정뇌 그리고 소뇌와 전정달팽이 신경계를 통해서 조절이 되는데, 눈의 움직임을 활용하면서 정신적 장애를 확인하고 치료해 가는 탁월한 신경-심리 통합치료법이 바로 브레인스포팅이다.

눈동자를 좌우상하, 사방팔방으로 천천히 또는 빠르게 움직이면서 나의 몸은 어떤 느낌을 갖는지 지금 독자들은 한번 셀프 테스트를 해 보면 바로 느낄 수 있는 현상을 이용한 새로운 브레인마인드 치료법이 브레인스포팅이다.

시각과 청각은 뇌의 원시반사에 관여가 많이 되어 있고 감정 조절이 안 되거나 정서장애가 있는 경우에 시각과 청각을 통해서 몸 어딘가에 병이 생기게 마련이다.

시각을 이용한 정서장애의 원인을 찾고 해당되는 맞춤치료를 융합시킬 때 난치성 공황장애나 불안 우울증을 치료할 수 있는 간단하면서도 획기적인 방법이 아닐까?

－윤승일. 한의기능영양학회장, 빙빙한의원 원장, 경희대학교 한의과대학 외래교수.

『어지럼증 없는 세상, 이명 없는 세상』 저자

황제내경 『소문 이정변기론 편』에는 정신치료의 구체적인 방법으로 '이정변기(移精變氣)'를 언급하고 있다. "정(精)을 옮겨서(移) 기분(氣)을 변화시킨다(變)."라는 원리이다. 정기신(精氣神)에서 정은 몸을 말하고, 신은 마음을 의미한다. 가운데 기는 몸과 마음을 이어 주는 매개체 역할을 한다. 즉, 몸을 움직여 기분을 변화시켜 마음을 치료한다는 것이다. 여기서 몸의 움직임은 무엇보다 감각기관을 활용하여 바로 기분의 변화를 유도할 수 있다. 특히 시각은 외부정보를 처음 접하고, 뇌 활동의 70%를 담당하는 감각으로, 단시간에 마음을 변화시킬 수 있는 가장 중요한 감각 기관이다.

눈, 시각을 심층적으로 활용한 브레인스포팅은 이정변기의 현

대화된 기법으로 주목받을 만하다. 과거의 사건과 기억 혹은 감정으로 힘들어하는 트라우마 환자뿐만 아니라 우울증, 불안증, 화병 환자분들에게 희소식이 아닐 수 없다. 심리, 상담학 전공자들 그리고 정신의학뿐만 아니라 임상 현장에 있는 모든 분에게 유익한 책이다.

-강형원. 대한한방신경정신과학회장, 원광대학교 한방신경정신과 교수

저자 서문

2003년에 브레인스포팅을 발견했을 때에는 새로운 치료법을 찾고 있었던 것은 아니었습니다. 적어도 의식적으로는 아니었습니다. 그냥 우연히 발견하게 된 것입니다. 그때까지 다른 심리치료사들이 만든 방법을 사용하면서 특별히 불편함이 없었고 치료 효과도 충분히 거두고 있었습니다. 원래 저는 1980년대 초에 지금도 거주하고 있는 뉴욕의 롱아일랜드에 있는 정신분석협회(the Society for Psychoanalytic Study and Research)에서 정신분석치료사로서 훈련을 받았습니다. 1993년에는 EMDR(eye movement desensitization and reprocessing) 훈련을 받았습니다. EMDR은 '안구 운동 민감 소실 및 재처리 기법'의 머릿글자를 조합한 말인데, 뇌와 신체에 접근하는 기법으로, 순서가 구조화되어 있습니다. 1999년에는 보다 신체 지향적인 소매틱 익스피어리언스(somatic experiencing: SE)라는 방법을 익히게 되었습니다. 이렇게 해서 저는 세 가지 치료법을 훈련받았기 때문에 임상 현장에서 각각의 스킬과 사고방식을 받아들여서 정신분석, EMDR, SE를 통합한 내추럴 플로우(Natural Flow) EMDR이라는 독자적인 방법을 만들어 내었습니다. 이 새로운 방법을 널리 소개하기 위해 첫 저서인 『Emotional Healing at Warp Speed(빠르게 감정을 치유하기)』(국내 미번역)를 출판한 것이 2001년 9월 초였습니다. 기묘하게도 그로부터 11일 후 테러리스트들이 세계무역센터빌딩을 공격하였습니다.

9.11테러 후 수주 동안은 오로지 생존자들의 치료에 전념하였습니다. 그로부터 1년 반 동안 100명 이상의 트라우마에 시달리는 사람들을 치료하였습니다. 생존자 중에는 붕괴된 두 개의 타워 안이나 근처에 있었던 사람, 구조대원, 공격으로 사망한 사람들의 가족들도 포함됩니다. 지금 돌이켜 보면 브레인스포팅을 발견한 것이 9.11테러 발생 후 1년 반이 지났던 때였던 것은 결코 우연이 아닙니다. 생존자들을 치료하면서 비일상적이며 받아들이기 힘든 두려운 일들이 우리 한 사람 한 사람에게, 또 집단에게 미치는 영향을 질리도록 보았습니다. 고통스러워하는 피해자들의 가장 가까이에서 그들을 돕는 사람으로서 저는 몇 번이고 반복하여 온갖 각도에서, 무수한 다른 관점에서 테러를 재경험할 수밖에 없었습니다. 그만큼의 경험에 노출되는 것은 마치 뇌진탕을 맞은 것과 다름없습니다. 얼핏 보아서는 피를 흘리는 부상이 없는 것 같지만, 실은 세포 분자 레벨에 이르기까지 변성을 일으켜 뇌를 손상시킬 수 있을 정도의 충격입니다. 2002년 여름, 나는 완전히 소진되고 말았습니다. 게다가 그렇다는 것을 주변 사람들이 알려 주기 전까지 알아차리지도 못하였습니다. 스스로를 치유할 길을 모색하는

가운데 고통을 창의적으로 승화시킬 방법을 발견하였습니다. 나의 경험을 극의 각본으로 만들어 〈나는 지켜본다(I witness)〉'라는 제목을 붙였습니다.

단기간에 집중하여 많은 사람의 공포스러운 경험 속에 들어가 그것을 목격했더니 심리치료사로서 원래 일반적인 사람들보다 훨씬 발달되어 있는 공명하고 관찰하는 힘이 점점 더 예민해졌습니다. 의식적으로든 무의식적으로든 내담자의 몸이 발하고 있는 신호를 너무나도 민감하게 읽어 내고, 때로는 내담자가 다음에 어떤 반응을 할지 행동하기 전부터 알게 될 정도였습니다. 이처럼 새로운 발견이 될 준비가 되어 있었기 때문에 브레인스포팅은 이 세상에 빛을 보게 된 것입니다.

브레인스포팅이 탄생하고 나서 이 책을 쓰기까지 10년 동안 나의 생활은 달라졌습니다. 놀라운 치유가 전개되어 가는 것을 보는 전 세계 6,000여 명의 브레인스포팅 치료사들의 삶도 달라졌습니다. 그러나 그 10년 동안 누구보다도 삶이 달라진 것은 브레인스포팅 테라피를 받고 나서 트라우마가 깊은 부분에서 놀랍도록 빠르게 치유된 수많은 내담자일 것입니다.

브레인스포팅은 현재 늘고 있는 '뇌 기반 치료법(brain-based therapy)'이라고 불리는 것들 중 하나입니다. 마음(mind)을 넘어서 뇌에 직접 작용을 가합니다. 뇌를 기반으로 한 치료법은 최근 10년에서 20년 사이에 생겨났다고 할 수 있습니다. 역사를 되짚어 보면 그 이전의 심리 요법은 대부분 대화 요법의 부류였습니다. 근원을 더듬어 보면 프로이트의 정신분석을 시작으로 하여 이야기함으로써 치유된다고 생각하였기에 '대화 요법(talking cure)'이라고 불렸습니다. 지금도 심리 요법이라고 하면 대부분 다양한 대화 요법들입니다. 대화를 사용한 이런 치료에는 다양한 형태가 있습니다만, 대개가 사람과 사람 사이의 관계를 바탕으로 하고 있어서 치료사가 내담자에게 조율하고 있으면 잘 진행되어 갑니다(심리 요법의 대화는 높은 수준에서 조율하고 있지 않으면 안 됩니다. 그렇기 때문에 심리치료사는 내담자뿐만 아니라 치료사 자신과 내담자와의 관계의 세세한 부분에도 세심한 주의를 기울입니다. 그렇게 하면서 내담자가 어렸을 때 양육자와의 관계 속에서, 특히 어머니와의 관계 속에서 어떤 경험을 하였는지를 명확히 하여, 어쩌면 그것을 의식하지 못하고 있었을지도 모를 내담자에게 반영하여 전해 줍니다). 이러한 대화 요법의 단점은 지금이나 옛날이나 마찬가지로 대개의 경우 초점이 명확하지 않아 내담자가 변화하기까지 수개월, 때로는 수년이나 시간이 걸린다는 점입니다.

한편, EMDR도 그렇습니다만 기술적인 치료법에서는 내담자가 절차를 따르게 하는 것에 주안점을 둡니다. 치료사는 미리 정해진 순서에 따라 내담자를 인도하기 때문에 기술적이며 인간관계를 기반으로 하지 않습니다. 기법에 집중을 하기 때문에 치료사와 내담자의 관계 그 자체는 그다지 주목되지 않습니다. EMDR은 확실히 효과가 있는 치료법입니다만, 치료사가 내담자에게 조율하는 관계성의 부분에서는 아무래도 충분하기가 쉽지 않습니다.

대화 요법과도, EMDR과도 달리 브레인스포팅 치료 모델에서 치료사는 내담자 자체와 내담자의 뇌의 프로세스 양쪽 모두를 조율합니다. 브레인스포팅에서는 관계로서의 조율이나 내담자의 뇌와 몸의 프로세스에 대한 조율 그 어느 쪽에도 소홀하지 않습니다. 오히려 두 가지 조율을 연결시킴으로써 치유의 프로세스가 훨씬 강력하고 오래 지속할 수 있게 합니다. 저는 원래 대화 요법 계열의 심리치료사로서 줄곧 내담자 그 사람에게 상황을 맞추어 치료를 해왔었고, 도중에 뇌를 기반으로 한 치료 모델을 알게 되었습니다. 브레인스포팅은 그러한 제가 개발한 것이기 때문에 두 가지 계통의 치료법에서 각각 가장 주목할 만한 조율을 받아들여 통합한 것은 자연스러운 일일 것입니다. 두 개의 조율, 즉 이 '이중 조율(dual attunement)'이 브레인스포팅 세션에서 어떤 역할을 하고 얼마만큼 큰 효과를 발휘하는지는 제6장에서 자세히 소개하겠습니다.

브레인스포팅에서 기억해 두었으면 하는 모토는 "어디를 보느냐에 따라 느껴지는 것이 달라진다(where you look affects how you feel)."라는 것입니다. 무언가 신경이 쓰일 때 오른쪽을 보는지 왼쪽을 보는지, 문자 그대로 보는 그 지점에 따라 기분이 달라집니다. 인간의 경우, 환경 속에서 자신의 위치를 알려고 할 때 의지하게 되는 감각으로서는 시각이 가장 큰 역할을 하고 있는데, 그만큼 눈과 뇌는 깊이 연결되어 있습니다. 눈에서 시시각각 들어오는 정보는 뇌 속 깊은 부분에서 처리됩니다. 정보를 처리한 뇌는 이어서 시야를 어디로 향할지를 반사적으로 또한 직감적으로 시시각각 안내합니다. 처리 장치로서의 뇌는 놀랄 만한 것으로, 우리가 체험하는 모든 것을 대부분 다 소화하여 정리합니다. 다만, 받아들이기 어려운 사건이 발생하면 그 놀라운 뇌도 처리하기 어려워 트라우마 기억이 처리되지 못한 상태로 얼어붙어 남아 버립니다. 브레인스포팅에서는 그러한 트라우마 기억의 단편이 뇌의 어느 부분에 있는지를 뇌와 밀접하게 연결된 시야를 이용하여 찾아냅니다. 대개 눈은 자연스럽게 주위를 둘러보며 정보를 얻듯이, 눈을 이용하여 시야를 살펴보면 내면의 세계, 즉 뇌에 대해서도 어디에 무엇이 있는지가 보입니다. 브레인스포팅에서는 시야를 통해 뇌가 그 자체를 조사하는 '스캐너'로서의 역할로 잃어버린 정보의 위치를 찾는 것을 돕는다고 할 수 있습니다. 브레인스포팅 세션에서 내담자에게 한 지점을 계속 응시하도록 할 때에는 트라우마 기억이 뇌 안에서 저장되어 있는 지점에 주의를 집중하고 있게 됩니다. 그러면 뇌의 깊은 부분에서 처리가 진행되어 얼어붙어 있었던 트라우마 경험이 풀려나며 해소됩니다.

제1장에서는 브레인스포팅을 발견했을 때의 에피소드를 소개하겠습니다. 그 순간 내담자의 시선이 시야의 한 지점에 못 박히듯 고정되었습니다. 그 지점이 맞아떨어졌을 때 강력한 눈의 반사가 있었기 때문에 알 수 있었습니다. 내담자의 뇌 깊숙한 부분이 거기에 무언가가 갇혀 있다고 전하고 있었습니다. 시야가 못 박히듯 고정되어 있는 동안에도 내담자는 기억의 안으로 안으로 잠겨 들어갔습니다. 깊은 바닥의 저장고에 무수한 트라우마가 깊이 간직되어 있었습니다. 치료에서 이미 내추럴 플로우 EMDR을 사용하여 그 나름의 성과를 느끼고는 있었지만, 시야 안의 브레인스폿을 발견한 순간 저장고의 자물쇠가 열리고 지난 1년간 이루지 못했던 기억이 한꺼번에 해방되었습니다.

발견 후 10년이 지나고, 시야를 찾아내기 위한 방법도 많이 개발하였습니다. 브레인스포팅은 트라우마 기억이 갇혀 있는 장소를 열어서 트라우마를 해소할 수 있을 뿐만 아니라, 그 외에도 마음과 몸의 여러 증상을 폭넓게 치료할 수 있습니다. 각각의 장에서는 몇 가지 모델을 실제 치료에서 어떻게 사용하는지를 포함하여 다양한 방면에서 활용 가능한 브레인스포팅을 소개하겠습니다.

제2장에서는 뇌의 깊은 부분이나 몸이 어떻게 심리적으로 나타나는지를 설명하겠습니다. 근본적으로는 반사와 다르지 않습니다. 또한 브레인스포팅을 사용하는 치료 장면을 셋업하는 순서도 이 장에서 설명하도록 하겠습니다. 셋업 순서는 모든 브레인스포팅 모델에 다 적용되는 기본입니다. 제3장에서는 몸 안의 감각에 대응하는 시선의 방향이 있다는 것을 발견한 에피소드와, 그 발견으로부터 브레인스포팅을 이용하는 두 가지 새로운 방법을 개발하게 된 흐름을 소개하겠습니다.

브레인스포팅은 '지금, 여기'에 단단하게 연결하여 안정화 상태로 머무르게 해야 하는 내담자를 치료할 때에도 도움이 됩니다. 복합 외상후스트레스장애(complex PTSD) 환자나 경험이 분리되어 있는 해리 증상을 가진 내담자도 포함됩니다. 제4장에서는 이런 내담자들을 돕는 방법을 동료와 함께 어떻게 발견하였는지를 소개하겠습니다.

제5장에서는 브레인스포팅의 변형으로서 게이즈스포팅(gazespotting)을 소개하겠습니다. 깊이 생각하거나 이야기할 때에는 누구든지 아무렇지 않게 어딘가로 시선을 고정시키곤 합니다만, 게이즈스포팅에서는 그 자연스러운 경향을 이용합니다. 우리에게는 자신의 직감으로 브레인스포팅을 찾아내는 힘이 있습니다.

제6장에서는 브레인스포팅의 핵심으로 들어갑니다. 브레인스포팅의 가장 큰 특징은 관계성을 기반으로 하는 치료와 시야를 통해 뇌에 직접 작용하는 치료를 통합하고 있다는 점입니다. 이러한

'이중 조율 모델(Dual attunement model)'은 브레인스포팅을 하고 있을 때의 내담자의 경험에 틀을 제공하여 내담자가 한 사람의 인간으로서도, 또한 신경생물학적인 존재로서도 내면에서부터 치유되는 것을 돕습니다.

다른 많은 심리 요법과는 달리, 브레인스포팅은 다른 치료법에 활용할 수 있도록 디자인되어 있습니다. 인간의 뇌와 몸의 시스템은 거대하고 복잡하여 사람마다 고유합니다. 치료는 개성에 맞추어 대응하지 않으면 안 됩니다. 생각해 보면 어떤 내담자가 오더라도 한 가지 치료법만으로 치료할 수 있는 기법 따위는 브레인스포팅을 포함하여 있을 리가 없습니다. 제7장에서는 브레인스포팅 트레이닝에서 지금까지 사용해 왔던 치료법에 브레인스포팅을 활용하여 깊이 있는 치료를 지향하고 있다는 점을 소개하겠습니다.

제8장에서는 브레인스포팅에서 경험을 처리해 갈 때 뇌의 중심적 역할을 검증하겠습니다. 앞에서도 언급하였습니다만, 뇌는 궁극의 스캐너라고도 할 수 있습니다. 몸의 세포를 단 하나도 놓치지 않고 모니터할 수 있음과 동시에 뇌 자신도 모니터할 수 있으므로 단 한 순간도 쉬지 않고 움직이고 있습니다. 브레인스포팅에서는 뇌의 이러한 힘을 이용하여 뇌가 원래부터 가지고 있는, 처리하여 스스로를 치유하는 힘을 끌어내어 치유하는 것을 목표로 합니다.

제9장에서는 브레인스포팅이 뇌의 현명함이 대단히 발휘되는 치료법이라는 점도 전하도록 하겠습니다. 생각하며 관찰하는 뇌는 교육을 통해 뇌 자신의 성질을 잘 이해하게 되면 치유의 과정을 능숙하게 진행시켜 갈 수 있게 됩니다.

제10장에서는 브레인스포팅을 사용하여 통증이나 몸에 나타나

는 그 밖의 증상을 완화시키는 방법을 소개하겠습니다. 외상은 신경계에 몸뿐만 아니라 심리적인 면에서도 상처를 입히고 두 상처는 단단히 얽힌 상태가 됩니다. 브레인스포팅은 그러한 몸의 상처와 마음의 상처의 뒤엉킴을 풀어낼 수 있기 때문에, 예를 들어 섬유근 통증, 만성 통증, 교통사고 후유증, 두부외상 등을 치료하는 데에 영향을 줄 수 있을 것이라고 생각됩니다. 또한 빈번하게 외상후스트레스장애(PTSD)와 외상성 뇌 손상(TBIs) 둘 다를 겪고 있는 참전 용사들에게도 효과가 있습니다.

브레인스포팅은 스포츠와 관련된 트라우마를 찾아내어 해소하는 데에 특히 효과적입니다. 운동 중 부상이나 시합 중의 실패, 굴욕과 같은 것들은 모두 하나하나 고통스러운 기억으로 선수의 신경계 안에 차곡차곡 쌓여서 다양한 형태의 트라우마로 나타나게 됩니다. 제11장에서는 운동과 관련된 트라우마를 브레인스포팅을 사용하여 극복하는 방법을 살펴보겠습니다. 또한 브레인스포팅의 확장 모델도 소개해 드리겠습니다. 이 모델을 사용하면 재미로 운동을 하고 있는 아마추어들에서부터 최고 수준의 선수들까지 누구나 놀라울 만큼 성적을 올릴 수 있습니다.

브레인스포팅의 치유 과정에서는 창조력을 불러일으키기 때문에 잘 이용하면 예술가의 번득임과 창조성을 풀어내어 펼칠 수 있습니다. 브레인스포팅에서는 우뇌와 좌뇌를 동시에 기능하게 하기 때문에 직감적인 예술과 이론적인 과학을 신경적인 면에서 통합한다고 할 수 있습니다. 제12장에서는 브레인스포팅의 다양한 모델이 이른바 창조적 힘을 살려서 무언가를 하려고 하는 사람들이나, 창조적으로 치료를 하고자 하는 치료사들에게 도움이 되는 점을 보게 될 것입니다.

제13장에서는 누구나 사용할 수 있는 브레인스포팅 방법을 몇 가지 소개하겠습니다. 일상생활 속에서 이완하고 싶을 때, 기분 좋게 잠들고 싶을 때, 성적을 올리고 싶을 때, 번득임을 얻고 싶을 때 등에 사용할 수 있을 것입니다.

제14장에서는 브레인스포팅이 어떻게 전 세계적으로 퍼져 나갔는지를 소개하겠습니다. 브레인스포팅을 사용한 치료는 적응력이 있어서 각각의 지역의 말이나 문화에 맞춰 활용할 수 있습니다. 우리는 지금까지 남미, 유럽, 중동, 호주에서 심리치료사들에게 교육을 하였습니다. 또한 국경을 넘어 활동하는 18명의 트레이너가 브레인스포팅 모델을 세개의 대륙에서 6개의 언어로 번역하고 있습니다.

이 책은 일반인 독자들을 위해 썼습니다만, 심리치료사나 그 이외 전문가 여러분의 임상에도 도움이 된다고 생각합니다. 읽어 보시면 설령 지금까지 계속해서 수년이나 고통받아 왔다고 하더라도 깊은 변화가 어떻게 가능한지를 알게 될 것입니다. "어디를 보느냐에 따라 느껴지는 것이 달라진다."라는 것을 이해하는 것만으로 자기관찰과 알아차림이 예리해집니다. 본문 안에는 내담자의 사례나 이야기를 곳곳에 실어 두었습니다. 사례를 통해 제가 어떻게 하였는지를 보게 되면 브레인스포팅을 사용한 치료가 어떤 느낌인지 알 수 있을 것이고, 어떤 증상에서 치료 효과가 높은지 이해하기 쉬울 것입니다. 각각의 내담자의 특징이나 개인 정보는 알지 못하도록 해 두었습니다만, 여러분은 내담자가 치유되는 이야기로부터 힘과 용기를 얻을 수 있을 것입니다.

이처럼 이 책의 원고를 쓰고 있는 동안에도 브레인스포팅은 점점 발전해 가고 있습니다. 브레인스포팅을 사용하여 치료를 하기 위한 교육이 어딘가에서 이루어지고 있기 때문에 치료사들도 늘어나서 치료는 점점 받기 쉬워지고 있습니다.

생각해 보면 브레인스포팅을 발견하여 치료법으로서 개발해 왔던 과정은 하나의 여행이었습니다. 이 책을 읽어 나가면서 제가 지나온 여정을 더듬어 가는 동안에, 어느새 당신 자신의 브레인스포팅으로 가는 여정은 시작되어 있을 것입니다. 이 책이 당신의 브레인스포팅 체험의 시작이라고 한다면 앞으로 당신은 어디로 갈까요? 내담자들에게 전해 준 여행의 가이드를 당신에게도 전해 드리겠습니다.

"천천히 시간과 여유를 두고, 열린 마음으로 호기심을 갖고 무엇이 일어나는지를 있는 그대로 바라보십시오.".

DAVID GRAND, PhD

Brainspotting

브레인스포팅
Brainspotting

차례

Brainspotting

브레인스포팅
Brainspotting

1

브레인스포팅의 발견

'트리플 루프의 벽을 깨다'

Brainspotting

카렌은 챔피언이 될 자질이 충분한 피겨 스케이팅 선수였습니다. 그러나 연습에서는 아주 잘하지만 시합에서는 아무리 해도 평균 이하의 득점이 되어 버리고 말았습니다. 카렌이 나에게 치료를 받기 시작한 지는 1년이 지나고 있었고, 90분간 밀도 깊은 세션을 매주 한 번씩 이어 가고 있었습니다. 처음 치료를 시작했을 때 그녀가 괴로워하고 있던 주요 증상은 두 가지였습니다. 한 가지는 경기 전 워밍업과 본 경기에서 일어나는 문제로 다리 감각이 없어지는 느낌에 사로잡히는 것이었고, 또 한 가지는 연기해야 하는 프로그램 내용을 기억하지 못할 것 같은 느낌이 드는 것이었습니다.

카렌의 성장 과정에는 고통스러운 트라우마가 있었습니다. 혼란스러운 가정에서 첫째 아이로 태어난 카렌은 부모님의 싸움이 끊이지 않는 환경에서 어렸을 때부터 큰소리와 싸움에 지속적으로 노출되어 있었습니다. 그녀가 세 살이 되었을 때 여동생이 태어났는데, 어머니는 여동생에게 밀착되었고 아버지는 카렌의 편이 되어 가족 안에서 분열된 구조가 생겨났습니다. 이 분열된 구조는 어머니가 카렌에 관한 그 어떤 것도 거절하는 패턴이 되어, 카렌의 스케이트마저 용납하지 않았습니다. 스케이트를 배우는 카렌을 아버지는 날마다 개인 연습으로, 레슨으로, 나아가 대회로 데리고 오가면서 전력으로 지원하였습니다. 한편, 어머니는 일절 관여하지 않고 어린 카렌이 나오는 경기도 보러 오지 않았습니다. 부모님의 결혼생활이 결국 파탄에 이르렀을 때 어머니는 여덟 살의 카렌에게 말했습니다.

"우리 가족이 파탄 난 건 네 스케이트 탓이야!"

비록 가정에서 스케이트에 대한 열정과 자신감을 잃어버리지 않았다고 하더라도 카렌은 빙상에서 몇 번이나 부상을 당하여 괴로워하고 있었습니다. 대회 본 경기는 쇼트 프로그램이 2분 30초, 프리 프로그램이 4분이기 때문에 합쳐서 7분 이하입니다. 그것을 위해 카렌은 하루에 적어도 5시간씩 연습을 하였습니다. 피겨 스케이팅 선수는 누구든 그렇습니다만, 고작 7분도 채 되지 않는 승부를 위해 천 시간이 넘는 연습을 거듭하는 경우가 드물지 않습니다. 당연히 대부분의 부상은 연습 중에 일어납니다. 실제로 선수들은 연습 때마다 몇 번이고 넘어지는 것이 보통입니다. 너무 자주일어나는 일이기 때문에 쓰러지는 정도는 무시될 정도이지만, 얼음에 부딪칠 때마다 선수의 어린 몸에는 충격의 기억이 깊이 새겨지게 됩니다.

부상 면에서는 카렌도 다른 선수들과 다를 바가 없었습니다만, 카렌의 경우 넘어질 때마다 몸이 다치는 것과 동시에 감정적인 트라우마도 신경계에 박혔습니다. 등을 심하게 다쳐서 응급실로 실려 갔을 때에도 어머니로부터는 차갑게 거절당했습니다.

"네가 한 거잖아. 당연한 결과지 뭐."

카렌이 대회 워밍업 중 얼어붙고 패닉을 일으키는 것도 무리는 아니었습니다.

세션에서는 '내추럴 플로우 EMDR(Natural Flow EMDR)'을 사용하고 있었습니다. '내추럴 플로우 EMDR'의 근원인 오리지널 '안구 운동에 의한 탈감작과 재처리법(EMDR)'은 1980년대 후반에 프란신 샤피로(Francine Shapiro) 박사가 발견한 치료법입니다. EMDR[1] 에서는 시선을 좌우로 움직이는 안구 운동을 사용하여 뇌의 좌뇌와 우뇌를 번갈아 자극합니다. 그때 뇌에서 무엇이 일어나고 있는지에 대해서는 가설이 몇 가지 있지만 아직까지 확실한 기전은 밝혀지지 않았습니다. 다만, 어찌 되었든 EMDR의 좌우 움직임은 좌뇌와 우뇌가 얼마간 통합되는 것을 돕는 것 같습니다. 좌뇌는 몸의 오른쪽을 지배하고 우뇌는 왼쪽을 지배합니다. 또한 좌뇌는 생각하고 언어를 사용하고 문제를 해결합니다. 또한 우뇌는 직감적, 감정적이며 몸의 기능과 관련됩니다. 우리가 감정에 흘러서 조리 있게 생각하지 못할 때에는 우뇌에 지배되고 있을 때입니다. 반대로, 필요 이상으로 분석적이고 마음이 느껴지지 않을 때에는 좌뇌의 지배에서 벗어나지 못하고 있을 때입니다. 상황 전체가 잘 보여서 능숙하게 대처하고 있다고 느낄 때에는 좌우 뇌가 서로 잘 연결되고 통합되어 있다고 할 수 있을 것입니다.

이와 같은 이상적인 상태를 목표로 하여 좌우의 뇌를 자극하기

---

1) EMDR: Eye movement Desensitization and Reprocessing. 안구 운동에 의한 탈감작과 재처리법을 말한다. 1987년 프란신 샤피로가 우연히 발견한 것으로, 고통스러운 생각에 괴로워하며 산책하다가 갑자기 안구 운동을 한 후 그 고통스러운 생각들이 사라지는 것을 인식하게 되었다. 이후 1990년 안구 운동 민감 소실 및 재처리라는 명칭으로 확장하여 PTSD치료에 쓰이고 있다.

위해 EMDR에서는 치료사가 내담자의 시야 안에서 손을 눈높이에서 좌우로 움직이고 그것을 내담자가 눈으로 따라갑니다. 특이한 방법으로 보일 수도 있습니다만 샤피로 박사가 개발한 몇 가지 정해진 순서에 맞추어 이것을 사용하면 실제로 치유 과정을 강화시키고 고통스러운 기억에 관련된 이미지나 감각을 보다 깊숙한 곳까지 처리할 수 있습니다. EMDR의 첫 번째 단계에서는 병력 청취를 하고 준비를 합니다. 다음으로, 치료사가 내담자를 인도하면서 트라우마 사건의 기억을 목표로 선택합니다. 목표로 한 그 기억을 이미지로 떠올린 상태에서 거기에서 연상되는 부정적 신념과 긍정적 신념이 무엇인지를 생각합니다. 그리고 이미지와 부정적 신념을 동시에 떠올렸을 때 마음에 어떤 감정이 솟아나는지를 관찰합니다. 떠오른 고통스러운 감정의 강도는 주관적 불편감척도(SUDS)라고 하는 것을 사용하여 평가하는데, 불편한 마음이 전혀 없는 상태인 0에서 가장 강한 상태인 10까지의 수치로 나타냅니다. 지금까지의 순서는 내담자의 몸에 있는 고통을 치료를 위해 일부러 들춰내고 있습니다. 이것을 '활성화하기(activate)'라고 합니다.

여기에서 시선을 재빨리 좌우로 움직이게 하는 안구 운동을 사용하기 시작합니다. 안구 운동을 사용하여 좌우의 뇌를 번갈아 자극하는 사이에도 치료사는 때때로 움직임을 멈추어서 내담자의 마음에 무엇이 일어나고 있는지를 확인합니다. 이때 내담자가 마음에서 체험하고 있는 상태는 '처리(processing)'라고 하는 것으로, 실제로 매우 집중하는 강력한 마인드풀니스 상태와 다르지 않습니다. 즉, 내담자에게 판단하지 않고 경험을 그저 바라보도록 하게 합니다. 흘러가는 대로 기억, 생각, 감정, 몸에 있는 느낌까지 포함하여 모든 것을 그냥 바라보는 것입니다. 잠시 처리를 하고 나서 이윽고 치료사는 내담자를 처음의 목표했던 이미지로 한번 더 안내하여 그 순간을 떠올렸을 때 올라오는 고통스러운 감정의 강도가 얼마나 변화했는지 어떤지를 물어봅니다. 처리가 잘 진행되었으면 기억을 떠올렸을 때 불편하다고 느끼는 강도가 감소되어 있을 것입니다.

1993년에 샤피로 박사로부터 EMDR 교육을 받고 치료에 적용하였는데, 즉각적으로 많은 내담자가 놀라울 정도로 반응하였습니다. 다만, 몇몇 내담자에게 있어서는 EMDR의 힘이 지나칠 정도로 너무 강했기 때문에 순서를 몇 가지 바꿔야만 하는 경우도 있었습니다. 우선 좀 더 온화해지도록 눈이 움직이는 속도를 늦추었습니다. 다음으로, 지나치게 마음이 활성화되어 버리는 내담자에게는 몸 안에서 고통스러움을 느끼는 지점에 주목하는 것이 아니라, 오히려 몸에서 편안하고 든든하게 느껴지는 부분에 주목하도록 하였습니다. 또한 자연의 소리나 부드러운 음악을 양쪽 귀에 번갈아서 들려주는 CD를 만들어서 세션에서 사용해 봤더니 고통스러운 경험의 기억을 처리하고 있을 때에도 마음을 차분하게 유지하기 쉬워졌습니다. 이러한 변화를 적용한 방법을 '내추럴 플로우 EMDR'이라고 하게 되었습니다.

'내추럴 플로우 EMDR' 워크숍을 하게 되면서 미국 내 그리고 세계의 다른 나라들에서 EMDR을 하고 있는 치료사들에게 새로운 방법을 교육하였습니다. 워크숍에 참가한 치료사들로부터는 '내추럴 플로우 EMDR' 덕에 EMDR을 누구에게나 효과적으로 사용할 수 있게 되었다는 피드백을 많이 받을 수 있었습니다.

'내추럴 플로우 EMDR'은 주목받고 평가되는 부담이 있으면 힘을 제대로 내지 못하기 쉬운 운동선수들에게 특히 효과적이었던 것 같습니다. 강력한 트라우마 경험과 수행 불안으로 고통스러워하던 카렌도 오리지널 EMDR은 지나치게 강렬하다고 느꼈습니다. 그러나 '내추럴 플로우 EMDR'이라면 세션 중에도, 세션이 끝나고 나서도 몸을 분명히 느끼면서 마음이 안정된 채로 있을 수 있었습니다. 눈을 천천히 부드럽게 움직이면서 '지금, 여기'에 있는 몸의 느낌에 주의를 기울이고 있으면, 어린 시절과 빙상에서 경험했던 트라우마 사건의 기억을 신경계 안에서 얼어붙은 상태로부터 해방시킬 수 있었습니다.

운동선수들은 그들이 훈련에 임하는 것과 마찬가지로 치료도 열심히 받기 때문에 훌륭한 내담자가 되어 줍니다. 카렌도 '내추럴 플로우 EMDR'에 온 몸과 마음으로 임하였고 결과도 더할 나위 없이 좋았습니다. 한 가지 문제를 제외하고 말입니다. 카렌은 트리플 루프만큼은 아무리 해도 할 수가 없었습니다. 트리플 루프는 두 개의 프로그램 모두에서 반드시 뛰어야 하는 기술이었습니다만, 치료에서 어떤 시도를 해 봐도 점프 도중에 포기하고 공중에서 자세를 열어 버렸습니다. 그렇기 때문에 3회전을 해야만 하는 곳에서 2회전밖에 할 수가 없었습니다. 남은 것은 이 점프의 문제뿐이었지만, 이것은 결정적이었습니다. 워밍업과 본 경기에서 지장을 주던 느낌과 불안을 해소하려고 다양한 기법을 사용해 왔고 실제로 효과도 있었으나, 웬일인지 트리플 루프 문제만큼은 사라지지 않는 것 같았습니다.

어느 날 세션 때 카렌에게 트리플 루프를 뛰고 있는 장면을 슬로우 모선으로 떠올리며 지켜보라고 하였습니다. 그리고 뛰고 있는 중에 균형이 무너졌다고 느껴졌던 순간에서 이미지를 멈춰 보라고 하였습니다. 그 말대로 따르자 카렌은 몸통과 다리가 긴장된 것을 느꼈습니다. 긴장된 느낌에 계속해서 머물게 하고서 '내추럴 플로우' 방법을 사용하여 카렌의 시야 안에서 손가락을 천천히 움직였습니다. 내 손가락을 눈으로 따라가던 카렌은 움직이지 못하겠다는 느낌이 든다고 말했습니다만, 그래도 우리는 천천히 눈의 움직임을 이어 갔습니다.

1분 정도 지나서 내 손가락이 코의 중심선을 지났을 때에 카렌의 눈이 극적으로 흔들리더니 그 지점에 시선이 고정되었습니다. 나의 손도 카렌의 시선 끝에서 움직이지 못하게 되었습니다. 마치 누군가에게 수갑이 채워져서 꼼짝할 수 없게 된 것 같았습니다!

그러고 나서 10분간, 카렌의 눈은 나의 움직이지 않는 손가락 끝에 고정된 채였습니다. 가만히 응시하면서 카렌은 어디에서부터라고 알 수 없이 흘러나오는 이미지와 몸의 감각을 관찰하며 이야기하였습니다. 1년간 계속해 왔던 집중적인 치료에서도 나타나지 않았던 트라우마 기억이 분출되어 흘러가는 장면을 눈을 크게 뜨고 응시하고 있었습니다. 카렌은 기억을 한 가지, 또 한 가지씩 차례차례 처리하였습니다. 가족들의 싸움, 어린 시절의 부상이나 병, 할머니의 죽음 같은 사건과 관련된 소리나 이미지가 나타났다가는 어디론가 사라져 가는 것을 흘러가는 그대로 재체험하였습니다. 내가 무엇보다도 놀랐던 것은 기존의 치료에서 완전히 해소되었다고만 생각하고 있었던 트라우마 기억이 다시 나타난 점입니다. 이미 처리가 끝난 기억이 다시 한번 풀려서 깊숙한 차원에서 해소되고 있는 것 같았습니다. 25년간 치료를 해 왔지만 이런 것은 처음이었습니다.

10분 후 마구 움직이던 이미지와 감각이 점점 느려지고, 고정되어 있던 카렌의 시선이 느슨해지면서 눈도 더 이상 흔들리지 않게 되었습니다. 그러고 나서 우리는 눈을 평소대로 부드럽게 좌우로 움직이며 세션을 언제나처럼 마무리 지을 수 있었습니다. 카렌의 반응은 예상 외였고 의미도 이해할 수 없었기 때문에, 우리는 서로 그것에 대해 아무 말도 하지 않고 그날 세션을 마쳤습니다.

다음날 아침, 카렌이 흥분해서는 연습 장소인 스케이트 링크에서 전화를 해 왔습니다. 그녀의 말에 따르면 여유롭게 트리플 루프를 몇 번이나 뛸 수 있었다고 하였고, 나는 이것이 어제의 세션 때문이로구나 하는 것을 직감적으로 알 수 있었습니다. 그때 평소와는 다른 새로운 무언가가 일어난 것입니다. 큰 한 발을 내딛던 순간이라고 생각했습니다. 즉, 카렌과의 작업의 틀을 넘어 그때까지의 치료의 벽도 깨는 그러한 커다란 발견을 한 것입니다.

그날은 모든 내담자의 눈을 모조리 잘 살펴보았습니다. 시야 안을 좌우로 천천히 손가락을 움직여 가며 눈이 부자연스럽게 움직일 때마다 손을 멈추고 내담자가 그 한 지점을 계속해서 바라보도록 하였습니다. 그대로 관찰하면서 기다립니다. 반드시라고 해도 좋을 정도로 무언가 처리 상태가 달라졌습니다. 깊이 들어가거나 속도가 빨라지기도 했습니다. 내가 손을 움직이는 방법을 바꾼 것을 알아차리지 못하고 이미지가 흘러가는 대로 그냥 느끼고 있던 내담자도 있었습니다. 무얼 하고 있는 건지 묻는 내담자도 있었습니다. 반응은 다양했지만, 결국 내담자들의 피드백은 매우 설득력이 있었습니다.

> "왠지 평소 하던 느낌이랑 다르네요."
> "늘 하던 때보다 더 깊은 느낌이에요."
> "머리 훨씬 뒤쪽에서 뭔가 달라진 것 같아요."

상당히 놀랐습니다만 이 새로운 방법은 내가 그때까지 사용해 오던 방법보다 더 효과가 있는 것 같았습니다. 통합적인 '내추럴 플로우 EMDR'은 그 자체가 이미 매우 치료가 잘되는 방법이었습니다만, 그보다도 뚜렷이 효과가 좋은 방법을 발견한 것이라 한다면 상당히 기대할 수 있을 것 같았습니다. 그것이 브레인스포팅의 시작이었습니다.

▶▶▶

당시 나는 상담 분야에서 지도자로서 이름이 잘 알려져 있었기 때문에 상담을 받으러 오는 내담자의 반 정도는 심리치료사들이었습니다. 또한 그중 다수가 EMDR을 하고 있었습니다. 그렇기 때문에 발견한 새로운 기법을 세션에서 사용해 보면 금방 주목을 받았습니다. 시선을 사용한 이 방법의 힘과 색다름을 경험하며 치료사들은 질문을 쏟아냈습니다. "이건 무엇인가요?" "어떻게 해서 발견하신 건가요?" "치료 결과는 어떤가요?" 등 다양한 방면에서 질문을 받았습니다. 나는 카렌과의 경험을 이야기하며 대답하였습니다. 임상가라는 사람들은 대개가 호기심이 있어서 금방 시험을 해 보고 싶어 합니다. 나의 내담자인 심리치료사들도 금세 이 새로운 기법을 각각의 임상에 적용하여 결과를 보고해 주었습니다. 가장 반응하기 어려웠던 내담자들조차 변화가 있다는 이야기를 들려주었습니다.

한편, 나도 새로운 방법을 나의 내담자에게 계속해서 사용하였습니다. 한 달이 지나자 나 자신의 워크에서도, 또한 다른 많은 치료사의 경험으로부터도 이 새로운 방법이 확실히 강력한 효과가 있음을 보여 주는 증거라 할 수 있는 케이스를 산만큼이나 모으고 있었습니다.

"이 방법을 뭐라고 부릅니까?"라고 물어오기 시작했습니다만 대답을 할 수가 없었습니다. 우선 이름을 붙여 보자 해서 후보들을 여러 가지로 생각하였습니다. 응시법, 시선고정법, 뇌시각 등등… 말하기에 유치한 것도 많이 있었습니다.

어느 날 롱아일랜드의 집에서 맨하탄에 있는 사무실로 차를 달리는 도중 번뜩 떠올랐습니다.

브레인스포팅(Brainspotting)!

▶▶▶

몇 달 동안은 새로운 방법을 자꾸 써 보았고, 사용해 주는 동료도 점점 늘어갔습니다. 주변으로부터 브레인스포팅 교육은 하지 않느냐는 말도 들었습니다만 아직은 시기상조라 느끼고 있었습니다. 아직까지는 관찰 중인 내담자들의 반응의 폭을 살펴보고 있었습니다. 게다가 브레인스포팅은 내담자가 주의를 한 지점에 집중하여 치료 효과를 높이는 것과 동시에 좀 더 깊이 살펴보고 싶다고 생각하는 새로운 영역의 문도 열려 있었습니다. 기법은 깔끔했지만 내담자의 반응은 복잡하였기 때문입니다. 또한 뇌 속의 그 부분에 트라우마가 깊이 숨어 있음을 보여 주는 반사의 종류는 눈의 흔들림이나 시선의 고정만이 아니었습니다. 내가 손을 멈추면 강한 눈 깜박임을 반복하거나 눈을 동그랗게 뜨기도 하고 혹은 눈을 가늘게 뜨기도 하는 등 다양한 형태의 반응이 있었습니다. 시야 안의 억압된 부분을 더듬어 찾아내면 내담자의 얼굴이나 몸에 반드시 무언가 반응이 나타나는 것 같았습니다. 그래서 내담자가 기침을 하거나, 깊이 숨을 내쉬거나 들이마시거나, 꿀꺽 삼키거나, 입술을 핥거나, 머리를 갸웃하거나, 콧구멍을 넓히거나, 혹은 얼굴 표정이 달라지거나 하는 다양한 반응에서 손을 멈추고 어떻게 되는지를 시험해 보았습니다.

시야의 한 지점에서 손을 멈출 때마다 내담자의 마음에서 일어나고 있는 처리 상태가 분명히 달라지는 것 같았습니다. 무엇을 경험하고 있든 반드시 달라졌습니다. 이미지나 기억의 연상이 빨라졌습니다. 기분이나 몸에 있는 느낌은 깊어짐과 함께 저항이 가벼워져서 순조롭게 흘러가게 되었습니다. 이렇게 해서 처리가 진행되는 장면을 내담자는 단지 체험만 할 뿐 아니라 동시에 스스로 관찰도 할 수 있었습니다. 처리가 순식간에 진행되는 장면은 언제 보아도 감동적입니다.

브레인스포팅을 찾아내는 표식이 되는 반응을 계속해서 찾는 동안에 내담자를 도우면서 반응이 일어나는 장소를 찾아 시선을 유지하는 것은 꽤나 미묘한 작업이라 능숙함이 필요하다는 것을 깨달았습니다. 치료자와 내담자 사이에 유대가 형성되어 있고, 조율되어 있지 않으면 안됩니다. 마치 호흡이 딱 맞는 춤을 추고 있는 것 같았습니다. 기계적인 것과는 거리가 먼 유기적 작업입니다. 내가 손을 멈추었을 때 어째서 그곳이라는 것을 알았는지 자주 질문을 받습니다. 왜 멈추었는지 알겠냐고 질문하면 그들은 짐작이 가지 않는 것 같았습니다. 내담자가 끄덕여서 거기에서 손을 멈추었던 경우조차 내담자 자신은 전혀 깨닫지 못하고 있었습니다. 시야의 지점을 맞추었을 때 거기에 무언가가 있다고 전해 주는 것은 내담자의 반사 시스템임에 틀림이 없다고 느꼈습니다.

▶▶▶

이렇게 하는 사이에 한 가지 매우 현실적인 문제가 발생하였습니다. 세션 때마다 시야의 한 지점에 손을 뻗은 채로 장시간 그 자세를 유지하는 것이 점점 힘들어지기 시작했던 것입니다. 팔꿈치를 받치기 위한 작은 테이블을 사용해 보는 등 팔의 위치를 유지하는 방법을 여러 가지로 궁리해 보았습니다만 어느 것도 탐탁지 않았습니다.

어느 날, 롱아일랜드에 있는 퀸즈의 본가에 어머니를 찾아뵈었을 때도 마음 한구석에서 이 문제를 생각하고 있었습니다. 아버지는 16년 전에 신장암으로 돌아가셨는데, 어머니는 아버지의 책상에는 손을 대지 않고 생전 그대로의 상태로 놓아 두고 있었습니다. 그날 나는 아버지의 책상에 앉아서 아버지가 사용하던 펜, 종이, 클립 등을 바라보고 있었습니다. 언제나처럼 책상에 앉아 유대인의 문제에 대한 강연 준비를 하고 있던 아버지의 모습이 떠올랐습니다. 아버지는 미국 내뿐만 아니라 전 세계를 다니며 강연을 하는 사람이었습니다. 그 아버지를 따라서 어머니는 물론 나도 여동생도 어린 시절에 꽤나 먼 나라까지 비행기로 날아가곤 했습니다. 무심코 책상 서랍을 하나하나 열고는 기억에 잠기면서 안을 들여다보았습니다. 마지막 서랍은 휑하니 비어 있었는데, 들어 있었던 거라고는 딱 하나. 길이를 조절할 수 있는 은색 지시봉이었습니다.

'이거다!' 하고 생각했습니다. 지시봉을 셔츠 주머니에 넣었습니다. 돌아가려다가 문득 아버지가 생전에 쓰셨던 페도라 모자가 생각이 나서 그것도 챙겨 가기로 했습니다. 코트류를 걸어 둔 옷장 위쪽에서 몇 년씩이나 그 자리에 그대로 있었던 모자입니다. 신기하게도 머릿속에 아이디어가 샘물처럼 솟아나기 시작했습니다.

다음날 아침, 첫 번째로 세션을 받으러 온 사람은 스탠이었습니다. 50세 전후의 남성으로 어렸을 때부터 사람들 앞에서 말하는 것이 두려워 괴로워해 왔습니다. 그러한 그가 이번에 중역을 맡고 있는 회사에서 프레젠테이션을 해야만 하는 상황이라 두려움에 벌벌 떨고 있었습니다. 스탠이 말하길, 지난번 사람들 앞에서 연설을 했을 때에는 얼어붙어 버려서 별로 좋지 않았다고 했습니다. 그때의 기억과 곧 일어날지도 모를 상황의 예측이 더해지자 불안은 그칠 줄을 몰랐습니다. 배에 경련이 일어나고 심장은 몹시 두근거렸습니다.

나는 아버지의 지시봉을 꺼내어 가장 길게 늘여서 스탠의 시야 안을 천천히 움직이기 시작했습니다. 시야의 왼쪽 절반 지점 쪽으로 움직여 가자 가벼운 눈 깜박임이 간간이 있고 표정이 조금 변하였습니다만 이렇다 할 반응은 아니었습니다. 지시봉을 계속 움직여서 시야의 오른쪽 절반쯤에 이르자 스탠의 호흡이 빨라지고 숨

이 차기 시작했습니다. 반사가 가장 강하게 나오는 지점의 중심에 지시봉의 끝을 흔들림 없이 유지하면서, 스탠에게는 마음에서 일어나는 프로세스를 마인드풀하게 그냥 계속해서 지켜보도록 하였습니다.

초등학교 시절부터 대학생 때까지의 일련의 트라우마 기억이 줄줄 나왔습니다. 스탠은 지시봉의 끝을 마치 그것이 일생 동안의 실패와 굴욕을 나타내고 있기라도 한 것처럼 응시하였습니다. 스탠의 몸에서 긴장이 점점 풀리기 시작하고, 그 상태로인가 하고 생각했는데 갑자기 다시 긴장하였습니다. 스탠이 겁을 먹은 것은 오른쪽에서 거대한 손이 다가오는 이미지가 나타났기 때문입니다. "뭐지, 이건?" 하고 무심결에 말을 뱉었습니다. 그러자 세 살 남자 아이가 부엌에 혼자 서서 울고 있는 모습이 보였습니다. "저건 나야." 하는 스탠. 그러고는 어머니의 한껏 분노한 목소리가 들려왔습니다.

'너는 나쁜 애야! 아무것도 제대로 하지 못해!'

남자아이가 무언가를 대답하려고 하는 것이 보였습니다만 어머니가 재빨리 입을 다물게 합니다.

'그만해! 엄마한테 말대답하는 게 아냐!'

어머니는 오른쪽에서 왼쪽으로 어린 스탠의 뺨을 때렸습니다.

50세의 스탠의 볼을 타고 눈물이 흘러내리고 있었습니다. 눈은 지시봉의 끝을 응시한 채 어린 시절의 기억이 계속해서 흘러가는 것을 바라보고 있었습니다. 아버지가 집을 비운 사이 일어나는 어머니의 언어폭력과 물리적 학대를 두려워하고 있었습니다. 언제 일어날지 예측할 수 없었기에 끔찍했습니다. 이미지의 흐름은 점점 느려지고 이윽고 사라졌습니다.

지난 번 연설을 한 번 더 기억해 내게 했습니다. 그러자 스탠은 그것이 차마 다시 볼 수 없을 정도로 엉망이라고 생각한 실패가 아니었다는 것을 깨달았습니다. 다음으로, 곧 있을 연설에 대해서 생각해 보자고 안내하였습니다.

"아직 무섭지만 이전만큼은 아니에요. 할 수 있을 것 같은 느낌이 들어요."

나는 지시봉을 내리고 세션의 마지막 10분간 대화를 하였습니다. 스탠은 감동하고 있었습니다. 어머니를 두려워하고 있었다는 것과 어른이 되고 나서 사람들 앞에서 말하는 것이 무서운 일이라는 것을 연결지어 생각해 본 일이 없었기 때문입니다. 그리고 보니 몸의 오른쪽이 약하다고 늘 느끼고 있었지만, 그것이 어머니에게 항상 맞았던 쪽이라는 것도 더욱 놀랐습니다. 오른쪽 볼을 손으로 만지면서 "진짜로 뺨을 맞은 듯 느껴졌어요." 하고 말했습니다.

세션이 끝날 때에 스탠이 말했습니다.

"과거의 이야기가 더 이상 지금까지 이어질 필요는 없을 것 같습니다."

그날 지시봉을 사용해 보고 나의 팔은 종일 괜찮았습니다. 시야의 한 지점을 찾아내어 내담자의 시선을 유지하기에 좋은 방법을 발견한 것입니다. 내담자들도 나의 손가락 끝을 대신하여 은색 지시봉의 끝부분을 멍하니 바라보고 있는 것 같았습니다.

그 이후로 브레인스포팅 수강생들은 반드시 지시봉을 받게 되었습니다. 미국과 세계 곳곳의 브레인스폿터들에게 있어서 지시봉은 예나 지금이나 필수품입니다. 나는 내가 아버지처럼 곳곳을 돌아다니며 강연을 하게 될 것이라고는 꿈에도 생각해 보지 않았습니다. 아버지는 전 세계 어디에 강연하러 가더라도 지시봉을 가지고 갔습니다. 그 지시봉을 지금은 내가 강연을 위해 전 세계를 다니면서 가지고 다니는 것입니다. 아버지에게 감사드립니다!

브레인스포팅
Brainspotting

2

아웃사이드 윈도우 브레인스포팅

'뇌의 반사적 신호를 읽다'

Brainspotting

브레인스포팅을 발견하고 나서 반년간은 나도, 그리고 나에게서 비공식적으로 전해 들었던 심리치료사들도 오로지 내담자의 몸에 나타나는 반사를 실마리로 하여 그때의 시선의 방향으로 브레인스폿을 찾고 있었습니다. 그러나 내담자의 시야 안에서 지시봉을 움직이면서 반사가 일어나는 것을 기다리고 있으면 스스로 다른 방향을 가르쳐 주는 내담자가 나왔습니다. "지금 지나쳐 버렸어요. 약간만 돌아와 주세요." "조금 더 왼쪽" 등과 같이 말을 하였습니다.

이미지와 감각을 자극하는 지점을 나는 바깥쪽에서 찾고 있었습니다만, 내담자들은 내면에서 느끼고 있었습니다. 치료사인 나에게는 반사가 일어나고 있는 것처럼 보이지 않는 위치에서도, 내담자들은 그 지점에서 몸 안의 강렬한 감각을 느끼고 있었습니다. 시야의 혈자리라고도 말할 수 있는 브레인스폿을 찾아내는 데에는 외부에서 알아차릴 수 있는 반사 외에 제2의 다른 방법이 있는 것 같았습니다. 브레인스포팅의 첫 번째 방법을 발견한 홍분이 채 식기도 전에 두 번째 모델이 형태를 드러내기 시작하고 있었습니다.

두 가지 방법이 갖추어졌으니 각각의 브레인스포팅을 구별하는 이름을 붙여야 했습니다. '눈은 마음의 창' 이라는 문구는 알고 계실 것입니다. 셰익스피어의 『한여름밤의 꿈』에서 인용된 유명한 문구입니다. 처음에 발견한 치료사가 내담자의 눈을 보면서 반사를 찾는 방법을 '아웃사이드 윈도우 브레인스포팅(outside window Brainspotting)이라고 부르기로 했습니다. 내담자가 내면에서의 감각을 알아차리고 그것과 연결된 시야의 지점을 심리치료사에게 알려 주는 두 번째 방법은 인사이드 윈도우 브레인스포팅(inside window Brainspotting)입니다.

제2장에서는 '아웃사이드 윈도우'를 소개해 드리겠습니다. '인사이드 윈도우'는 제3장에서 보도록 하겠습니다.

▶ ▶ ▶

아웃사이드 윈도우 브레인스포팅에 대해 말씀드리자면, 여러분은 대개가 반문을 합니다.

"반사를 보는 것만으로 심리적으로 무언가가 있다는 것을 어떻게 알수 있는 것입니까?"

의문스럽게 생각하는 것도 이해가 갑니다. 반사는 인간 이외의 모든 하등 생물에게서도 볼 수 있으니까요. 인간의 몸에는 복잡한 반사에서부터 매우 원시적인 반사까지 존재합니다. 그중에는 너무나도 원시적이어서 뇌간조차 거치지 않고 완전히 척수에서 일어나는 것도 있습니다. 무릎 관절 아래를 두드리면 다리가 앞으로 튀어 오르는 슬개건 반사가 그 예입니다. 무릎에 자극이 가해지면 신호가 척수에 있는 전각이라 불리는 부분에 전해지고, 이어서 무릎으로 되돌아와 뇌 그 자체를 전혀 거치지 않고 무릎을 튀어 오르게 하는 반응을 일으킵니다. 너무나도 원시적인 과정으로, 시냅스를 오직 하나밖에 경유하지 않습니다.

인간의 몸에는 원시적인 것에서부터 복잡한 것까지 반사의 구조가 셀 수 없을 만큼 많이 있습니다. 하나하나가 우리의 생존에 어떤 식으로든 관련이 되어 있어서 그 순간의 몸 상태를 나타냅니다. 뇌에 손상을 입었는지를 살펴볼 때에 의사가 눈에 빛을 비추어 동공의 반사를 보는 것은 그 때문입니다. 그러한 반사를 기반으로 한 생존 본능이 있기에 우리는 진화의 역사를 꿋꿋이 살아왔고, 지금 이렇게 살아 있으며, 앞으로도 계속해서 살아갈 수 있을 것입니다. 생존 본능 덕분에 행동하며 만들어져 간다고 할 수 있을 것입니다. 도피 반사 덕에 말 그대로 시뻘겋게 달아오른 난로에 손이 닿으면 생각할 새도 없이 그 손을 움츠리게 되고, 호흡 반사 덕에 몸 구석구석의 세포까지 산소가 보급되고 이산화탄소가 몸 밖으로 배출됩니다. 생존 본능은 강력하기 때문에, 치료사가 아웃사이드 윈도우에서 브레인스폿을 찾으면 깊숙한 뇌의 부분이나 척수에 감추어져 있던 깊은 무의식으로부터 반응이 나오는 것 같습니다.

그러한 반응이 있다고 해서 마음이 있는 자기로서의 '나'의 기반이 원시적 반사의 집합이라 할 수 있을까요? 우리 인간들은 반사보다 더 복잡한 존재가 아닐까요? 그렇고말고요. 하지만 생각해 봅시다. 인간도 동물계의 일원입니다. 또한 몸은 **틀림없이** 우리 자신입니다. 그 몸의 일부인 뇌는 이 이상 복잡한 것은 없다고 할 수 있을 만큼 복잡합니다.

인간의 뇌를 여러 부분으로 나누어 생각하는 것은 바라보는 방법에 따라 몇 가지가 있습니다. 중심에서 나누어 좌뇌(생각하는 뇌)와 우뇌(느끼는 뇌)로 보는 방법은 잘 알고 계실 것입니다. 그다지 일반적이 아닐 수도 있겠습니다만, 앞에서 뒤쪽으로 세 부분으로 나누는 방식도 있습니다. 앞에 있는 피질, 혹은 사고하는 뇌는 모든 영장류에서 볼 수 있습니다만, 인간에게 가장 발달되어 있습니다. 가운데는 대뇌변연계 혹은 감정의 뇌라고도 하는데, 모든 포유류에게 있습니다. 뒤쪽은 후뇌 부분으로, 여기에는 뇌간과 원시적인 파충류의 뇌라고 불리는 부위가 있습니다.

후뇌는 그대로 척주로 변화해 가서 원시적이면서도 꽤나 복잡한 몸의 신경계로 이어집니다. 37년간 심리치료사로서 내담자들을 대하며 배운 것은, 마음의 활동은 우리 몸 안에서 일어나고 있는 프로세스와 외부 환경에서 일어나고 있는 프로세스의 완벽한 상호작용에 다름 아니라는 것입니다. 무의식적인 뇌는 굉장한 속도로 반응합니다. 의식적으로 생각하는 뇌가 아무리 노력해도 따라가는 것이 고작일 뿐 결코 리드할 수도 없는 속도입니다. 우뇌는 사고나 언어에 속박되지 않습니다. 우뇌의 지혜는 광대하며 조율되어 있어서 직감적으로 우리를 이끌어 줍니다. 위기에 직면하면 좌뇌는 무시합시다!

이렇게 생각해 보면 반사, 즉 생존 본능이 기반이 되어 있기에 거기에서 '나'라는 존재, '나'라는 몸, '나'가 무엇을 할지가 보여 온다는 것도 그리 잘못된 말을 아닐 것입니다. 누군가의 웃는 얼굴, 찡그린 얼굴 또는 어떤 표정이든 근본적인 부분에서 반사와는 관계가 없다고 생각할 수 있을까요? 갓난아기와 눈을 맞추는 어머니의 시선이 본능적이 아니라고 할 수 있을까요? 요즘은 강력한 컴퓨터를 사용하여 처리한 영상이 의료 분야의 연구에서도 사용되기 시작하고 있어서 거대한 스캐너로 몸을 정밀하게 조사합니다.

반사와 같은 생존과 관련되는 몸의 기능도 정교한 영상을 바탕으로 한 연구가 막 시작되었습니다. 나는 이러한 현상이 몸 안에 저장된 트라우마를 찾아내어 해소하는 열쇠라고 생각합니다. 뇌는 스스로 뇌 자신을 스캔할 수 있기 때문에 어디에 트라우마적인 기억이 있는지를 밝혀낼 수 있습니다. 세밀하게 살펴가면서 그 지점에 맞아떨어졌을 때 거기에 중요한 무언가가 있다고 뇌에게 전달하는 것은 이러한 반사적인 신호입니다. 아웃사이드 윈도우 브레인스포팅에서는 그 반사를 치료사가 읽어 냅니다.

▶▶▶

아웃사이드 윈도우 브레인스포팅에서 실제로 무엇을 하고, 무엇이 일어나는지를 소개해 드리겠습니다. 이와 관련해서 말하자면, 시야를 탐색하기 시작할 때까지의 셋 업은 아웃사이드 윈도우 브레인스포팅뿐만 아니라 다른 어떤 브레인스포팅 모델에서도 통용되는 공통된 순서입니다.

우선 내담자가 다루고 싶다고 느끼고 있는 문제를 듣고 문제와 관련된 괴로움이 내담자 안에서 제대로 활성화(activation)되고 있는지를 살펴봅니다. 활성화되어 있는 상태와 활성화되어 있지 않은 상태에서의 내담자의 몸에 나타나는 반사는 완전히 다릅니다. 활성화된 뇌는 안정되어 있는 뇌와 완전히 다릅니다. 그러므로 브레인스포팅에서 효과적으로 치료하는 데에는 내담자가 제대로 활성화 상태에 있어야만 합니다.

활성화(activation)는 브레인스포팅에서 특별히 숙고하여 선택한 말입니다. 다른 심리치료법에서는 방해(disturbance)나 고통

(distress) 등의 단어를 자주 사용합니다만, 활성화 쪽이 의미상 좀 더 포괄적이고 모두를 아우르기 때문에 브레인스포팅에는 **활성화** (activation)가 적당하다고 생각합니다. 또한 심리치료에서는 내면 경험의 본질을 잘 파악하지 못한 용어를 사용하는 경우도 드물지는 않습니다만, 브레인스포팅의 **활성화**(activation)는 내담자가 감정이나 몸의 감각을 어떻게 느끼고 있는지를 그 나름대로 잘 나타내고 있는 것이 아닐까 하고 생각합니다. 브레인스포팅에서는 활성화됨으로 인해 무엇이 어디에 있는지를 알 수 있기 때문에, 활성화는 뇌나 몸으로 느끼고 있는 것을 비추는 거울이라고도 할 수 있는 매우 중요한 것입니다.

내담자들의 괴로움이나 증상은 다양하여, 문제가 강하게 느껴지는 시기와 그렇지 않은 시기가 있는 사람이 있는가 하면 늘 괴로운 사람도 있습니다. 공포증, 트라우마, 인간관계로 인해 고통받고 있다 해도 때로는 고통에서 해방되는 사람도 있는가 하면 끊임없이 고통에 시달리는 사람도 있습니다. 심리치료를 받으러 다닐 만큼의 사람이라면 거의 줄곧 스트레스를 느끼고 있을 것이라고 생각될지도 모릅니다만, 반드시 그렇지는 않습니다. 한편, 문제가 괴로운 마음을 너무나 강하게 느끼게 할 수도 있고(흥분hyper), 반대로 잘 느끼지 못하게 되는 상태(억제hypo)도 있습니다. 흥분 상태에서 빠져나가지 못하는 사람도 있는가 하면 억제 상태에서 빠져나가지 못하는 사람도 있고, 둘 사이를 왔다 갔다 하는 사람도 있습니다. 눈앞에서 교통사고에 휘말린 사람을 본 적이 있다면 그들의 표정이 거의 없다는 것을 알아차렸을지도 모르겠습니다. 하지만 표정이 없는 것은 마음이 평온하기 때문에 아닙니다. 쇼크 상태인 것입니다. 마음이 느껴지지 않아 무표정이 되는 이러한 상태를 해리라고도 하는데, 감정이나 몸의 감각에서 완전히 분리되어 있는 상태입니다. 해리는 무의식의 깊숙한 곳에 있는 생존을 위한 구조로서, 받아들이기 힘든 경험을 하면 일어납니다. 인생에서 어느 정도 긴 기간에 걸쳐서 트라우마 경험이 반복되어, 특히 그것이 어린 시절에 시작되었으면 작은 반응에도 종종 무너지면서 강한 감정이 분출되기 쉽습니다.

문제와 관련된 괴로움이 내담자 안에서 아직 충분히 활성화되어 있는 것 같지 않으면 "괴로운 경험을 떠올려서 활성화를 시켜 보십시오."라고 말을 하여 활성화를 촉진시켜 봅니다. 제대로 활성화되면 이어서 불편한 마음의 강도를 숫자로 평가합니다. 여기에서는 EMDR에서 빌려 온 주관적 불편감척도(Subjective Units of Disturbance scale: SUDS)를 사용합니다. SUDS는 행동과학자인 죠셉 월피(Joseph Wolpe)가 1969년에 개발하였습니다. 제1장에서 설명한 것처럼 불편한 마음의 정도(브레인스포팅에서는 '활성화의 수준'이라고 합니다)를 가장 강한 상태인 10에서 특별히 아무것도 느끼지 않는 또는 전혀 활성화되어 있지 않은 상태인 0까지의 수치로 평가합니다. SUDS는 다른 치료법에서도 사용되고 있는데, 치료를 시작하는 시점에서 괴로움을 평가할 뿐만 아니라 치료 도중에도 계속해서 괴로움의 정도를 측정하여 최종적으로는 가능한 한 평상시의 상태가 0이 되는 것을 목표로 합니다. 임상가 중에는 이러한 척도가 잘 납득되지 않아 오히려 직감에 반한다고 느끼는 사람도 있는 것 같습니다. 특히 프로세스가 거의 구조화되어 있지 않은 역동적 정신 요법 등을 사용하는 심리치료사에게는 그런 면이 두드러집니다. 하지만 SUDS는 뇌에서 컴퓨터의 연산적인 부분을 치료 프로세스로 끌고 오는 역할도 있어서 꽤 도움이 됩니다. 또한 SUDS를 사용하면 수치 0, 즉 증상이 '완전히 해소된 상태'를 목표로 삼을 수 있게 됩니다. 이것은 심리 요법의 세계에서는 그리 친숙하지 않은 방식이라고 할 수 있을 것입니다.

불편한 마음의 강도를 SUDS로 평가하면, 그다음은 바로 신체적 (somatic)인 프로세스로 들어갑니다. 신체적이라는 것은 말 그대로 몸에서 일어나는 것을 의미합니다. 브레인스포팅에서는 인지나 신념에 대해 질문하지 않으며 감각조차 설명하도록 요구하지 않습니다. 왜냐고요? 우리는 내담자가 몸과 밀접하게 연결되어 있는 뇌에 그대로 머물러 있어 주길 바라기 때문입니다. 분석이나 사고로부터는 물론이고 언어로부터조차 멀리 떨어진 훨씬 깊은 영역에 말입니다. 기억해 둡시다. 몸에 있는 것은 뇌에 있고, 뇌에 있는 것은 몸에 있습니다. 몸과 뇌는 나누어서 생각할 수 있는 것이 아니며 서로 깊이 연결되어 있습니다. 그렇기 때문에 브레인스포팅을 하는 치료사들은 내담자가 주의를 몸으로 향하여 몸 안에 있는 감각을 찾고 있을 때에는 뇌를 스캔하고 있는 것이라고 생각합니다. 몸과 뇌를 나누어서 생각할 수 없으므로 몸에 조율하고 있을 때에는 뇌의 활동에 주의를 기울이고 있는 것과 같습니다. 내담자에게는 "지금 몸의 어느 부분에서 활성화되는 걸 느끼십니까?"라고 물어봅니다.

'지금'의 지점은 중요합니다. 왜냐하면 우리는 내담자가 '지금 이 순간'의 자신의 상태를 알고, '지금, 여기'에서 몸을 제대로 느껴 주길 바라기 때문입니다. 문제는 '지금' 일어나고 있으며, 마음도 '지금' 활성화되고 있고, 치유의 프로세스도 '지금' 일어나는 것입니다. 신체적 프로세스에서는 내담자가 어떻게 반응하여도 이유 같은 것을 묻지 않고 그대로 받아들입니다. 몸 안에서 활성화를 느끼는 부분들은 주로 머리, 목구멍, 가슴, 심장, 복부, 등입니다. 잘 보면 전부 뉴론이 많이 모여 있는 부분입니다. 머리에는 말할 것도 없이 뇌가 있으며, 다른 부분에도 척수가 있습니다. 소화기계를 관장하는 장관신경계도 '장의 뇌(gut brain)'로 알려져 있을 정도입니다.

단계대로 먼저 활성화를 하고 SUDS의 수준을 측정하고, 그리고 활성화를 느끼는 신체적 경험을 발견하면, 드디어 브레인스폿을 찾아낼 준비가 되었습니다. 아웃사이드 윈도우 브레인스포팅에서는 지시봉을 EMDR과 마찬가지로 내담자의 시야 안을 눈높이에서 천천히 움직여 갑니다. 시작은 오른쪽에서부터든 왼쪽에서부터든 상관없습니다. 이것을 '브레인스폿의 맵핑(mapping for brainspotting)'이라고 합니다. 내담자의 눈, 얼굴 그리고 몸도 가능한 한 많이 관찰하면서, 미묘하거나 확실하거나 간에 그 어떤 반사라도 일어난 시야의 위치를 찾아냅니다.

브레인스폿의 맵핑은 정밀한 과학은 아닙니다. 치유라는 의미에서는 어떠한 브레인스폿도 다루면 효과가 있습니다만, 그중에는 중심의 문제에 직접 연결된 브레인스폿과 그 정도는 아닌 스폿이 있는 듯합니다. 또한 아주 조그마한 실마리라 해도 의미가 있습니다. 가령, 내가 '작은 깜박임'이라고 부르는 불완전한 눈 깜박임도 그러합니다. 반사의 형태는 무수하게 있습니다. 제1장에서 소개한 바와 같이 눈을 가늘게 뜨거나 동그랗게 뜨는 것, 눈썹을 모으거나 머리를 갸웃거리는 것, 눈썹을 치켜올리거나 입술을 깨무는 것, 입술을 핥거나 콧구멍을 넓히는 것, 얼굴 한 부분이 굳어지거나 헛기침을 하기도 하고, 재채기, 목에서 꿀꺽하는 것 등 다양하게 나타납니다. 포커 게임을 하는 사람은 이러한 반사를 'tells(보여 주기)'라고 부릅니다. 대전 상대가 실제 카드보다도 강해 보이려 하고 있는지 약해 보이려 하고 있는지를 알 수 있기 때문입니다. 치료사에게 있어서 이러한 텔은 뇌 속에 있는 어떤 정보가 몸으로 나타나고 있다고 할 수 있기에, 그것을 발견하면 치유 프로세스를 거기에 집중시켜서 효과를 높일 수 있습니다.

눈 깜박임은 눈에서 가장 자주 나타나는 반사입니다. 눈 깜박임을 관장하는 신경 회로는 단순하지만 깜박임 그 자체는 생각 외로 복잡한 듯합니다. 눈 깜박임이 브레인스포팅의 치유 프로세스와 어떻게 관련되어 있을지에 대해 나는 다음과 같이 생각합니다. 눈을 깜박일 때 우리는 대체로 아주 짧은 순간만 눈을 감고 있다 생각합니다. 하지만 뇌에서 시간은 상관없으므로 시각으로부터 정보가 끊기는 이 한순간을 충분히 긴 입력 정지로 체험하게 됩니다. 시각에서 정보가 들어오지 않는 시간에는 뇌의 상태가 변화하여 모든 이미지가 뇌 안에서 만들어집니다. 눈 깜박임이 끝나고 눈을 뜨면 시각 정보가 다시 흘러들어 오지만, 조금 전과는 다른 뇌의 상태가 마치 아무 일도 없었던 것처럼 시작됩니다. 이러한 일련의 과정이 우리에게는 아주 잠깐으로 느껴지는 한 번의 눈의 반사 동안에 이루어지고 있는 것이기에, 눈 깜박임은 단 한순간조차 의미가 있으며, 무작위적으로 이루어진 것이 아니라 생각됩니다. 활성화된 사람이 시야를 찾고 있을 때 눈을 깜박이면 브레인스폿의 지점을 반드시 전달하고 있는 것 같습니다. 거기에 무언가가 있는 것이지요. 마인드풀한 상태에서 가만히 기다리고 있으면 나타날 것입니다.

반사가 나타나는 지점, 즉 아웃사이드 윈도우 브레인스포팅을 발견하면 시선은 그곳을 바라보게 하며, 마음에서 일어나고 있는 프로세스를 흘러가는 대로 마인드풀하게 관찰하도록 내담자를 가이드합니다. 호기심을 가지고 열린 마음으로, 그러나 기대는 하지 말고 관찰하게 합니다. "바라보고 계십시오, 그다음 무엇이 일어날까요? 무엇이 일어나서, 또 이어서 무엇이 올까요? 흐름을 컨트롤하려고 하지 말고 무리하게 주목하거나 되돌리려고도 하지 마십시오. 괜찮습니다, 본능을 믿으십시오."라고 내담자에게 이야기를 해 줍니다. 처음부터 자연스럽게 흐름을 바라보고 있을 수 있는 내담자도 있지만 점차 능숙해지는 사람도 있으므로, 마인드풀하게 바라보고 있는 상태가 익숙해질 때까지는 조금 시간이 걸릴 수도 있습니다.

나는 이 처리법을 집중 마인드풀니스(focused mindfulness)라고 부릅니다. 한 문제를 둘러싸고 이미 겹겹으로 단단히 활성화된 사람을 마인드풀하게 하기 때문입니다. 아마도 평소 의식적으로 이것저것 생각하면서 여러 가지를 관찰하고 있는 뇌가 이때에는 더 깊은 곳에 있는 뇌의 활동을 좇아갈 수 있게 되는 것이 아닌가 하고 생각합니다. 집중 마인드풀니스에서 기억이 처리되는 흐름은 마치 여행과 같은 것입니다. 여행은 생각이나 의식적 기억으로 가득할 수도 있습니다. 혹은 몸의 감각만 있어서 그 감각이 몸의 어느 부분에서 다른 부분으로 점점 옮겨 갈지도 모릅니다. 이미지나 감각이 어떨 때에는 빨리감기처럼 전개되어 가고, 또 어떨 때에는 슬로 모션으로 진행될 수도 있습니다. 나타나는 정보를 이해할 수 있을지 어떨지는 문제가 아닐 것입니다. 장면이 순서를 따라 전개되어 가지만 하나의 장면 뒤에 왜 다음 장면이 이어지는지는 대부분 잘 이해할 수 없습니다. 생각건대 이때 우리는 무수히 존재하는 신경 줄기 하나하나를 따라서 재빠른 신경 가소성의 여정의 광경을 바라보고 있을 지도 모릅니다. 즉, 뇌가 스스로를 치유하는 과정을 '목격'하고 있는 것입니다.

실제로 치유가 일어나고 있는지 어떤지를 어떻게 하면 알 수 있을까요? 그것은 출발점으로 돌아와 보면 알 수 있습니다. 다루려고 했던 문제를 다시 한번 생각해서 그것과 관련된 불편한 마음의 강도를 재평가합니다. SUDS는 거의 반드시라고 해도 좋을 정도로 달라져 있습니다. 마음의 변화는 조금일 수도 있고 어쩌면 놀라울 정도일 수도 있습니다. SUDS는 일반적으로 내려갑니다만, 1칸일 때도 있는가 하면 폭이 더 큰 경우도 있습니다. 마음의 활성화는 높아지는 경우도 있습니다만, 그것은 문제가 되지 않습니다. 높아져 있다면 있는 대로 어쨌든 어떤 것이 움직이기 시작하고 변화가 시작되었음을 알 수 있습니다. 어쩌면 해리의 베일이 벗겨지려고 하고 있을지도 모릅니다. SUDS의 수치가 달라지지 않아도 마음의 질이 달라져 있을 것입니다. 감정 상태가 달라지면 그에 수반하여 불안은 형태를 바꾸어 분노나 슬픔이 될 수도 있습니다. 뇌는 과제를 부여하면 움직이기 시작합니다. 작용을 가하면 뇌는 달라질 수 있는 것입니다.

아웃사이드 윈도우 브레인스포팅을 이용하여 스물다섯 살의 스튜어드의 괴로운 기억을 처리한 사례를 소개해 드릴까 합니다. 스튜어드는 공황장애로 도움을 청하고 있었습니다. 우리는 어렸을 때 유치원으로 가는 것을 무서워했던 기억에 주목하였습니다. 처리 시작 전의 SUDS는 8로, 몸 안에서 활성화를 느끼는 부분은 가슴과 복부였습니다. 내가 시야를 찾으면서 발견한 아웃사이드 윈도우 브레인스폿은 상당히 왼쪽 편에 있었는데, 빈번한 눈 깜박임과 목에서 꿀꺽하고 삼키는 것을 보고 알 수 있었습니다. 스튜어드는 지시봉 끝을 뚫어지게 응시하였습니다.

"방 안에서 울고 있는 내가 보입니다." 하고 스튜어드가 말했습니다.

"선생님들도 다른 아이들도 나를 무시해. 나는 어찌 해야 할지를 모르고 있는 것 같아요."

그대로 60초간 침묵 속에서 지시봉 끝을 바라보았습니다.

"주변이 캄캄해졌어요. 아무것도 보이지 않아요. 무서워. 배가 아파."

그렇게 말하면서 배를 끌어안았습니다.

"흐느끼는 소리가 들려와요. 그건 저예요. 밤에 아기침대 안에 누워 있어요. 두 살쯤 되었을까? 아무도 오지 않아 저는 계속 울고 있어요."

어른인 스튜어드의 뺨에 눈물이 한없이 흘러내렸습니다.

"예전에는 어둠이 무서웠어요. 엄마는, 너는 참 까다로운 애야. 뭐든지 무서워해서, 심지어 자기 그림자까지 무서워 하니… 하고 말했어요. 살면서 늘 악몽에 시달려 왔어요. 어두운 좁은 길을 무언가로부터 도망치려고 달리고 있는 꿈이에요."

스튜어드는 여기에서 다시 침묵하고 마음에서 일어나고 있는 처리를 바라보고 있었습니다. 그리고 다시 이야기를 시작했습니다.

"주변이 다시 깜깜해졌어요. 목이 졸리는 느낌이 들기 시작해요. 초등학교 2학년 때 기억이 올라와요 … 학교가 너무 싫어서 꾀병을 부렸어요. 하지만 부모님은 나를 질질 끌고서 학교에 데리고 가셨어요 … 너무나 비참했어요. 수개월 지나고서야 겨우 익숙해졌지만, 학교가 좋았던 적은 한 번도 없었어요."

다시 2분간 침묵하면서 다시 지시봉 끝을 응시하고 있었습니다만 이윽고 말을 했습니다.

"장면이 대학교 1학기 때로 뛰었어요. 여러 가지로 힘들어서 매주 주말에는 고향으로 돌아갔어요. 하지만 2학기가 될 즈음에는 모든 것이 조금 안정되어 있었습니다."

첫 번째 장면으로 가이드를 하여 한 번 더 활성화 정도를 평가하였습니다. SUDS는 6이 되어 있었습니다. 스튜어드가 하는 말에 따르면, 몸에는 여전히 활성화된 느낌이 남아 있었고 역시나 목 부분이었는데, 죄어드는 느낌이 전만큼 강하지는 않았습니다.

스튜어드의 경험에서는 집중 마인드풀니스 과정이 어떻게 진행되는가뿐만 아니라, 그 결과로 무엇이 일어나는가도 잘 알 수 있습니다. 이미지와 감각을 마인드풀니스 상태에서 바라보는 과정에서 무언가가 일어나고, SUDS 수치가 내려가고, 몸에서 긴장을 느끼는 위치와 강도가 달라졌습니다. 두 세션을 하고 났더니 SUDS는 0이 되었고, 스튜어드가 안고 있었던 문제의 이 부분은 처리가 완료되어 해소되었습니다.

다만, 그래서 문제가 완전히 해결되었던 것은 아닙니다. 실은 스튜어드는 유소년기와 사춘기에 많은 트라우마를 경험하여 복합 외상후스트레스장애(complex-PTSD)[1]에 시달리고 있었습니다. 공황장애는 PTSD가 다른 형태로 나타나고 있는 것뿐이라고 할 수 있었습니다. 마찬가지로, 그 근원에는 성장하면서 겪은 트라우마로 고통받고 있었던 어머니와의 사이에 어렸을 때부터의 애착 문제가 있었습니다. 스튜어드의 치료는 1주일에 한 번씩 세션을 지속하여 총 6개월이 걸렸습니다. 브레인스포팅을 이용하여 괴로움을 계속해서 처리해 가면서 결국 공황장애를 조절할 수 있게 되었습니다. 대부분의 트라우마가 치유되었다고 할 수 있습니다.

---

1) 복합 외상후스트레스장애(Complex post traumatic stress disorder): C-PTSD. 복합 PTSD는 아동기 학대나 가정 폭력, 장기화된 전투 경험과 같이 반복적으로 지속된 외상 경험으로 인해 발생하며, 그 이후 외상 생존자에게서 성격적인 변화까지 초래하게 된다. 복합 PTSD의 증상은 정서조절장애, 자기완결성의 상실, 대인관계 능력의 장애 등 크게 세 가지로 나누어 설명할 수 있으며, 이에는 우울, 불안, 극단적 정서, 수면장애, 악몽, 해리, 자해 및 자살 충동, 신체화 장애, 대인관계 문제 등 다양한 증상이 포함된다. 복합 PTSD 내담자는 복합 외상 경험을 다루는 것이 고통스럽고, 자기와 타인에 대한 표상이 부정적이기 때문에 상담 과정에서 라포 형성과 치료의 지속이 어려울 수 있다.

　　아웃사이드 윈도우 브레인스포팅은 스튜어드의 사례에서 매우 효과가 있었으며, 실제로 대부분의 내담자에게도 효과적이었습니다. 반사는 언제든 우리 몸에서 일어나고 있으며, 대개는 찾기 쉽습니다. 다음 장에서는 브레인스포팅의 다른 모델을 소개하겠습니다만, 그런 모델과 비교해 보더라도 아웃사이드 윈도우 브레인스포팅은 내담자에게 있어서도 치료자에게 있어서도 뇌의 가장 깊숙한 부분이나, 혹은 척추에서 오는 단서를 재빠르고 간단히 찾아낼 수 있습니다. 꽤 확실하고 안전한 방법이라고 할 수 있을 것입니다. 하지만 오히려 다음 장에서 소개할 인사이드 윈도우 브레인스포팅을 선호하는 내담자도 있습니다. 브레인스폿을 찾을 때에 내담자 자신이 보다 적극적이고 의식적으로 참여할 수 있기 때문입니다.

3

인사이드 윈도우 브레인스포팅,
양측성 자극음, 원-아이 브레인스포팅

'시작에서부터 혁신을 거듭하여'

Brainspotting

'내추럴 플로우 EMDR'은 그것 자체가 이미 획기적인 EMDR이었습니다만, 브레인스포팅(후에 아웃사이드 윈도우 브레인스포팅)은 더욱 혁신적인 것이었습니다. 브레인스포팅은 혁신의 결정체라고 할 수 있고, 나도 그리고 내게 교육을 받은 다른 치료사들도 계속해서 발전시켜 가고 있습니다. 브레인스포팅을 개발하고 얼마 지나지 않았을 시기에 세 가지의 큰 혁신이 있었습니다. 인사이드 윈도우 브레인스포팅 모델과 원아이 브레인스포팅 모델을 추가한 점, 그리고 내가 연구하여 만든 양측성 자극음(bilateral sound)을 도입한 점입니다. 제3장에서는 세 가지 개발된 부분을 모두 소개하겠습니다. 인사이드 윈도우 브레인스포팅부터 시작해 보도록 하겠습니다.

▶ ▶ ▶

'소비자는 항상 옳다'고들 말합니다. 나는 '내담자가 항상 옳다'고 믿고 있습니다. 시야나 몸 어느 부분에서 무엇을 느끼는지는 치료자가 아무리 밖에서 보더라도 정보가 한정됩니다만, 내담자는 내면으로부터 잘 알고 있습니다. 그렇기 때문에 내가 바깥에서 브레인스폿을 찾고 있을 때 내담자가 내면에서 발견한 브레인스폿으로 이끌었을 때에 바로 주목하였습니다. 지금 돌이켜 생각해 보면 내담자가 자신의 감각에서 브레인스폿의 위치를 알 수 있는 것은 분명하지만, 고백하건대 그 당시에는 그렇게 생각하지 않았습니다. 제 경험에서는, 치료사는 내담자를 외부에서 관찰하여 진단과 치료를 할 수 있어야 한다고 교육받았습니다. 분명히 어느 정도는 가능할 것입니다. 하지만 신경계는 거대하고 복잡하며, 내담자는 사람마다 다 다릅니다. 치료사들은 인정하고 싶지 않을 수도 있겠습니다만, 외부에서 관찰한 진단은 아무래도 부정확할 수밖에 없습니다.

그래서 마음의 인과 관계가 실제로는 거의 대부분 얼마나 이해되지 못하고 있는지를 언제든지 겸허히 상기할 수 있도록 브레인스포팅에 불확정성의 원리라는 사고방식을 가져왔습니다. 불확정성 원리는 생물학자인 베르너 하이젠베르크(Werner Karl Heisenberg)의 업적에서 나왔습니다. 1927년에 처음으로 발표된 이 개념은 현대물리학의 기둥의 하나라 할 수 있는 양자역학의 초기 발전에 결정적이라 할 수 있을 만큼 큰 공헌을 하였습니다. 불확정성의 원리가 물리학에서 의미하는 것은, 예를 들어 어느 순간의 입자 상태에 대해 신이 아닌 한 위치와 속도를 동시에 아는 것은 결단코 불가능하다는 것입니다. 왜냐하면 인간이 외부에서 관찰한 순간 이미 그 행위 자체가 입자를 포함하는 시스템에 대한 개입이 되어 상태가 달라져 버리기 때문입니다. 다시 말해, 위치를 정확히 관측하려고 하면 할수록 크게 개입하는 것이 되므로 더욱 더 속도를 잡아내기 어려워지고 부정확하게 측정할 수밖에 없거나 알 수 없게 되는 것입니다. 인간의 역동적인 마음과 치료에서 무엇이 일어나는가도 마찬가지입니다. 어떤 사람의 마음속에서 무엇이 일어나고 있는지 외부에서 보고 있기만 해서는 거의 알 수 없습니다. 그것을 알기 위해 치료사가 내담자의 마음의 시스템에 개입해 보아도 그 순간 영향을 미쳐 마음의 상태가 달라지기 때문에, 결국 외부에서는 개입하지 않으면 실제로 무엇이 일어나고 있었는지를 정확히 알 수 없는 것입니다. 아무리 해도 외부에서의 진단이 부정확하다고 한다면 치료사는 무엇을 실마리로, 어떻게 능숙하게 개입할 수 있을까요?

인간 마음의 시스템이 너무나 커서 도저히 이해할 수 있는 것이 아님을 깨달았을 때, 나는 거기에서 일단 두 손을 들었습니다. 그러나 두 손을 든 것은 패배가 아니라 오히려 해방이었습니다. 결코 알 수 없는 것을 알려고 애쓰지 않게 되고, 대신 어느 정도 아주 작은 것이라도 내부에서 드러나는 것에서 이해할 수 있는 것을 알려고 탐색하기 시작했습니다.

브레인스포팅 트레이닝에서는 아웃사이드 윈도우 브레인스폿은 어느 것이나 작업을 하면 반드시 효과가 있다고 가르치고 있습니다. 실제로 세션에서 보아 온 것이기 때문에 틀림없습니다. 다만, 그렇게 가르치면서도 각각의 브레인스폿에서 사소하든 심대하든 실제로 대체 무엇이 일어나고 있는 걸까 하고 언제나 불가사의하게 생각하고 있었습니다. 몸에 나타나는 반사 중에는 다른 것들보다 의미 깊은 것이 있다는 것은 알고 있었습니다만, 그것이 왜 그런지를 일관성 있게 설명할 수 있는 시도가 없었습니다. 뇌와 몸의 반응을 실시간으로 알 수 있는 기계라도 있어서 내담자를 거기에 연결시켜 몸에 반응이 나타날 때에 뇌에서는 무엇이 일어나고 있는지 알 수 있는 피드백이 있다면 치료도 더욱 정확해질 텐데 하고 생각했던 것입니다. 그런데 '인사이드 윈도우 브레인스포팅'을 발견했더니 정말로 바라던 피드백을 얻을 수 있게 되었습니다. 뇌나 몸의 스캔은 필요하지 않았습니다.

기계가 알려 주는 신호 대신 얻은 것은 내담자가 스스로 관찰하여 알아차린 몸 안의 느낌, 즉 감각 느낌(felt sense)[1]입니다. 감각 느낌이라는 용어는 연극을 가르치는 수업에서 들은 적이 있습니다만, 기본적으로는 포커싱(focusing)이라는 치료법을 개발한 심리치료사이며 철학자이기도 한 유진 젠들린(Eugene Gendlin)이 사용하기 시작하였습니다. 내담자가 나를 브레인스폿으로 인도해 주기 시작했을 때, "여기에서 더 느껴져요." "마음이 긴장한 것 같아요." "저 언저리에서 더 불안했어요." "그냥 알겠어요."와 같은 말들을 했습니다. 나중에 깨달았습니다만, 내담자들이 전하는 이런 감각 느낌은 뇌의 깊숙한 부분에서 일어나는 반사에서 일어나고 있었습니다. 생존 본능인 것입니다. 즉, 인사이드 윈도우 브레인스포팅에서 관찰하고 있는 감각 느낌의 정체는 아웃사이드 윈도우 브레인스포팅에서 관찰하고 있었던 것과 동일한 것이었습니다. 느낌이 강해졌다, 긴장했다 혹은 '그냥 느낀다'는 것은 피겨 스케이팅 선수인 카렌의 눈이 흔들린 후 얼어붙은 것과 같은 성질의 것으로, 어떤 자극에 대한 반응입니다. 자극은 시야 안의 특정한 지점을 향한 시선입니다. 다만, 어떤 사람에게는 시야의 지점의 범위가 너무나 좁고 정밀해서 지시봉이 약간 흔들리기만 해도 내

---

1) 감각 느낌(Felt sense): 젠들린이 만든 용어. 감각 느낌은 정신적 경험이 아니라 신체적 경험이다. 신체적 경험이라는 뜻은 상황이나 사람 또는 사건에 대해 당신의 몸이 어떻게 느끼는가를 의미한다. 특정한 시간에 특정한 대상에 대해 느끼고 알아차린 모든 것을 포함해 느껴지는 분위기나 기운을 말한다(『트라우마 치유』 참조).

담자와의 연결을 잃어버릴 정도였습니다.

브레인스포팅은 관찰에 의지하는 과학입니다. 아웃사이드 윈도우 브레인스포팅이 잘될지 어떨지는 치료자가 얼마나 잘 내담자의 반사의 실마리를 예리하게 찾아내는가 하는 관찰력에 달려 있다고 해도 과언이 아닙니다. 감각 느낌을 사용하는 인사이드 윈도우 브레인스포팅은 그 부분을 **내담자** 자신의 관찰력에 의지하게 됩니다만, 과연 아웃사이드 윈도우 브레인스포팅만큼 정확하며 같은 효과를 기대할 수 있을 것인가 생각했습니다. 우선 내담자와 함께 늘 해 왔던 것처럼 3단계의 순서를 밟았습니다. 다루고 싶은 문제를 선택하고, 그것에 대해 확실히 마음이 활성화되어 있는 것을 확인합니다. 이어서 SUDS 정도를 평가합니다. 그리고 몸 안에서 활성화를 강하게 느끼는 부분을 찾아냅니다.

자, 여기서부터 아웃사이드 윈도우 브레인스포팅과 달라집니다. 내담자가 천천히 시선을 움직이면서 시야를 수평 방향으로 움직이면서 살펴보는 동안 내가 내담자 몸에 나타나는 반사를 관찰하는 것이 아니라, 내담자 자신이 가장 강하게 활성화를 느끼는 지점을 알려 달라고 내담자에게 말했습니다. 그중에는 감각 느낌을 확실히 느껴서 처음인데도 브레인스폿을 금방 찾아내는 내담자가 있었습니다. 또한 감각 느낌이 그다지 강하지 않아서 가장 강하게 느끼는 시야의 방향을 찾아내기까지 시야 안을 몇 번이고 왔다 갔다 하는 내담자도 있었습니다.

인사이드 윈도우 브레인스폿을 찾아내면, 이어서 내담자를 관찰하여 내담자 자신이 감각 느낌으로 찾아낸 인사이드 윈도우 브레인스폿과 내가 내담자를 관찰하여 찾아낸 아웃사이드 윈도우 브레인스폿에 어떤 차이가 있는지를 살펴보았습니다. 어떤 차이가 있다고 말하기는 어려웠습니다. 때에 따라 다르다고 하더라도 두 종류의 브레인스포팅 모두 치료 효과는 대단하였습니다.

내담자들이 어떤 방법을 더 선호하는지는 꽤 흥미롭습니다. 의식적으로 컨트롤하고 있는 느낌이 들어서 인사이드 윈도우 브레인스포팅이 좋다는 내담자가 있는가 하면, 치료사에게 온전히 맡기는 아웃사이드 윈도우 브레인스포팅이 더 좋다는 내담자도 있었습니다. 치료에서는 세션을 할 때마다 같은 방법을 사용하거나 세션마다 방법을 바꾸기도 하였습니다. 어떻게 할지는 내담자의 취향과 내담자의 반응을 관찰한 것을 고려하여 판단하였습니다. 어떻게 나누어 사용할지에 대한 판단을 할 때는 전략적인 경우도 직감적인 경우도 있습니다. 예를 들어, 내담자의 처리 프로세스가 인사이드 윈도우 브레인스폿으로 이러지도 저러지도 못할 경우에는 아웃사이드 윈도우 브레인스폿을 찾을 수도 있습니다. 방법을 바꾸는 것만으로도 그것이 계기가 되어 프로세스가 순조롭게 흘러가는 경우도 있었습니다.

▶▶▶

"내담자가 이끌고 치료사는 따라간다." 이것이 내 좌우명이 되어 가고 있었습니다. 좌우명을 따르고 있었더니 실제로 혁신에 혁신을 거듭하여 브레인스포팅은 이론과 실천 모두에서 점점 확장되어 갔습니다.

인사이드 윈도우 브레인스포팅을 발견하고 채 수개월이 지나지 않았을 무렵 또 한 가지 흥미로운 일이 있었습니다. 시야 안 눈의 높이에서 수평 방향으로 시선을 이끌어 가자 지시봉을 위아래로 움직였으면 좋겠다고 재촉하는 내담자가 나타났습니다. '위의 그 언저리' '좀 더 아래쪽'과 같이 지시는 브레인스폿이 수평 방향으로 1차원의 X축에만 있는 것이 아니라는 것을 보여 주고 있었습니다. 그래서 나는 수직 방향의 Y축도 도입하여 위아래로도 지시봉을 움직이기 시작하였습니다. 바야흐로 직선상에 제한시키지 않고 시야 전체를 살펴보게 되었다고 할 수 있습니다.

시야를 살피는 범위를 확장시켰기 때문에 어떤 방향에서 찾아 가기 시작해야 할지를 정해야만 했습니다. 그래서 인사이드 윈도우 브레인스포팅에서는 처음에 내담자의 눈높이 수평 방향에서 살펴보기로 정했습니다. 먼저, 수평 방향의 X축상에서 브레인스 폿을 찾아냅니다. 찾아내면 X축상의 그 지점에서 이어서 Y축 방향으로 우선 눈높이보다 위쪽으로 똑바로 지시봉을 움직여 보고, 그러고 나서 아래로 움직여 봅니다. 그 방법을 '선(先) X축, 후(後) Y축'이라고 합니다.

말하기는 쉽지만, 인사이드 윈도우 브레인스폿을 이렇게 하여 2단계의 순서로 찾아내는 것은 실제로는 훨씬 힘들었습니다. 왜냐 하면 인사이드 윈도우 브레인스폿은 엄밀하다고도 할 수 있어서, 시야 안에서 상당히 정확하게 지시봉을 그 위치로 가져가지 않으면 안 될 때도 있었기 때문입니다. 내담자들은 "너무 갔어요, 조금만 앞으로." "지금 맞았었는데 다시 어긋났네요."와 같은 말을 했습니다. 또한 무엇을 느끼는지를 말로 잘 표현하지 못하는 내담자도 있어서 진짜 브레인스폿을 찾아냈을 때 반드시 그렇다는 것을 알려 줄 수 있다고 단정 지을 수도 없었습니다. 하지만 강렬한 처리가 시작되고 난 후 내담자의 활성화 수준이 명확히 달라지면 진짜 브레인스폿을 하나 발견했다는 것을 알 수 있었습니다.

이렇게 하여 내담자들이 이끄는 대로 따라가다 보니 인사이드 윈도우 브레인스폿이 수평축뿐만 아니라 수직축을 따라서도 있다는 것을 알게 되었습니다. 실은 그 밖에도 내담자들의 피드백을 자세히 관찰하고 있었더니 활성화를 끌어내고 있는 것은 아무래도 시야의 방향이 아니라 지시봉의 움직임인 것 같다는 것을 알게 된 경우가 종종 있었습니다. 그래서 인사이드 윈도우 브레인스포팅에서 시야를 탐색할 때에는 X축상의 오른쪽과 왼쪽, Y축상의 위쪽과 아래쪽으로 나누어 각각의 영역 내에서 지시봉의 움직임을 정지하도록 하였습니다. 우선 눈의 높이에서 X축상의 오른쪽과 왼쪽에서 각각 지시봉을 멈추어 5초에서 10초 정도 기다립니다. X축상의 브레인스폿을 찾아내면 그다음에는 그 지점에서 Y축 방향으로 위쪽과 아래쪽에서 각각 조금 전과 마찬가지로 지시봉의 움직임을 멈춥니다. 이렇게 하여 내담자가 몸의 감각에 확실히 집중할 수 있는 기회를 만들어서 그 위치가 다른 지점과 비교하여 가장 강한 활성화 정도를 느끼는 지점인지 어떤지를 살펴봅니다.

그러나 곧 이 방법으로는 너무 대충이라는 것을 깨달았습니다. 내담자 시야의 중심에서 활성화가 가장 강한 경우 못 보고 지나쳐 버리기 때문입니다. 그래서 순서를 다시 수정하였습니다. X축상의 오른쪽과 왼쪽에서 한 번씩 멈추는 것뿐만 아니라 중심에서도 지시봉의 움직임을 멈추었습니다. 그다음으로 탐색해 가는 Y축 방향도 마찬가지로 위아래뿐만 아니라 중심에서도 움직임을 멈추었습니다. 이 순서라면 시야의 중심에서 활성화가 강해도 놓치지 않습니다. 내담자가 인사이드 윈도우 브레인스폿을 찾는 것을 도울 때에는 Y축 방향의 각각의 지점에서 지시봉을 **멈추면서** "활성화를 가장 강하게 느끼는 것은 눈높이보다 위쪽입니까? **눈높이입니까? 아니면 눈높이 아래입니까?**" 하고 묻습니다. 지금 이 개정된 인사이드 윈도우 브레인스포팅 순서로 전 세계에서 교육이 이루어지고 있습니다.

▶▶▶

이야기는 1990년대로 거슬러 올라갑니다. 나는 당시 사용하고 있었던 EMDR 치료 모델을 다각도로 개량하여 '내추럴 플로우 EMDR(Natural Flow EMDR)'이라는 독자적인 방법을 통합했습니다. '내추럴 플로우 EMDR'은 본래의 EMDR의 강력한 치료 효과를 기반으로 하고 있었습니다만, EMDR의 독창적 부분은 살리면서, 과정을 조금 부드럽게 할 수 있도록 해 줍니다.

'양측성 자극음(Bio-Lateral Sound)'은 비교적 빠른 시기에 발견한 '내추럴 플로우' 의 방법 중 한 가지입니다. EMDR에서는 좌우 뇌를 자극하여 양측성의 효과를 얻는 방법이 눈을 좌우로 움직이는 것 이외에도 다른 것이 있다고 이미 알려져 있었습니다. 그중 한 가지가 청각 자극을 사용하는 방법입니다. 청각을 통해 양측성 자극을 줄 때에 치료자는 내담자의 오른쪽 귀와 왼쪽 귀의 아주 가까운 곳에서 번갈아 손가락으로 소리를 내어 주게 되어 있었습니다. 그것이 양측성 자극이 되는 것은 왼쪽 귀로 소리가 들어가면 오른쪽 뇌가 자극되어 활성화되고, 그다음 오른쪽 귀로 소리가 들어가면 좌뇌가 자극되어 활성화된 부위가 이동하기 때문입니다.

그러나 이 방법은 내게는 아무리 해도 명확히 와닿지 않았습니다. 1분 이상, 어쩌면 세션 내내 손가락 소리를 계속해서 낼 수 있는 EMDR 치료사가, 아니 치료사에 한정하지 않고 누구라도 그런 사람이 있다고는 생각할 수 없었기 때문입니다. 이 방법으로는 얻는 것보다 잃는 것이 많겠다는 생각이 들었습니다.

그래도 소리를 사용하여 좌우의 뇌를 자극하는 방법은 EMDR에서 기억을 처리할 때에 명확히 효과가 있었습니다. 그렇기 때문에, 아니나 다를까 곧 누군가가 내담자의 좌우의 귀에 번갈아 가며 소리를 흘려보내는 헤드폰 형식의 EMDR 기기를 개발하였습니다. 자극음의 속도와 음량은 조절할 수 있었습니다. 하지만 소리 그 자체가 마음이 편안하다고는 할 수 없는, 마치 메트로놈의 소리 같은 톤이었습니다.

그래도 기기를 사 와 실험적으로 써 봤더니 확실히 효과가 있다는 것에 놀랐습니다. 내담자들 중에는 시각 자극을 따라가며 눈을 좌우로 움직이는 것보다는 헤드폰으로 소리를 듣는 편이 하기 쉽다는 사람들도 있었습니다. 실로 의외의 발견이었습니다. EMDR용 기기를 여분으로 몇 개 사 와서, 내담자 중 몇몇 사람이 세션을 마치고도 곧 불안이나 우울 증상이 다시 도지는 듯한 증상을 보였을 때 세션이 끝나고 그다음 세션 사이에 집에서도 사용할 수 있도록 빌려주었습니다. 기기가 도움이 되었다는 사람도 있어서, 다음 세션 전에 증상이 이미 감소되었을 뿐만 아니라 세션 때에 경험한 긍정적 마음을 고양시키는 효과도 있었습니다. 그러나 효과를 실감한 내담자들에게 기기를 사도록 권했으나, 1,000달러나 주고 그다지 듣기 좋지 않은 소리밖에 나지 않는 기기를 사고 싶다는 사람은 딱 한 명뿐이었습니다.

그래서 비싸지 않고 듣기에도 편안한 무언가를 개발해야겠다는 생각이 들었습니다. 그 불쾌한 양측성 음을 어떻게든 치유적 느낌의 마음이 편안해지는 소리가 양쪽 귀를 왔다 갔다 하게 만들 수 없을까를 고민하기 시작했습니다. 음이 편안하면서 오른쪽, 왼쪽으로 음원이 부드럽게 이동하며 들리도록 녹음할 수 없을까?

수개월을 고민하던 어느 날, 친구인 에반 사이펠트와 상의하여 함께 녹음 스튜디오로 향했습니다. 에반은 헤비메탈과 랩 계열의 그룹인 '바이오 헤저드'의 메인 보컬이었습니다. 그와는 뉴욕에서 LA로 가는 비행기 안에서 의기투합하게 되었는데, 둘 다 치유와 음향에 깊은 관심을 가지고 있었습니다. 그래서 그와 함께 홀연히 브루클린 시내의 스튜디오로 들어가 카세트 테이프를 집어 들고 나온 것이 10시간 후 새벽 두 시였습니다. 롱아일랜드의 집으로 돌아오는 차 안에서 그 테이프를 플레이어에 꽂고 듣기 시작했습니다. 처음에 꽤 좋은 음이구나 하고 느꼈던 것이 기억납니다. 그러나 금세 사고의 흐름을 잃어버리고 말았습니다. 음에 집중하고 잊지 않다는 것을 알아차리고 한 번 더 주의를 기울였습니다. 하지만 또다시 금방 사고로는 쫓아갈 수 없는 마음의 세계로 깊이 들어가고 있었습니다.

무엇이 일어나고 있는지를 겨우 이해하게 된 것은 한참 지나고 나서였습니다. 녹음 테이프 속의 음이 나를 너무나 깊은 처리 과정으로 이끌었기에 스스로조차 깨닫지 못했던 것입니다. 어쩌면 한밤중의 드라이브가 얼마간 영향을 주어 의식을 집중하지 못했던 것일 수도 있다고 생각해서, 다음날 아내인 니나와 아들 조나단에게도 그 음을 들려주었습니다. 그러자 두 사람 모두 나와 마찬가지로 처리 과정으로 이끌려졌습니다.

테이프를 직장으로 가져와 EMDR용 기기를 이미 사용하고 있었던 내담자들에게도 시험 삼아 들려줘 보았는데 효과적이었습니다. 모두들 귀에 거슬리는 안 좋은 소리를 내는 기기보다 그 테이프 쪽으로 손을 들어 주었습니다. 그래서 그때까지 청각 자극을 사용하지 않았었던 EMDR 내담자들에게도 테이프를 소개하였습니다. 음 그 자체가 싫다고 하는 한두 명을 제외하고는 전원 대성공이었습니다. 세션과 세션 사이에도 기기를 사용하고 있던 내담자들을 위해서 싼 값에 테이프를 복사해 주었더니 치유적 음의 효과와 싼 비용 양쪽 모두 만족스러워하였습니다.

테이프에 녹음되어 있는 음을 뭐라고 부르냐는 질문을 받았을 때 아직 명칭을 정하지 않았음을 깨달았습니다. 에반의 아낌없는 공헌을 기리는 뜻에서 그의 그룹의 이름 '바이오 헤저드'와 양측성을 의미하는 bilateral이란 단어를 조합하여 BioLateral이라고 정하였습니다.

6개월 후, 나는 다시 스튜디오에서 첫 CD를 내기 위해서 치유 계열의 음원 네 개를 더 만들어서 녹음하려 하고 있었습니다. 무심히 단어를 가지고 이리저리 조합하다 보니 첫 CD 앨범 제목은 'The best of biolateral'로 정하게 되었습니다. 발매하자마자 대성공을 거두었고, 더 만들어 달라는 성원에 힘입어 그 후로 수년간에 걸쳐서 7장의 CD를 더 냈습니다. 나중에 낸 것만큼 공간적 음향 효과를 높이는 기술은 보다 세련되고 복잡해졌습니다. 세 개의 다른 트랙에서 동시에 소리를 방출하는 방법을 개발하여 넓고 깊이가 있는 바다의 소리를 매우 입체적으로 들리도록 만들었습니다. 아마 하나의 트랙만을 사용하여 이루어지는 녹음보다도 뇌를 치유하는 힘이 더 강력해진 것이 아닐까 합니다. 이 글을 쓰고 있는 지금은 그 이후로 16년이 지났습니다만, 지금까지 전 세계에서 5만 장이 넘는 CD가 팔린 듯합니다. 내게서 EMDR 치료를 받는 내담자들이 다음 세션 사이에 사용하려고 구매하는 것뿐만이 아니라, 다른 EMDR 치료사들도 세션에서 안구 운동 대신에 사용하기 위해 구매하고 있습니다.

브레인스포팅(그때는 아웃사이드 윈도우)을 본격적으로 사용하기 시작했을 때, 세션에서 내담자들에게 양측성 음을 사용해 보도록 안내하지는 않았습니다. 브레인스포팅은 전혀 다른 새로운 모델이라고 생각하고 있었기에 EMDR용으로 설계된 CD는 브레인스포팅에는 도움이 되지 않을 것이라 판단했기 때문입니다. 그러나 얼마 안 있어서 몇몇 내담자가 "그 소리를 듣지 못하는 게 안타깝네요. 어째서 브레인스포팅에서 눈의 움직임과 함께 사용할 수 없는 거지요?"라는 질문을 하였습니다. 나는 대답을 할 수 없었습니다. 그 순간 나의 좌우명을 떠올렸습니다. "내담자가 이끌고 치료사는 따라간다."

내담자들이 헤드폰을 착용하여 양측성 음을 들으면서 브레인스폿을 바라보고 있으면 브레인스포팅의 이미지와 감각을 처리하는 작업이 더 순조롭게 진행되었습니다. 또다시 내담자들이 올바른 방향으로 나를 인도해 준 것입니다. 시선을 브레인스폿을 향하고 거기에 양측성 음을 조합했더니 너무나도 효과적이었기 때문에 양측성 음을 다시 세션에 도입하였고, 그 후로는 내담자들에게 브레인스포팅을 하면서 반드시 음을 들려주도록 하였습니다. 요즘에는 브레인스포팅 세션에서 양측성 음이 담긴 CD를 사용하는 것뿐만 아니라, 브레인스포팅 트레이닝에서 CD를 어떻게 사용해야 하는 지에 대해서도 가르치고 있습니다. 브레인스포팅 세션에서 양측성 음을 사용할 때에는 음량을 낮추어서 희미하게 들릴 듯 말 듯한 정 도로 흐르도록 합니다. 음량을 그만큼 낮추면 대부분의 내담자에 게 있어서 부드럽게 부교감신경에 작용이 가해지면서 기분을 온화 하게 하는 양측성 자극이 됩니다(단, 지극히 일부 내담자에게 있어서 는 지나치게 마음이 고조되어 감각이 과민해져 있거나 해리 증상을 보이 는 상태, 혹은 그 두 가지 모두에 해당하는 상태인 경우에는 낮게 흐르는 양측성 음조차도 받아들이지 못할 수 있습니다. 그럴 때는 헤드폰을 벗도 록 하면 됩니다. 그런 내담자들은 브레인스포팅의 리소스 모델이 필요할 수도 있습니다만, 그에 대해서는 다음 장에서 소개하도록 하겠습니다).

▶▶▶

브레인스폿이 존재한다는 것을 알게 되기 전인 1999년에 나는 뉴욕에서 '내추럴 플로우 EMDR' 교육을 하고 있었습니다. 오전 교 육을 마치고 쉬는 시간에 참가자 중 한 명이었던 밥 벅이 다가왔습 니다. 그러고는 "데이빗, 당신이 흥미로워할 만한 것을 가지고 왔 습니다." 하며 신이 나서 꺼내 놓은 것은 전기공이 작업할 때 눈을 보호하기 위해 쓰는 것과 비슷한 보호 안경 두 개였습니다. 두 개 다 안경알이 대부분 페인트로 색칠되어 있었습니다만, 하나는 두 눈의 시야의 오른쪽 끝에서만 빛이 들어가게 되어 있고, 또 다른 하나는 반대로 왼쪽 끝에서만 빛이 들어가게 되어 있었습니다. 그

때 아마 나는 당혹스러운 표정을 지었겠지요. 밥은 설명에 시간이 걸린다며 점심을 같이하자고 했습니다.

점심 때 스프와 샌드위치를 먹으며 자리에 앉자, 밥이 두 개의 작업 안경을 순서대로 써 보라고 재촉했습니다.

"시야의 오른쪽 끝에서 들어오는 빛은 곧바로 좌뇌로 갑니다."

하고 설명을 하였습니다.

"안경을 바꿔 끼면 시야의 왼쪽에서 들어오는 빛은 곧바로 우뇌로 갑니다."

두 개의 안경을 쓰고 있을 때의 느낌이 제각각으로 매우 달랐습니다. 빛이 왼쪽으로 들어올 때에는 감정이 고조되는 것 같았습니다. 오른쪽으로 들어올 때에는 어딘지 모르게 차가운 눈으로 주변을 응시하고 있는 느낌이 들었습니다.

밥은 색깔이 칠해진 이 작업 안경을 '시퍼 글래스(Shiffer glass)'라고 칭했습니다. 밥이 말하길, 하버드 대학교의 심리학자 프레드릭 시퍼(Fredric Schiffer)에 따르면 좌뇌와 우뇌는 각각 다른 성격이 갖춰져 있다고 할 수 있을 만큼 사물을 느끼는 방식이 다르다고 합니다. 많은 사람의 경우 좌뇌가 좀 더 낙관적이고 우뇌는 좀 더 취약하지만, 네 명 중 한 명꼴로 그 반대인 사람도 있습니다. '시퍼 글래스'를 사용하면 좌뇌와 우뇌의 '성격'을 나누기 쉬워지므로, 치료사는 각각의 성격과 개별적으로 작업을 해 나갈 수 있게 됩니다.

시퍼 자신도 시퍼 글래스를 사용하고 있는데, 문제를 안고 있는 내담자와 세션을 해 나갈 때 긍정적인 뇌에서부터 시작한다고 합니다. 잠시 작업을 진행하고 나서 안경을 바꾸어서 다른 편의 뇌에서 문제를 다시 바라보도록 해 봅니다. 좌뇌와 우뇌를 왔다 갔다 하면서 긍정적인 쪽에서 조금 더 길게 작업을 계속해 가다 보면 이윽고 두 개의 뇌가 서로 영향을 주기 시작합니다. 즉, 처음에는 오른쪽과 왼쪽을 확실히 거리를 두고 있으나, 이어서 좌우의 뇌를 교차시켜 통합해 가는 것입니다.

밥은 점심 식사를 하는 동안 그 과정을 처음부터 끝까지 설명해 주었습니다. 안경을 써 보았더니 강력하고 설득력이 있었습니다. 식사를 마칠 즈음에 나는 완전히 온화하고 균형 잡힌 마음 상태가 되어 있었습니다. 이 새로운 기법을 한창 교육이 이루어지고 있는 동안 바로 실험해 보는 것은 무모하다면 무모했을 것입니다. 생각지도 못했던 전개에 내가 지금 가르치고 있을 때가 아니란 생각이 들었습니다. 나는 천성이 질릴 줄 모르는 실험가입니다. 새로운 무언가를 시험해 볼 수 있는 기회를 놓쳐 버리지 않습니다. 오후 교육을 위해서 세미나실로 돌아온 나는 지체 없이 바로 시험해 보았습니다.

그날 교육이 끝나자, 밥이 다시 다가왔습니다. "당신을 위해 이걸 만들었어요." 하면서 꺼낸 것은 그의 것과 똑같이 만들어진 안경 두 개였습니다. 밥의 시원스런 마음 씀씀이와 열의에 감탄하지 않을 수 없었습니다.

사무실로 돌아와 밥이 만들어 준 시퍼 안경을 한 번 더 껴 봤더니 확실히 흥미로운 결과를 얻을 수 있었습니다. 밥이 설명한 대로의 효과가 있는 것 같았으며, 몇 가지 다양한 결과를 얻기도 했습니다. 즉시 시퍼의 책 『두 개의 뇌의 심리학(Of Two Minds)』을 구입하여 재빨리 읽어 나갔습니다. 시퍼의 방법은 잘 이해할 수 있었으며 꽤 괜찮은 것 같았습니다. 다만, 나에게 있어서는 EMDR 세션에서 내담자의 눈이 보이지 않는 상태가 그다지 마음에 들지 않았습니다. 더군다나 작업 안경을 쓰고 있는 내담자는 내 손의 움직임을 쫓아갈 수 없기에 '내추럴 플로우 EMDR'에서 천천히 이루어지는 눈의 움직임을 사용할 수가 없습니다.

그러나 한 가지 아이디어가 떠올랐습니다. 작업 안경의 오른쪽 또는 왼쪽만을 완전히 색칠해 버리면 어떨까? 그러면 한쪽 눈은 완전히 차단되지만 또 다른 눈은 완전히 보이는 상태에 있게 됩니다. 그렇게 되면 빛이 오른쪽 시야에서 왼쪽 뇌로, 왼쪽 시야에서 오른쪽 뇌로 가는 신체의 구조를 이용할 수 있으며, 동시에 내담자는 내 손의 움직임을 쫓아올 수 있고, 나도 내담자의 눈을 볼 수 있게 됩니다. 전기공이 사용하는 작업 안경을 두 개 사 와서 각각 오른쪽 안경알과 왼쪽 안경알에 색을 칠하였습니다. 사무실에서 그날 첫 내담자가 기다리고 있었기에 바로 실험을 해 보았습니다.

경찰관인 프랭크는 직무 중에 트라우마 경험을 거듭하여, 일련의 고통스러운 기억 때문에 힘들어하고 있었습니다. 그가 경찰관으로서 근무를 막 시작했을 무렵, 마약 가택 수사 도중 파트너였던 동료가 총에 맞아 사망하는 일이 있었습니다. 심리치료를 받으러 나에게 왔던 그때는 행정 처분을 받아 권총을 몰수당하고 휴직 중인 상태였습니다. 직무 중 생명의 위험을 감지했을 때 시가지에서 권총을 발포하였기 때문이었습니다. 그때까지 충실히 지시에 따라 왔던 상사들로부터 의심을 받게 된 것에 대한 분노가 있었고, 동시에 그에 대한 죄의식도 더해져서 혼란스러워하며 그 상황을 잘 받아들이지 못하고 있었습니다.

나의 지시에 따라 프랭크는 왼쪽 눈이 완전히 가려지고 오른쪽 눈은 완전히 보이는 작업 안경을 착용하였습니다. 시가지에서 총을 발포한 상황과 총을 몰수당하기까지의 일을 떠올리게 했더니 마음의 고통스러움 정도를 나타내는 SUDS는 4였습니다. 안경을 바꾸어서 왼쪽 눈으로만 보면서 동일한 작업을 했더니 SUDS는 8로 뛰어올랐고 심장이 찢기는 듯한 고통을 느꼈습니다. 곧 원래 안경으로 바꾸어 끼도록 하여 '편안한 쪽의 눈'이라 할 수 있는 오른쪽 눈으로 보도록 하였습니다. 아주 천천히 눈을 움직이는 '내추럴 플로우 EMDR'을 시작하였습니다. 프랭크는 곧 안정이 되었고, 시가지에서의 경험과 그 이후 발생한 사건의 기억을 섬세하게 처리해 갔습니다.

오른쪽 눈으로 나의 손을 따라가고 있을 때의 SUDS가 0이 되고, 관련 사건들의 여러 기억을 떠올려도 감정이 고조되지 않게 되자 한 번 더 안경을 바꿔 쓰도록 하였습니다. 이번에는 왼쪽 눈으로 보아도 먼저와는 달리 마음의 흔들림도 상당히 약해졌습니다. 시야 범위 안을 움직이는 나의 손가락을 따라가면서 프랭크는 말하였습니다.

"그때 그 장면이 떠오릅니다만, 역시 정당방위였다는 것을 알겠습니다. 나는 최선을 다했어요. 그리고 상사들도 마찬가지입니다. 이 일을 뛰어넘어 앞으로 나아갈 거라 생각합니다."

프랭크의 뇌는 양쪽 모두 평온해져 있었습니다. 성질이 다른 우뇌와 좌뇌를 나누어서 각각 달리 대응하는 방법은 '내추럴 플로우 EMDR'에서는 확실히 유효했습니다. 그 부분에 있어서는 감명을 받았습니다.

브레인스포팅을 시작했을 때 작업 안경을 사용하는 것은 일단 접었습니다. 아웃사이드 윈도우 브레인스포팅에서는 내담자의 시야 전체를 관찰해야만 했기 때문입니다. 그러나 인사이드 윈도우 브레인스포팅을 시작하자 조건이 달라졌습니다.

젊은 여성인 케이트는 막연한 불안과 만성화된 우울감에 수년 동안 괴로워하고 있었습니다. 처리 작업을 진행하려 어떤 방법을 써 봐도 마음에 주의를 집중하지 못하고 브레인스폿에도 집중하지 못했습니다. 문득 책상 위에 내던져진 채로 있었던 '내추럴 플로우 EMDR'용 작업 안경에 눈이 갔습니다. '실험해 볼까?' 하고 순간 생각했습니다. 그래서 케이트에게 양쪽 작업 안경을 순서대로 써 보라고 했습니다.

오른쪽 눈이 보이는 상태에서 케이트는 "특별히 달라진 건 없는데요." 하고 말했습니다. 안경을 바꿔 끼고 왼쪽 눈으로 보자 갑자기 머리를 당기고 눈물을 흘리기 시작했습니다. 나는 지시봉을 들어서 왼쪽 눈을 어느 위치로 향할 때 고통스러운 감각이 가장 활성화되는지를 찾기 시작했습니다. 지시봉을 왼쪽으로, 그리고 위로 움직였을 때의 한 지점이 브레인스폿에 해당했습니다. 이미지와 감각이 왕성하게 움직이기 시작했습니다. 집중적인 처리 안에서 어린 시절에 버려진 기억이나 집에서도 학교에서도 굴욕적이라 느껴졌던 일들의 기억이 나타났습니다. 케이트는 인생에서 거듭되어 온 수많은 고통과 환멸의 순간들을 마치 주마등처럼 빠르게 지나가는 것처럼 바라보고 있었습니다. 왼쪽 눈의 브레인스폿에서 일어난 이미지와 감각을 처리하는 프로세스는 여러 세션에 걸쳐 진행되었고, 케이트는 상당히 지쳐 있었습니다만 동시에 편해졌습니다.

이윽고 전쟁터였던 케이트의 왼쪽 시야는 아무것도 일어나지 않고 조용해졌습니다. 동요하기 쉬운 왼쪽 눈에서 일어나는 감각이 깊이 치유된 것이었기 때문에 오른쪽 눈에서 처리해야만 하는 문제는 그다지 남아 있지 않을 것이라고 생각했습니다만, 어쨌든 확인해 봤습니다. 케이트가 안경을 바꿔 끼고 오른쪽 눈으로 보았더니 다시 주마등처럼 지나가는 것들이 나타났습니다. 처리가 끝났다고 생각했던 기억이었습니다. 그래도 이번에는 마음이 완전히 안정을 찾을 때까지 두 세션밖에 걸리지 않았습니다.

이렇게 해서 브레인스포팅에서도 드디어 양쪽 뇌를 구분하여 사용하기 시작했습니다. 아웃사이드 윈도우 또는 인사이드 윈도우를 사용하여 브레인스폿을 시야 전체에서 찾아내어 신경학적 프로세스를 진행할 수 있을 뿐 아니라, 범위를 좁혀 집중이 더 필요할 경우에는 양쪽 뇌 중 한쪽으로 축소하게까지 된 것입니다. 작업 안경을 사용하는 브레인스포팅의 이 형태를 원-아이 브레인스포팅(one-eye brainspotting)이라고 명명하였습니다. 얼마 안 가 깨달았습니다만, 한쪽 눈으로 하는 접근은 아웃사이드 윈도우 브레인스포팅에서 주목하는 시야의 범위를 더 좁히고 싶을 때에도 사용할 수 있었습니다.

원-아이 브레인스포팅을 사용하면 파악하기 어려운 심리적 또는 신체적 증상에도 더 구체적인 형태로 접근할 수 있게 되었습니다. 원-아이 브레인스포팅은 불안, 우울, 인간관계를 능숙하게 해나가지 못하고 고립되는 것과 같은 증상을 치료할 수 있을 뿐만 아니라, 때로는 만성 피로, 섬유근 통증, ADHD와 같은 증상을 완화시키는 데까지 도움이 되었습니다. 원-아이 브레인스포팅의 어떤 점이 다르고, 어떤 점에서 다른 방법과 비슷한지를 알려고 여러 실험을 해 보았습니다. 패턴이 몇 가지 있긴 했습니다만, 내담자의 반응이나 취향은 오른쪽 눈보다는 왼쪽 눈, 양쪽 눈보다는 한쪽 눈, 또는 각각 그 반대 등 상당히 다양했습니다. 원-아이 브레인스포팅은 내담자를 보다 주목하고 집중시키는 것이 좋겠다는 판단이 들 때, 좀 더 활성화가 일어나야만 할 때, 또는 그 둘 다의 경우에 사용하는 방법이 되었습니다.

SUDS 레벨이 높은 쪽 눈을 '활성화 눈(activation eye)', 낮은 쪽을 '리소스 눈(resource eye)'이라고 했습니다. 나의 경험에 비추어 본바, 어느 쪽이 '활성화 눈'인지는 찾아보기 전까지는 결코 알 수 없습니다. 기본 순서는, 처음에 '활성화 눈'을 찾아내어 SUDS가 0이될 때까지 작업을 하고 나서, 이어서 '리소스 눈'으로 옮겨 가 남아있는 문제를 처리하는 흐름에 도달하였습니다. 내담자가 눈을 바꾸면 시야의 방향, 혹은 브레인스팟도 대개 달라지는 것 같습니다. 처음에 작업한 눈에서 가장 활성화가 일어났던 브레인스팟은 눈을 바꿨을 때 반드시 같은 위치는 아니었습니다. 왜, 어떻게 그런지는 아직 모릅니다만, 어쨌든 우리는 원-아이 브레인스포팅을 사용하여 뇌의 틈새를 살짝 엿보고 있었습니다.

▶▶▶

브레인스포팅은 속담에서 말하는 강과 같습니다. 같은 곳에 발을 담갔다고 여길지 모르지만, 물은 이미 좀 전의 물이 아닙니다. 흐름은 끊임없이 일어나고 항상 진화하고 있습니다. 종종 자신의 관찰이나 발견조차 따라잡아 가기 어려울 정도입니다. 이 진리는 원-아이 브레인스포팅에도 적용되었습니다.

어느 날, 너무 흥분되어 있어 모자가 떨어진 것만으로도 마음이 산란해져 주시하는 것에 집중을 못 하는 내담자와 마주하고 있었습니다. 테드는 어린 시절에 수없이 당했던 학대를 신체적으로도, 감정적으로도, 언어적으로도 경험하여 중증의 해리 증상 때문에 고통받고 있었습니다. 성적 학대가 있었을지도 모릅니다만, 원-아이 브레인스포팅을 시도해 보았을 때는 나타나지 않았었습니다. 일반적으로는 브레인스폿에 시선을 고정시키고 있으면 마음이 감싸 안기는 듯한 느낌이 드는데(주의 집중이 되고 그다지 마음이 산란하지 않음), 테드는 인사이드 윈도우에서도 아웃사이드 윈도우에서도 브레인스폿을 바라보면 압도되기 시작하였습니다. 나에게 치료를 받으러 오기 전까지 테드는 온갖 기법으로 무장한 많은 심리치료사들의 치료를 받았었습니다만 그 모든 것이 실패했고 그의 고통은 완화되지 않았습니다. 나도 테드를 실망시켜서, 시도해 봤지만 실패했던 심리치료사들의 명부에 내 이름을 하나 더할 뿐인 상황으로 끝나는 것은 싫었습니다.

문득, 작업 안경이 눈에 들어와 한 가지 생각이 떠올랐습니다. 원-아이 브레인스포팅의 기본 순서는 앞에서 '활성화 눈'과 먼저 작업을 하는 것이 좋다는 결론을 얻었으나 '리소스 눈'에서부터 시작하면 어떻게 될까. 그래서 해 보기로 했습니다.

테드의 활성화 수준은 두 눈으로 보고 있는 상태에서는 10이었습니다. 왼쪽 눈을 가리면 SUDS는 4로 떨어졌습니다. 오른쪽 눈이 '리소스 눈'임이 분명했습니다. 왼쪽 눈을 가린 채 작업을 했더니 놀랍게도 비로소 트라우마의 기억이 처리되는 느낌을 얻을 수 있었습니다. 물론 그 과정은 결코 빠르지도 간단지도 않았습니다만, 적어도 처리할 수는 있었습니다. 더군다나 확실한 느낌을 얻을 수 있는 프로세스가 그 이후로 몇 세션이나 이어지게 되었습니다. 테드의 뇌는 어린 시절에 연일 반복되었던 학대의 기억으로 가득하였고, 테드의 존재 그 자체도 그랬다고 할 수 있을 것입니다. 그렇기 때문에 치유 과정도 불안정하고 빙 둘러 돌아갈 수밖에 없었습니다. 그래도 매번 세션을 온전하게 마칠 수 있었고, 끝마칠 때에는 안정되어서 잠들 때에도 이전처럼 밤마다 공포에 사로잡히는 일도 없어졌습니다(테드의 세션에서는 '신체적 리소스'를 알아차려 주의를 그곳으로 향하도록 반복하여 유도하였습니다. '신체적 리소스'는 몸 안에서 편안하고 든든한 느낌이 드는 부분입니다. '신체적 리소스'가 브레인스포팅에서 하는 역할은 제4장에서 상세히 설명하도록 하겠습니다).

4개월이 지나고 테드는 SUDS 수준이 비로소 0에 이를 수 있었습니다. 그때 제 안에서 문득 호기심이 올라왔습니다. '활성화 눈'으로 옮겨 봐도 괜찮을까? 압도되지 않고 할 수 있을까? 시도해 보고 싶은지 물어보자, 테드는 이해를 하면서도 전혀 할 마음은 보이지 않았습니다. 아무래도 테드의 상태에 대해서 잘 알고 있는 것은 테드 자신이었던 것 같습니다. ('내담자는 항상 옳다'는 내가 몇 번이나 배운 교훈입니다.) 눈을 바꾸자 순식간에 압도되어서 패닉이 일

어났습니다. 바로 원래 방법으로 돌아오게 했습니다만, 그날 세션의 나머지 시간 전부를 그를 다시 안정화시키는 데 써야만 했습니다. 나는 무리하게 진행한 것에 대해 사과를 하였고, 테드는 흔쾌히 용서해 주었습니다.

그래도 수수께끼에 휩싸인 뇌에 대해 또 한 가지 흥미로운 점을 알게 되었습니다. 원래 뇌는 스스로 기억이 담긴 곳을 알고 치유할 수 있는 내재된 능력을 가지고 있는 '위대한 의사소통자'인데, 트라우마는 그것을 막고 있는 것입니다. 결국 테드는 취약한 쪽이었던 '활성화 눈(activation eye)'으로도 바라볼 수 있게 되어 치유의 과정이 마무리되었습니다. 그 과정은 수개월이나 걸렸습니다. 그렇습니다. 브레인스포팅의 힘에도 한계가 있습니다. 그래도 다른 치료법에서는 수년이 걸리는 프로세스를 브레인스포팅에서라면 수개월에 치료가 가능할지도 모릅니다. 수십 년이 걸릴 치료가 수년 안에 끝날 수 있을 것입니다.

4

브레인스포팅의 리소스 모델

'뇌와 몸의 연결이 궁극적 리소스'

Brainspotting

예전에 EMDR의 열렬한 지지자였던 시기가 있었습니다. 1993년에 훈련을 받고 사무실로 돌아온 그 순간부터 EMDR을 사용하여 예전보다 더 빠르고 효과적으로 치료할 수 있게 되었습니다. 그뿐만 아니라 내담자들이 내가 생각하고 있었던 것보다 훨씬 많은 트라우마나 해리 증상으로 고통받고 있었다는 것도 알 수 있었습니다. 베테랑 심리치료사가 완전히 초보자로 돌아온 것입니다. 그렇지만 그것은 나의 치료를 더욱 깊어지게 하는 훌륭한 기회가 되었습니다.

그때까지 익숙했던 분야와는 완전히 다른 방향에서 온 그 신선한 지식은 전문가로서도 한 사람의 인간으로서도 나를 크게 성장시켜 주었습니다. 첫 저서인 『빠르게 감정 치유하기: EMDR의 힘(Emotional Healing at Warp Speed: The Power of EMDR)』에서 제 동료인 유리 바크만(Uri Bergmann, 지금은 브레인스포팅 전문가)이 나를 처음 EMDR 교육으로 끌고 갔을 때의 이야기를 소개합니다. 교육을 받고서 EMDR에 첫눈에 반해 버린 우리는 그 후로 EMDR의 지지자가 되었습니다. 그 후로 우리는 EMDR의 독특한 치유 효과를 전파하기 위해 마치 전도사처럼 이곳저곳에서 강연 일정을 잡았습니다. 클리닉, 병원, 전문가 협회 등 기회를 놓치지 않았습니다.

그런 나에게 2000년 AMCHA가 예루살렘에서 주최하는 트라우마 관련 대회에서 EMDR에 대해 강연을 해 달라는 의뢰를 해 왔습니다(AMCHA는 홀로코스트의 유대인 피해자와 유족들을 지원하는 단체로, 단체명은 헤브루어로 '우리'를 뜻합니다). 영광스러운 일이라 기꺼이 수락하고 예루살렘으로 갔습니다. 개회사를 한 것은 미국의 트라우마 전문가인 피터 래빈(Peter Levine)이었습니다. 그는 그의 트라우마 치료법인 신체 감각 심리치료(Somatic Experience: SE)[1]를 소개했는데, 나에게는 굉장히 새로운 방법이었습니다.

피터는 비디오로 동물이 위협을 느꼈을 때 보이는 자연스러운 반응을 보여 주었습니다. 그중에 북극곰이 마취 총에 맞은 장면이 있었습니다. 수난을 당한 북극곰은 움직이지 못하고 쓰러져 있었습니다. 이윽고 마취가 풀리자 몸을 일으키더니 크게 몸을 푸르르 떨기 시작했습니다. 떨림이 가라앉자 마치 아무 일도 없었다는 듯 뛰면서 제 갈 길로 사라졌습니다. 북극곰은 자연스럽게 트라우마를 떨쳐 내는 능력을 보여 주었지만, 인간에게서는 기본적으로 소실되었다고 보고 있습니다. 이어서 피터는 "트라우마가 치유되기 위해서는 뇌와 몸에 내재하는 '위협을 느꼈을 때의 일련의 반응'이 해소되어야만 합니다. 그러나 인간의 경우, 이 과정이 도중에 얼어붙어 버려 해소되지 못하게 됩니다. 트라우마를 치료하고 몸을 제대로 느낄 수 있는 상태로 되돌아가기 위해서는 우리 인간들도

---

1) 신체 감각 심리치료(Somatic experiencing): 일명 SE. 베스트셀러 『Walking the Tiger: Healing trauma』의 저자인 피터 래빈 박사에 의하여 만성 스트레스와 트라우마의 증상들을 해결하기 위해 정신생물학적 접근으로 개발된 치료법이다. 야생 동물의 신경계와 관련된 스트레스 연구로부터 착안한 것으로, 신체로부터 출발하는 상향식 과정을 통해 트라우마적 증상을 완화하고 해결하도록 도움을 준다. 이와 관련되어 국내에 번역된 래빈 박사의 책으로는 『트라우마와 기억』 『트라우마 치유』 등이 있다.

몸을 흔들어서 떨쳐 내지 않으면 안 됩니다."라고 하였습니다.

EMDR에서 기억을 처리하는 도중에 몇몇 내담자가 몸을 떨던 모습이 북극곰을 보니 생각났습니다. 그중에는 상당히 심하게 떨던 사람도 있었습니다. 당시에는 그것이 문제라고 생각했었습니다만, 아니었습니다. 떤다는 것은 치유의 과정에서 매우 중요한 요소였던 것입니다. 피터의 이야기가 매우 흥미롭게 다가왔습니다.

EMDR 초대 강연을 하기까지는 아직 며칠 남아 있었기에 나는 피터의 SE 워크숍에 참가하기로 하였습니다. 뒤편에 앉아서 듣고 있었는데 피터가 SE를 시연하기 위해 희망자를 모집하였습니다. 나는 손을 들었습니다. 100명의 수강자 앞에 서자 그는 내게 어떤 문제를 다루어 보고 싶은지 물었습니다. 뭔가 의미가 있음직한 문제를 찾던 끝에 쥐에 대해 느끼는 공포가 떠올랐습니다. 나는 쥐가 무섭고 너무 싫었습니다.

피터가 다시 물었습니다.

"괴로움을 느끼는 것은 몸의 어느 부분인가요? 편안함을 느끼는 것은 어느 부분입니까?"

피터는 내가 몸 안에서 편안한 느낌이 드는 부분으로 주의를 유도하였고 나는 눈을 감았습니다. 머리가 자연스럽게 흔들리기 시작하였고 피터는 한 손을 나의 머리 뒤쪽에 대고 다른 한 손으로 목을 가볍게 받쳤습니다. 그러자 문득 나는 나선형 길을 따라 내려가고 있었습니다. '이게 뭐지?' 하는 순간, 마음 어딘가에서 그것이 '산도(産道)'라는 생각이 들었습니다. 이 세상에 태어날 때 지나온

길. 나의 그 여행이 목에 탯줄이 감긴 채로 통과한 18시간의 트라우마적 경험이었다는 것을 알았습니다. 피터의 안내에 따라 나는 처리 과정으로 깊이 들어갔습니다. 시간도 공간도 사라진 것 같았지만 곧 천천히 교육장으로 돌아왔습니다. 마치 꼭 안아서 지켜 주고 있는 느낌이 들어서 평화로웠습니다. 눈을 뜨자 피터의 차분한 얼굴이 보이고 청중도 보였습니다. 사람들로 가득 찬 방에 있었다는 것을 까마득히 잊고 있었습니다. 시계를 보았더니 단 위에 올라선 지 거의 한 시간이나 지나 있었습니다. 의자에서 일어서자 여느 때와 달리 내 등이 곧게 펴져 있음을 알아차렸습니다. 그렇게 자세가 좋았던 일은 여태껏 없었던 것 같았습니다.

그날 저녁 식사는 피터의 테이블에 동석하여 오후 세션에서 경험했던 것에 대해 이야기를 나누었습니다. 피터는 '치유의 소용돌이'와 '트라우마의 소용돌이' 사이를 왔다 갔다 한 것이라고 설명했습니다. 그러는 사이에도 내가 반드시 치유의 영역에 계속해서 있을 수 있도록 하고, 아주 이따금씩만 순간적으로 트라우마 영역의 바깥 부분의 가장자리까지 데리고 간 것이라고 하였습니다.

피터의 설명은 전부 처음 듣는 이야기였습니다만, 직감적으로 이치에 맞는다는 것을 알 수 있었습니다. 내가 EMDR 강연을 하기 위해 대회에 참석하고 있다고 하자 피터는 깊이 생각하고는 말하였습니다. "그건 굉장히 강력한 기법이에요. 때로는 너무 강하지요. 치유 과정에서 지나치게 활성화되면 트라우마를 악화시킬 우려가 있어요. '급할수록 돌아가야지요'. 그리고 '궁극적인 리소스는 몸'입니다." 하는 말을 덧붙였습니다. 뉴욕으로 돌아가는 내내 그 두 가지 생각이 머리에서 떠나질 않았습니다.

몇 달이 지나고 신체 감각 심리치료(Somatic Experience, 이하 SE) 정식 트레이닝 코스에서 초급 과정을 수강하였습니다. SE는 EMDR과는 꽤 달라서 몸에 있는 감각에 계속 부드럽게 주목할 것을 강조하였습니다. SE 트레이닝에서는 활성화된 내담자의 주의를 몸이 가장 편안하고 든든하게 느껴지는 부분으로 이끌도록 하라고 배웠습니다. 또한 몸에 있는 고통에 지나치게 주의를 집중해서는 안 된다고도 하였습니다. SE의 기본은 내담자를 긴장이나 고통을 느끼는 영역의 가장자리로 데리고 갈 뿐만 아니라 지극히 짧은 시간만 거기에 머무르도록 합니다. 바깥쪽 가장자리를 순간적으로 건드리는 것이 얼어붙은 트라우마를 녹이고 해소하는 데 효과가 있다는 것입니다. 방법에도 감탄했지만 굉장한 결과에도 놀랐습니다.

사무실로 돌아간 후 좀 더 부드럽게 할 수 있는 EMDR의 새로운 버전을 사용하면서 어떻게 하면 지금의 방법을 SE와 통합할 수 있을지 생각하였습니다. EMDR의 순서는 다음과 같습니다. 다루기로 한 이미지를 정하여 거기에서 연상되는 부정적 인지(또는 신념)를 발견하고, 나아가 부정적 신념을 지우는 긍정적 신념을 찾아냅니다. 다음 단계에서는 타깃이 되는 이미지를 연상했을 때의 반응을 끌어내어 괴로운 감정의 강도를 체크하고, 활성화된 괴로움을 몸의 어느 부분에서 느끼는지를 확인합니다. 그러고 나서 탈감작이라고 불리는 단계가 되고, 이 단계에서 안구 운동을 사용합니다. 안구 운동은 심리치료사가 손가락을 좌우로 왔다 갔다 하면서 그것을 내담자가 눈으로 따라가게 하는 식으로 가이드를 합니다.

내담자는 눈을 움직이면서 자신의 마음에서 일어나는 것들을 바라봅니다.

문득 '활성화된 괴로움을 몸의 어느 부분에서 느끼는지를 찾아낸 후에, 자신의 몸 중에서 편안하고 든든하게 느껴지는 부분을 찾아보게 하면 어떨까?' 하는 생각이 들었습니다. 몸이 편안하고 든든하게 느껴지는 부분을 '바디 리소스(Body Resource)'라고 칭하기로 하였습니다(이 용어를 스스로 생각해 냈는지 피터 래빈에게서 들었는지는 확실하지 않습니다). 이 '바디 리소스'를 내추럴 플로우 EMDR인 느린 속도로 손가락을 움직이는 기법과 조합을 시키면, 매우 동요되기 쉬운 내담자도 치료의 경험을 받아들이게 될지도 모르겠다는 생각이 들었습니다. EMDR에서는 치료를 감당하지 못해서 재트라우마가 되어 버리는 내담자들이 실제로 있습니다. 시험 삼아 내추럴 플로우 EMDR과 SE의 새로운 조합을 사용하자, 표준적인 EMDR의 접근에서는 지나치게 강렬하다고 느끼는 내담자들에게서도 효과가 있었습니다[몸의 자원과 관련된 이야기에서는 굳이 '안심할 수 있는(safe)'이나 '안전함(safety)' 같은 말을 사용하지 않았습니다. 안심할 수 있는 느낌을 알지 못한 채 자란 사람들이나 안전감을 계속해서 잃어 온 사람도 많이 있기 때문입니다. 몸 안에서 안심할 수 있는 부분을 찾는 것은 일반적으로 생각하는 것만큼 누구에게나 가능한 일은 아닌 것입니다].

그러면 그렇게 취약한 내담자가 아닌 경우, '편안하고 든든한 부분에 주목하면서 처리를 진행하면 지금까지 보아 왔던 EMDR의 강력한 치유 효과가 약해질까?' 하는 생각이 들었습니다. 그래서 많은 내담자를 대상으로 같은 시도를 해 보았으나 전혀 문제가 되는 것은 없었습니다. 오히려 대부분 더 좋은 결과를 볼 수 있었습니다.

그래서 EMDR의 프로토콜에 몸의 자원을 추가하였습니다. 몸의 어느 부분에서 괴로움이 느껴지는지를 찾아보는 항목 뒤에 '몸의 자원'을 찾아내는 항목을 더하였습니다. 이 통합이 나중에 저서에서 소개하게 될 '내추럴 플로우 EMDR'의 주요 항목의 하나가 되었습니다. 나는 '내추럴 플로우 EMDR'을 '부교감신경의 처리'라고도 합니다. 오랜 세월 관찰해 보니 트라우마로 고통스러워하는 사람들이 가장 치유되는 순간은 부교감신경계가 활성화되어 마음이 안정되어 있을 때입니다. 교감신경이 활성화되어 행동하려고 준비하고 있을 때와는 반대의 상황입니다. 그것은 이치에 맞는 말입니다. 왜냐하면 사느냐 죽느냐 하는 각성된 상태에서는 뇌와 몸 모두 그 상황으로부터 무사히 도망치는 것에만 초점을 맞추기 때문입니다. 치유되기 위해서는 편안하고 안정된 상황이 아니면 안 되는 것입니다.

몇 년 후에 피터 래빈이 '내추럴 플로우 EMDR'을 간략하게 체험할 기회가 있었습니다. 그의 SE에서 차용한 '바디 리소스'를 도입한 방법입니다. 그는 감탄하였습니다.

▶▶▶

브레인스포팅을 발견하고 그 효과에 놀랐을 때, 가장 먼저 알린 사람은 리사 슈왈츠(Lisa Schwarz)입니다. 심리치료사인 리사는 내가 미국 각지에서 개최하고 있던 '내추럴 플로우 EMDR' 세미나의 스폰서이며 여러 사무적인 처리도 해 주고 있었습니다. 전화를 걸어 브레인스포팅에 대해 이야기하였더니 며칠 후 이미 활발히 사용하고 있었습니다.

리사는 자신의 내담자에게 시도해 보고서는 브레인스포팅의 효과에 놀라워했습니다. 리사는 그때까지도 '내추럴 플로우 EMDR'을 함께 개발해 오고 있었고, SE에서 도입한 '바디 리소스'가 특히 해리성 정체감 장애(DID)[2]로 고통받는 내담자들에게 크게 도움이 되는 발견에 대해서도 여러 가지로 가르쳐 주고 있었습니다. 기존에 다중인격장애라 불리던 DID는 영화 〈시빌(Sybil)〉이나 〈이브의 세 얼굴(The Three Faces of Eve)〉에서 주인공이 괴로워하던 증상으로 잘 알려져 있습니다. 오래된 개념인 '이중인격'이라는 용어에서 DID를 통합실조증이라고 혼동하는 사람도 있습니다만 두 개는 전혀 별개의 증상입니다. 해리성 정체감 장애는 어렸을 때부터 심각한 트라우마 경험을 반복하면 발생합니다. 가장 흔히 있는 트라우마는 아동학대, 특히 성 학대와 근친상간에 의한 것입니다. 그러한 경험을 반복하면, 과거에는 인격이라 불렸고 지금은 부분

---

2) 해리성 정체감 장애(dissociative identity disorder: DID): 해리성 장애의 하나로 한 사람 안에 둘 또는 그 이상의 각기 구별되는 정체감이나 인격 상태가 존재한다.

〈해리성 정체감 장애의 DSM-5 진단 기준〉

A. 둘 또는 그 이상의 각기 구별되는 성격 상태로 특징지어지는 주체성의 붕괴가 나타나는데, 몇몇 문화에서는 빙의의 경험으로 보기도 한다. 주체성의 붕괴는 자신에 대한 감각이나 대행하는 감각 사이의 심각한 불일치성과 감정, 행동, 의식, 기억, 감각, 인지 그리고/또는 감각-운동 기능의 변화를 가져온다. 이러한 징후와 증상은 다른 사람에 의해서 관찰되거나 개인에 의해서 보고될 수 있다.

B. 매일의 사건의 회상, 중요한 개인적 정보 그리고/또는 외상적 사건에 대한 회상에서 반복적인 공백이 있는데 일상적인 망각과는 차이가 있다.

C. 증상이 사회적·직업적 또는 다른 중요한 기능의 영역에서 임상적으로 심각한 고통이나 장해를 초래한다.

D. 장애가 광범위하게 문화적이나 종교적인 행위에서 받아들여지는 정상적인 부분이 아니다.

(parts)이라고 불리고 있는 복수의 인격이 뇌 안에서 분화되어 아이가 또 어떨 때는 어른이 가혹한 상황을 정서적으로 살아남을 수 있게 되는 것입니다.

브레인스포팅을 발견하고 나서는 브레인스포팅과 '바디 리소스'를 잘 조합하는 방법이 없는지 찾기 위해 리사도 나도 상당한 시행착오를 거쳤습니다. 그렇게 해서 생겨난 것이 브레인스포팅의 '리소스 모델' 혹은 '리소스 브레인스포팅'입니다. 리소스 모델이 등장한 이상은 기존에 사용하고 있던 방법과 구별하기 위해 더 정확한 호칭이 필요해졌습니다. 원래의 방법을 브레인스포팅의 '활성화 모델'이라 칭하기로 하였습니다. 내담자 안에 괴로운 마음을 일부러 '활성화'하여 작업을 해 나가고 있었기 때문입니다.

브레인스포팅을 막 발견하였을 즈음, 브레인스폿을 바라보는 편이 EMDR에서 눈을 움직이는 것보다도 주목 범위가 좁아서 집중하기 쉽고 마음의 프로세스를 받아들이기도 쉬운 것처럼 보았습니다. 눈을 움직이지 않고 한 지점을 계속해서 바라보는 것은 눈을 좌우로 움직이는 운동, 특히 빨리 움직이는 운동만큼 뇌를 활성화시키지는 않을 것입니다. 그렇기 때문에 브레인스포팅은 '내추럴 플로우 EMDR'만큼 '바디 리소스'를 필요로 하지는 않을 것이라고 생각했습니다. 실제로 그런 부분도 얼마간은 있었습니다. 그러나 시선을 한 지점에 고정하는 브레인스포팅은 너무나 예리해서 마치 레이저처럼 바닥 깊숙한 곳에 묻혀 있던 트라우마를 재빨리 끄집어내었습니다. 트라우마를 다시 대면하면 고통스러운 마음이 강하게 활성화되는 경우가 있어서 예민한 내담자들 중에는 미처 받아들이지 못하고 동요해 버리는 사람도 있었습니다. 그렇게 되면 내담자의 주의를 활성화된 부분에서 서둘러 떨어뜨리고 몸 중에서 의지가 되는 부분, 즉 편안하고 몸이 명확히 느껴지는 부분으로 이동하게 하였습니다. 이렇게 하여 브레인스포팅에서도 역시 '바디 리소스'를 사용하는 경우가 생긴 것입니다.

나는 내담자에게 자주 이런 말을 합니다.

"몸에 있는 것은 뇌에 있고, 뇌에 있는 것은 몸에 있습니다."

즉, 몸의 감각을 포함해서 모든 것을 뇌에서 느끼고 있습니다. 무릎에 통증이 있는 것처럼 느껴져도 그것은 착각에 지나지 않으며, 실제로는 무릎에서 오는 통증을 뇌가 느끼고 있습니다. 트라우마로 고통스러워하는 사람의 뇌를 fMRI(기능적 자기공명 영상)나 SPECT(단광자 방사형 컴퓨터 단층촬영)를 사용하여 스캔한 영상을 본 적이 있다면, 뇌가 활성화된 영역에서는 혈류량이 늘기 때문에 그 부분이 노란색이나 빨간색으로 보인다는 것을 알고 있을 것입니다. 고요하고 거의 활동하고 있지 않은 영역은 보통의 혈류량이며 일반적으로 파랗게 보입니다. 몸의 어딘가가 활성화되어 괴로워할 때에는 아마도 뇌에서 노랗게, 혹은 빨갛게 보이는 부분들이 대응하고 있으며 거기에서 통증을 느끼고 있을 것입니다. 또한 파랗게 보이는 부분은 몸에서 편안함을 뇌로 느끼고 있는 곳들입니다. 그렇게 때문에 브레인스포팅에서 치료사가 내담자를 가이드하여 '바디 리소스'에 의식을 집중하게 하는 경우, 대응하는 파란 부분의 '뇌의 리소스'에 접촉하려 하고 있는 것이 됩니다. '뇌의 리소스'에 주의를 기울이면 누구든지 이완될 수 있습니다. 트라우마나 그 밖의 심리적 증상으로 고통받고 있는 사람이라면, 그것은 엄청난 것일 것입니다. 따라서 '바디 리소스'는 브레인스포팅 리소스 모델의 기반이라고 할 수 있습니다.

▶▶▶

'바디 리소스'에서 착안하여 '리소스 브레인스폿'(지금은 리소스 스폿이라고 합니다) 개념을 만들어 낸 것은 브레인스포팅의 첫 확장이었습니다. 리소스 스폿을 발견하기 위해서는 내담자가 의식적으로 참여하지 않으면 안 되기 때문에 인사이드 윈도우 브레인스포팅을 사용합니다. 기억하고 계시겠지요. 인사이드 윈도우 브레인스포팅에서는 치료사가 지시봉을 움직이면서 먼저 X축을 따라 수평 방향으로 브레인스폿을 찾아내고, 이어서 Y축을 따라 위아래 방향으로 찾아가면서 내담자가 활성화를 가장 강하게 느끼는 시선의 방향을 찾아냅니다. 리소스 모델에서도 같은 작업을 합니다. 단, 리소스 모델에서는 활성화되는 느낌이 아니라 가장 편안하거나 든든한 느낌이 드는 시선의 방향을 찾습니다.

처음에 나는 기분이 가장 좋아지는 시선의 방향만을 물어보았는데, 즉 시야의 스폿만을 찾고 있었습니다. 그 시야의 스폿을 몸의 특정 부분에서 느끼는 기분 좋은 느낌과 직접 연결시킨 것은 리사 슈왈츠였습니다. 리사는 내담자들에게 물었습니다.

"당신의 몸에서 지금 가장 편안하고 든든하게 느껴지는 부분은 어느 부분인가요?"

그리고 나서 지시봉을 움직이며 묻습니다.

"그 기분 좋은 느낌을 가장 강하게 느끼는 시선의 방향은 왼쪽인가
요? 가운데? 혹은 오른쪽인가요?"

리사는 '몸의 자원'과 브레인스폿을 직접 연결시켜 생각하였습
니다. 지금도 브레인스포팅 트레이너들이 세계 각지에서 심리치
료사들에게 리소스 스폿을 찾는 법을 가르치고 있는 것은 이 방법
입니다.

눈을 빠른 속도로 지속적으로 움직이는 EMDR과 비교하면, 브
레인스포팅은 초점이 좁혀져 있으며 받아들이기 쉬운 프로세스
입니다. EMDR에서 '바디 리소스'에 주목하면서 눈의 움직임을 천
천히 늦추면 내담자에게 부드럽게 다가가기 쉬운 방법이 됩니다.
EMDR에서조차 그렇기 때문에 원래 받아들이기 쉬운 느낌이 드
는 브레인스포팅에 '바디 리소스'를 적용하자 효과는 더욱 커졌습
니다. 실제로 너무나 효과가 명확했기에 모든 내담자에게 브레인
스포팅의 리소스 모델을 사용해야 한다고 주장할 수 있을 정도입
니다. 리사는 리소스 모델을 더욱 사용하고 또한 가르쳐야 한다고
몇 년 동안이나 나를 지속적으로 격려하고, 재촉하고, 치켜세웠습
니다. 그 즈음 나는 '바디 리소스'에까지 주목하지 않아도 스폿을
바라보는 것만으로도 거의 대부분 충분하다고 생각하고 있었습니
다. 그렇지만 리사나 브레인스포팅 교육을 받고 있었던 다른 많은
치료사들의 현장에서 마주하고 있었던 것은 트라우마가 심각해서
훨씬 취약하고 압도되기 쉬운 내담자들이었습니다. 그 때문에 리

사나 다른 사람들은 저보다 더 빈번히 리소스 모델을 사용하고 있었고 그 필요성을 잘 알고 있었던 것입니다. 지금은 리소스 모델을 가장 활성화된 내담자에서부터 가장 평온한 내담자들까지 폭넓게 각각의 필요에 맞추어서 사용할 수 있게 되었습니다. 이것을 '브레인스포팅의 완전히 조율된 리소스 모델'이라고 부릅니다. 어떤 내담자가 오더라도 그 사람에게 맞추어 조율하여 사용할 수 있다는 뜻입니다.

▶▶▶

페르난도는 내가 리소스 모델을 사용해서 처음으로 성공적으로 치료한 내담자 중 한 사람입니다. 40세의 페르난도는 어렸을 때부터 지속적으로 가혹한 따돌림을 받았었고, 그로 인해 생겨난 불면과 섬유근 통증으로 괴로워하고 있었습니다. 그는 머리 모양이 선천적으로 특이하여 앞뒤보다 좌우로 폭이 넓고 옆으로 납작했습니다. 도드라지는 이 신체적인 특징 때문에 페르난도는 언어적 학대로 굴욕을 견뎌야 하는 것뿐만 아니라, 때로는 몸이 밀쳐지거나 얻어맞기도 하였습니다. 선생님들은 보고서도 못 본 척하는 건지 알아주지 않았고, 그것이 따돌림의 불에 기름을 부었습니다. 이런 모든 일들이 열등감으로 이어져 '나는 충분하지 않아.'라는 깊은 신념을 만들어 내고 있었습니다. 마음의 고통과 억제된 분노가 페르난도의 내면에서 곪아 견딜 수 없는 몸의 통증과, 잊으려 해도 잊지 못하고 불면에 시달리게 하는 증상이 되어 있었습니다.

페르난도는 견디면서 기술을 배워 전문직을 가지게 되었습니다. 하지만 고통은 시간이 지나도 끝나지 않았습니다. 그는 젊은 여성들에게 말을 걸 수가 없었습니다. 또 거절당할 게 뻔하다고 생각하고 있었기 때문입니다. 친한 동성 친구도 거의 없어서 사람은 신뢰할 수 없다는 생각을 가지고 있었습니다.

브레인스포팅에서는 긍정적 경험을 하길 바라는 마음에서 초반 몇 회의 세션에서는 상태를 보아 가면서 이미지와 감각을 가볍게 살폈습니다. 맨 처음에 다룬 것은 가장 고통스러웠던 이미지의 기억입니다. 기억을 떠올렸을 때의 괴로운 마음의 수위를 평가했더니 SUDS는 수위를 평가할 수 없을 정도였습니다. 가장 심했던 처사를 당했던 일을 떠올렸을 때에는 불안과 고통이 온몸을 관통하였습니다. 처음에는 고통스러운 마음이 활성화되는 시선의 방향인 브레인스폿을 찾고 있었습니다만, 곧 몸 내부의 느낌을 살펴보고 '몸의 자원'을 찾게 하였습니다. 페르난도가 편안하고 안정감을 느끼는 부분은 치료실의 바닥에 깔려 있는 카펫에 발이 닿아 있는 부분이었습니다. 몸의 자원을 느끼고 있는 동안에도 학대와 굴욕의 기억이 뒤이어 나타났고 장면이 바뀌어 갔습니다. 점차 기억이 하나씩 하나씩 처리되고 풀어지면서, SUDS 수치가 점점 떨어지기 시작하였습니다.

그러나 페르난도의 경우, 세션이 끝나고 치료실을 나와서도 기억의 처리가 강하게 이어져서 일상생활을 방해하게 되었었습니다. 게다가 밤에 공포심에 휩싸이게 되기도 하여 전보다 더 잠을 이룰 수 없게 되고 말았습니다. 그래서 다음 세션에서는 즉시 브레인스포팅이 아니라 '바디 리소스'에 대응하는 시선의 방향인 '리소스 스폿'을 찾기 시작했습니다. 발이 바닥에 닿아 있는 부분에서 느끼는 것과 같은 '지금, 여기에 있는 느낌'을 느끼게 하는 스폿입니다. 재미있게도 페르난도가 가장 편안하고 안정감이 느껴졌던 것은 시야의 중심에서 눈의 높이에 시선을 고정시켰을 때였습니다. 그것은 기본적으로 나와 눈이 마주치는 상태였습니다. 페르난도의 짙은 색조의 눈동자는 과연 내가 거절하거나 모욕하지 않는 신뢰할 수 있는 사람인지 어떤지를 살피고 있었습니다. 세션을 할 때마다 내 눈을 살피는 페르난도의 눈동자에는 불확실함과 상처 입은 그림자가 있었습니다. 그렇지만 결국 페르난도는 내 눈 안에 있었던 공감과 배려를 볼 수 있었습니다.

페르난도가 기억을 처리하며 여기까지 오는 데에는 수개월이나 걸렸습니다. 나에게도 끈기가 필요했던 일이었습니다. 그렇지만 드디어 페르난도는 내면화되어 있던 차가운 말이 더 이상 들리지 않게 되었고, 자신의 내면의 소리를 듣게 되었습니다.

"나는 충분해."

그 목소리가 어디에서 들려오고 있는지 페르난도는 알 수 있었습니다. 진실을 알고 있는 자신의 중심에서 들려오는 소리였습니다. 잠을 잘 자게 되었고, 전보다 몸 상태도 편안해졌습니다. 용기를 내어 젊은 여성에게 데이트 신청을 하기도 했습니다. 아마도 그 여성은 페르난도가 자신의 중심에서 발견한 그 진실을 볼 수 있는 사람이었을 것입니다. 페르난도가 치유되는 데에는 치료실 바닥에 단단히 닿아 있었던 발(바디 리소스)과 내 눈에 박힌 듯이 고정되어 있었던 시선(리소스 스폿), 이 두 가지 모두가 필요했습니다.

Brainspotting

5

게이즈스포팅

'어디를 바라보느냐에 따라 느껴지는 것이 달라진다'

Brainspotting

生각에 깊이 빠져 있어 마치 영원히 그 상태로 멈춰 있는 듯 하나의 지점을 계속해서 바라보고 있는 사람을 본 적이 있습니까? 혹은 스스로 그렇게 하고 있다는 것을 깨닫고 '어째서 저기를 계속 바라보고 있지? 그냥 카펫의 문양일 뿐인데.' 하는 생각이 든 적은 없습니까? 누군가가 열정적으로 계속해서 이야기를 하는데 그의 시선이 대화 상대인 당신을 향해 있는 것이 아니라 천장의 금이 간 한 부분을 향해 있던 적은 없었나요? 그러한 행동은 기묘하고 설명하기 어렵습니다만 실제로는 흔히 누구나 하곤 합니다. '무의미(meaningless)'한 지점에 시선을 계속해서 두고 있는 것은 다른 사람과 눈 맞춤을 피하는 것이라고 생각하는 사람도 있습니다. 하지만 그것은 명확히 아닙니다. 왜냐하면 어느 한 지점에 시선을 향하고 있을 때에는 그 사람의 주의력이 매우 강하게 집중되어 있다는 것을 알 수 있기 때문입니다.

내담자가 자연스럽게 고정시키는 시선의 방향에서 시야의 위치 또는 브레인스폿을 찾아내는 이 방법을 '게이즈스포팅(gazespotting)'이라 하기로 했습니다. 생각해 보면 가장 알기 쉬운 방법이기에, 그것을 아웃사이드 윈도우와 인사이드 윈도우 이후에야 겨우 발견한 세 번째 방법이란 게 어떤 의미에서는 아이러니한 일입니다. 시선을 어딘가에 고정시키는 행동은 누구나 언제든 경험하게 됩니다. 다만, 그 행동을 하도록 하고 있는 것이 깊은 부분의 무의식의 뇌이기 때문에 알아차리고 있지 못할 뿐입니다. 의식적 사고의 뇌는 이해하지 못하기 때문에 기묘하다거나 우연이거나 별것 아닌 것으로 취급합니다. 그러나 무의식의 뇌는 본능적으로 그것에 관여하고 있기 때문에 이 현상을 명확히 이해하고 있습니다.

그렇기 때문에 아웃사이드 윈도우 브레인스포팅과 인사이드 윈도우 브레인스포팅을 연구하고 있었을 시기에 나는 게이즈스포팅 창이 자연스럽게 열렸다 닫혔다 하고 있는 것을 알아차리지 못했었습니다. 하지만 일단 그 힘을 깨닫고는 망설임 없이 달려들었습니다.

'직감적인 시선의 고정은 브레인스폿을 찾아내는 세 번째 방법이 될 것이다.'

수많은 치료에서 미처 알아차리지 못하는 상태이지만 이미 게이즈스포팅을 이용하고 있다는 생각이 퍼뜩 들었습니다. 내가 과거에 정신분석 훈련을 받고 있었을 때, 치료용 긴 의자에 드러누워 세션을 할 때마다 천장의 금이 간 한 부분을 계속해서 보고 있었던 것은 시야의 그 위치에 시선을 두면 뇌의 그 부분에 들어 있는 기억을 불러내었기 때문이었다는 것을 게이즈스폿을 깨달은 지금은 압니다. 그렇기 때문에 자연스럽게 시선이 그곳으로 갔던 것입니다. 분석해 주고 있었던 상담가에게 지금 혹은 당시였더라도 이 일을 이야기했다면 믿어 주었을까 하고 생각하게 됩니다. 정신분석에서 인지행동 요법에 이르기까지 모든 치료에서 의식하지 못하는 상태일지언정 게이즈스포팅이 치료를 집중시키고 촉진시키는

데 역할을 하고 있었다고 생각해도 틀리지는 않을 것입니다.

게이즈스포팅을 발견한 것은 제임스와 세션을 하고 있었을 때입니다. 50대인 제임스는 비즈니스맨입니다만, 사람들 앞에서 이야기하는 상황이 두렵고 힘들었습니다. 원래 어렸을 때부터 사춘기 내내 내성적이었고 사회불안이 있었습니다. 아버지는 분노의 감정이 강한 사람이어서 아이들을 충동적으로 비웃고 언어폭력을 행사하였습니다. 제임스와 형제들을 '바보자식들'이라고 부르며 늘 "입 다물어. 바보 같은 말 하지 마." 하는 말을 입에 달고 살았습니다. 어머니는 아이들을 지켜 주지 못했습니다. 어머니 자신도 아버지로부터 경멸당하고 위협받고 있어서 꼼짝 못 하고 있었습니다.

제임스는 지적이며 근면한 청년으로 성장하여 대학원에 진학해서 경영학 석사 학위를 받았습니다. 비즈니스 세계에서도 순조롭게 실적을 올렸습니다만 사회불안의 흔적이라고 할 수 있는, 사람들 앞에서 이야기를 하는 것이 두려운 증상이 있어서 제대로 힘을 발휘하지 못하고 있었습니다. 비즈니스 회의석상에서 프레젠테이션은 피할 수 없는 입장이었으나, 그때마다 마치 눈가리개와 담배 없이 총살대 앞에 서 있는 기분이었습니다. 무엇보다도 괴로웠던 것은 프레젠테이션을 앞두고 있으면 생각할 수 없을 만큼의 예기불안이 반드시 덮쳐 오는 것이었습니다.

제임스는 치료에 잘 반응하였습니다만 치료가 끝나면 세션에서 얻은 것을 일상생활에서 살리지 못하는 것 같았습니다. 세션에서는 인사이드 윈도우와 아웃사이드 윈도우, 두 가지의 브레인스포팅을 조합하여 사용하고 있었습니다. 때로는 원-아이 브레인스포팅과 리소스 모델을 함께 사용하는 경우도 있었고, 활성화 모델에서 작업을 진행하는 경우도 있었습니다. 어느 날 세션에서 제임스는 머지않아 출석할 중요한 회의에 대해 정신없이 이야기하고 있었는데, 그 회의에서는 회사를 대표하여 협상을 해야 하는 상황이었습니다. 그러나 너무 불안해서 악몽에 시달리고 있다고 정신없이 이야기를 하고 있는 제임스의 시선이 문득 내가 앉아 있는 의자 바로 옆의 바닥의 한 지점에 고정되어 있는 것이 눈에 들어왔습니다. 이야기를 들으며 관찰해 보았더니 제임스의 시선은 마치 그 지점에 용접되어 있는 것처럼 고정되어 있었습니다. 한바탕 이야기를 마치고 제임스가 겨우 한숨을 돌려 우리의 시선이 마주쳤을 때 한 가지 아이디어가 떠올랐습니다.

'지시봉을 사용하여 브레인스폿을 찾는 대신에 바닥의 그 지점을 바라보는 상태로 집중하여 처리를 하면 어떨까?'

제임스에게 말했습니다.

"나에게 말을 하고 있을 때 내 의자 바로 근처 바닥의 한 지점을 응시하고 있더군요."

손가락으로 가리키자 제임스의 시선이 다시 그 지점으로 돌아가 못 박힌 듯 움직이지 않았습니다.
나는 이어서 말을 했습니다.

"그곳을 바라보는 상태에서 그 회의에 대해서 생각하면 마음이 활성화되는 정도가 0에서 10까지 중 어느 정도 될까요?"

제임스는 8이라고 대답하였고, 이어서 몸의 어느 부분에서 그 괴로움이 느껴지는지 물었더니 "여기입니다." 하고 대답하면서 가슴에 손을 가져다 대었습니다. 제임스는 순조롭게 처리를 하고 있었습니다만, 기억은 아버지의 분노에 차서 욕을 하는 상황으로 돌아가지 않았습니다. 그 대신 두세 살 즈음 아버지가 어머니에게 언성을 높이고 있는 가운데 어떻게든 잠을 자려고 애쓰고 있던 장면이 떠올랐습니다. 아버지는 어머니가 남편에게 얼마나 형편없는 주부이며 아이들에게도 얼마나 엉망인지 끊임없이 비난하고 있었습니다.

"얼어붙어 있는 것 같아요." 하고 쥐어짜듯이 제임스가 입을 열었습니다. 눈이 게이즈스폿을 향해 있는 상태에서 비슷한 기억이 빠르게 나타났다 사라져 갔습니다. 패닉이 한순간 고조되고 다시 약해지며 사라졌습니다. 30분 정도 지나자 제임스는 자연스럽게 눈을 감고 5분간 고요히 있었습니다. 드디어 눈을 뜨자 똑바로 나의 눈을 보며 아무 말도 하지 않았습니다. 기분이 어떤지 묻자 "할 수 있을 거 같아요."라고 답했습니다. 그것의 의미는 명확했습니다.

그다음 주에 제임스는 다시 들어와 앉고서 말했습니다.

"50% 정도 좋아졌어요. 계속했으면 좋겠습니다."

'게이즈스폿'에 다시 눈이 고정되었습니다. 이 패턴으로 세 번의 세션이 이루어지고, 그때마다 무언가 치료의 진척이 이루어졌습니다.

네 번째 주에도 제임스는 세션 룸에 들어와 평소처럼 이야기를 시작했습니다. 다만, 이번에는 시선을 천장의 한 지점을 올려다보면서 이야기를 해 나갔습니다. 이것이 제임스의 새로운 게이즈스폿이 되었습니다. 기억이 금방 되살아나서 아버지를 쳐다보며 폭언을 고스란히 듣고 있는 장면이었습니다. 이 게이즈스폿에서도 만족할 만한 처리가 이루어졌고, 그 후 두 번의 세션을 더 했습니다. 처리가 끝나자 사람들 앞에서 이야기하는 두려움이 거의 사라졌거나, 다소 남아 있다 하더라도 거의 신경 쓰이지 않을 정도였습니다. 몇 번의 세션을 더 진행하고 제임스의 치료는 종료되었습니다. 지금은 '컨디션을 조절하기' 위한 세션을 받으러 이따금씩 올 뿐입니다.

제임스의 세션에서 '게이즈스폿'을 발견한 후로는 내담자가 이야기하고 있을 때 어디를 보는지가 너무나 궁금해졌습니다. 감정이 가장 강하게 요동치는 경험들에 대해 이야기하고 있을 때는, 특히 세심하게 관찰했습니다. 시선이 고정되는 지점이 한 개인 사람, 두 개나 세 개인 사람, 더 많은 사람도 있었습니다. 관찰하면서 내담자들이 어디를 가장 자주 보는지, 어디를 가장 오래 보는지, 어디를 보고 있을 때 가장 활성화되는 모습인지 등을 기억해 두었습니다. 실험을 해 보면 해 볼수록 더더욱 흥미로운 결과를 얻을 수 있었습니다.

또한 내담자들에게 있어서도 게이즈스포팅은 매우 자연스러웠습니다. 너무나 자연스러워서 브레인스포팅을 하고 있는지도 모를 정도였습니다! 게이즈스폿이 많아서 어디에 주목하면 좋을지 알 수 없을 때에는 내담자에게 고르도록 하였습니다. 어느 것이 가장 좋을지는 내담자가 직감적으로 아는 것 같았습니다. 이처럼 게이즈스포팅은 너무나 자연스럽기 때문에 새로운 내담자에게 브레인스포팅 기법을 처음 설명할 때에도 이해하기 쉬운 좋은 방법이 되었습니다. 내담자 입장에서도 지금까지처럼 브레인스폿에 이르기까지 일부러 찾지 않아도 되고, 지시봉 끝을 계속해서 응시하는 묘한 경험을 하지 않아도 됩니다. 게이즈스포팅으로 내담자가 브레인스폿의 힘을 이해하고 나면, 아웃사이드와 인사이드 브레인스포팅도 금방 이해하게 되어 순조롭게 치료에 활용하여 사용할 수 있었습니다.

나는 새로운 것이 있으면 이리저리 실험을 해 보고 싶은 사람이라, 가장 효과가 강력한 것이 어느 브레인스포팅일지가 궁금했습니다.

'자연스러운 게이즈스포팅이 등장했으니 다른 모델은 퇴색되려나?'

그러나 곧 알게 되었습니다만 '아웃사이드 윈도우' '인사이드 윈도우' '게이즈' 이 세 모델은 모두 다르고 각각의 장점이 있었습니다. 어떤 내담자가 특히 잘 반응했던 모델일지라도 다른 내담자에게는 전혀 반응을 이끌어 내지 못하는 경우도 있었습니다. 그중에는 자신의 취향이 있는 내담자도 있었는데, 어느 것을 좋아하는지는 실제로 해 보지 않고서는 좀처럼 파악하기 어려웠습니다. 게이즈스폿이 인사이드 윈도우 브레인스포팅에서 찾아낸 활성화 스폿

만큼 이미지나 감각을 강렬하게 끌어내지 못한다고 말하는 내담
자들도 있었습니다. 굳이 말하자면 그 사람들은 '목표를 향해 노력
하는' 모험가 타입의 사람들로, 적극적으로 작업을 해 나가는 느낌
이 드는 쪽을 좋아하는 것 같습니다.

▶▶▶

고정 시각에 대해 연구한 수잔나 마틴즈-콘드(Susana Martines-
Conde)와 스테판 L. , 맥닉(Stephen L. , macknik)은(『Scientific
American』, August 2007), 우리가 시선을 무언가에 고정시킬 의도
로 있을 때에도 우리의 눈은 무의식적으로 미세하게 움직이고 있
는 '미세신속운동(microsaccades)'[1]이라는 것을 하고 있으며, 어떤
대상을 계속해서 보기 위해 이것이 필요하다는 사실을 발견하였
습니다. 우리가 눈을 완전히 고정해서 계속해서 무언가를 주시하
고 있으면, 망막과 뇌의 성질상 주목하고 있는 대상이 시각에서 점
점 사라져 버리기 때문이라는 것입니다. 스스로 인식하지 못할 정
도로 눈이 계속해서 움직이는 '미세신속운동'은 그 생물학적 의미
가 설명되지 않은 채 반세기에 걸쳐서 연구자들 사이에서 논의되
어 왔습니다. 마틴즈-콘드와 맥닉은 시선을 고정했을 때 뇌에 나
타나는 온갖 영향을 조사하여 고찰하고 있습니다. 어쩌면 조만간
그들과 우리의 연구가 어딘가에서 만나 서로 공헌할 수 있는 날이
올지도 모르겠습니다. 브레인스포팅이 어떠한 구조로, 어떻게 효

---

1) 미세신속운동(microsaccades): 눈을 고정하기 위한 운동의 한 종류이다. 수의적인
신속운동의 소버전과 비슷하게 작고, 건반사와도 같은 불수의적인 눈운동이다.

과가 있는지에 대한 답은 틀림없이 뇌와 눈이 어떻게 연결되어 있는지 조사해 가는 가운데 알게 될 것입니다. 또한 우리가 이처럼 날마다 브레인스포팅을 실천하면서 발견해 온 지식도 과학자들이 수수께끼로 덮여 있는 뇌를 이해해 가는 데에 도움이 될 것입니다.

"게이즈스포팅은 리소스 브레인스포팅의 일종일까?"

게이즈스폿을 응시할 때에는 기존의 브레인스폿을 응시할 때에 비하자면 그다지 활성화되지 않는 것처럼 보인다는 점에서 이런 의문을 가지게 되었습니다. 꽤나 흥미로운 가설로, 그 답은 아무래도 간단히 말하기 어려운 미묘한 부분이 있는 것으로 보입니다.

일반적으로 게이즈스폿을 볼 때 활성화된 느낌은 확실히 인사이드 윈도우 혹은 아웃사이드 윈도우 브레인스포팅으로 찾아낸 브레인스폿을 볼 때 활성화되는 느낌만큼은 강하지 않은 것 같습니다. 또한 대부분의 내담자에게 있어서 게이즈스폿은 무리 없이 자연스럽게 흘러가는 느낌이 드는 부드러운 과정입니다(그중에는 "그 부분은 보고 싶지 않아요. 봤을 때 기분이 안 좋아요." 하고 말하는 내담자도 있습니다. 그때의 느낌은 마치 고속도로에서 사고 장면을 봤을 때처럼 안 좋은 느낌이라 자기도 모르게 시선을 돌려 버리는 것 같았습니다). 하지만 조금 더 들여다보면 자연스러운 게이즈스폿은 자신의 몸이 제대로 느껴지고 마음이 편안해지는 지점을 의도적으로 천천히 끈질기게 찾아 발견하게 되는 리소스 브레인스폿과는 역시 성질이 조금 다른 것 같습니다. 지금까지의 관찰에서는 해리 증상이 자주 일어나고 압도당하기 쉬운 취약한 내담자에게는 리소스 모델을 사용하는 쪽이 치료가 잘 진행된다고 말할 수 있을 것 같습니다. 그런 내담자의 경우에는 리소스 모델을 사용하여 '지금, 여기'에 발을 단단히 딛고 있는 느낌을 제대로 발견해 놓아야만 하는 것은 분명할 것입니다. 게이즈스폿은 자연스러운 느낌이 들긴 하지만 리소스 모델처럼 말 그대로, 혹은 비유적 의미에서라 할지라도 반드시 몸이 제대로 느껴지고 편안한 상태가 되는 것은 아닌 것입니다.

내가 받은 인상으로는 게이즈스포팅은 아웃사이드 윈도우와 인사이드 윈도우 브레인스포팅과는 상당히 다른 체계로 뇌를 불러내고 있는 것이 아닐까 합니다. 게이즈스포팅에서는 아무래도 직감적으로 시야를 살펴가면서 내면의 신경적 환경을 자연스럽게 스캔하고 있는 것 같습니다. 우리는 동물적 유산에서 비롯된 무의식의 메커니즘을 통해 우리에게 필요한 것을 어디에서 찾아야 하는지 알고 있습니다. 이러한 반응은 정위 반응(orienting response)[2]이라 불리며, 안전뿐만 아니라 위험을 스캔하는 데에도 관련됩니다. 그것은 실제로 몸을 대피할 수 있는 안전한 장소와 먹을 것이 있는 곳을 찾아내는 것을 돕도록 설계된 반사입니다.

누군가 깊은 생각에 잠겨 있을 때 보이는 시선을 관찰하면, 그럼으로써 깊은 곳에 있는 무언가에 계속해서 주목하게 하는 것을 돕고 있는 모습을 엿볼 수 있습니다. 그때에 마음에서 일어나고 있는 과정은 몸의 경험적 의미에서든, 신경적 의미에서든 무언가를 전달하고 있습니다. 시선은 외부 시야의 한 지점을 향하고 있으나 우

---

2) 정위 반응(orienting response): 새롭거나 예상하지 못한 자극에 대한 자동 반응으로, 인간과 동물이 주변 세계의 미세한 변화에 보이는 즉각적인 반응이다. 대상을 향해 눈과 머리를 돌리는 것과 감각 기관을 집중시키는 것을 포함한다.

리가 필요로 하고 있는 무언가는 내면의 깊은 곳에 있어서, 그 각각의 지점에 대응하는 시야의 스폿을 응시함으로써 꺼내어지게 됩니다. 더군다나 그 무언가가 완전히 무의식의 영역에 있는 경우도 있습니다. 시선을 고정시켜 사고의 세계에 잠겨 있을 때 우리는 깊은 곳의 무의식의 영역에까지 들어가 있다고 말할 수 있을 것입니다.

전쟁터에서 귀환한 병사나 자연재해의 생존자들에게서 보게 되는 '먼 곳을 응시하는 시선'을 떠올려 보십시오. 일반적으로는 해리의 징표로, 흔히들 그 사람의 의식이나 마음이 여기에 없는 것처럼 생각합니다. 그러나 세상일이란 게 겉보기와도 또한 주변의 해석과도 다른 경우가 있습니다. 나는 그런 먼 시선은 그 사람이 깊고 먼 무의식의 영역에 있는 어떤 곳을 바라보고 있는 모습이라고 생각합니다. 그 사람들은 '여기에서 없어진 것'이 아닙니다. 내면의 깊고도 먼 곳에서 매우 포착하기 힘든 무언가를 찾고 있는 것입니다. 트라우마 생존자들이 방 안의 한 지점에 시선을 고정시키고 있을 때 그렇다는 것을 알아차리도록 인도하면서 마음에서 일어나고 있는 프로세스를 물어보면 과거의 기억이 떠오르고, 잠시 후 그들은 '지금, 여기'로 돌아옵니다.

내가 브레인스포팅 교육의 일환으로 게이즈스포팅을 가르칠 때에는 주의점을 한 가지 덧붙입니다.

"이 모델은 너무나 자연스럽고 간단하며 효과도 있기 때문에 자기도 모르게 그것만 가지고 해결하려고 생각하게 됩니다. 게이즈스포팅만 있으면 브레인스포팅의 다른 모델이나 툴은 불필요하다고 생각될 수도 있습니다. 그러나 그 함정에 빠지지 마십시오."

브레인스포팅은 수많은 다양성과 조합이 절충된 예술이며 과학입니다. 무엇보다도 브레인스포팅에서 보고자 하고 있는 대상은 무한한 구조와 기능을 가지고 있으며, 그것이 다양한 직감적 형태로 나타나는 뇌라는 기관입니다. 살아남기 위해 끝없이 지칠 줄 모르고 내적·외적 환경에 적응해 가려고 하는 뇌의 본성을 절대 과소평가하지 말아야 합니다.

6

이중 조율의 프레임

'혜성의 꼬리로 머무르기'

Brainspotting

내 담자가 혜성의 머리라고 한다면 심리치료사의 역할은 혜성의 꼬리가 되어 머리가 어디로 가든지 따라가는 것입니다. 머리가 어디로 향하고 있는지를 알았다고 생각한 순간 내담자는 꼬리에서 빠져나갑니다. "내담자가 인도하고 치료사는 따라간다." 이것이 조율의 부동의 대원칙입니다. 조율이 브레인스포팅의 중요한 열쇠라는 것을 잘 알 수 있는 케이스를 소개해 볼까 합니다.

수년 전의 일입니다. 벳은 망상형 통합실조증이라는 진단을 받고 6개월 차에 상담을 받으러 왔습니다. 그녀는 환청이 들리면서 누군가 자신을 노리고 있다고 느끼고 있었습니다. 증상이 시작된 것은 파열된 비장을 적출하는 외과 수술을 받은 후 입원해 있었을 때였습니다. 외과의들은 전혀 알아차리지 못하고 있었지만, 그들이 처방한 진통제의 부작용으로 벳에게 무서운 환청이 시작된 것이었습니다. 환청이 심해질수록 진통제의 양도 늘어갔습니다. 더욱이 문제가 되었던 것은 벳이 스스로를 자해하지 않을까 하고 걱정하던 의료 스태프가 그녀를 묶어 둔 것입니다. 수술에서 회복되자 그녀는 바로 정신과 입원 시설로 옮겨지고 거기에서 대량의 정신과 약물 투여가 이루어지면서, 그녀는 어떠한 호전도 없이 오로지 진정만 되고 있을 뿐이었습니다.

진통제의 부작용이 약해지자 일상적 감각이 돌아왔습니다. 정신과 시설을 퇴원할 때에 향정신약 처방전을 받긴 했지만 그녀는 그걸 버렸습니다. 그렇지만 역시 무언가 이상하다고 생각했습니다. 머릿속에서 다시 목소리가 떠들어 대기 시작했던 것입니다. 향정신약의 부작용을 찾아보고 있었을 때였는데, 진통제의 부작용으로 겨우 몇 퍼센트이지만 망상과 환각이 나타나는 경우가 있다는 것을 알았습니다. '이거다!' 하고 벳은 생각했습니다.

'하지만 진통제를 먹지 않은 지금도 환청이 있는 건 왜지?'

심리치료사 소개를 받은 벳은 도움을 받을 수 있을 거라 기대를 하면서 첫 세션을 받으러 갔습니다. 첫 세션을 마치자 치료사는 정신과 진료를 받고 한 번 더 향정신약을 처방받는 것이 좋겠다고 권했습니다. 환청이 있었기 때문이었지요. 벳이 싫다고 하자 치료사는, 그러면 세션을 계속하기 어렵다고 하며 그녀에게 '치료에 저항함'이라고 해 버렸습니다. 그 후 벳이 용기를 내어 다시 누군가에게 도움을 요청하기로 마음먹기까지는 6개월이 걸렸습니다. 그렇게 해서 신뢰할 수 있는 친구의 소개로 나를 찾아오게 된 것입니다.

첫 세션에 온 벳은 마지못해하며 찾아온 경위를 이야기하였습니다. 그녀는 내가 자신을 '제정신이 아니'라고 생각하여 향정신약을 받으러 보내는 게 아닌지, 병원으로 다시 보내는 것은 아닌지 두려워하고 있었습니다. 내가 받은 인상으로는 환청이 아직 있긴 했지만, 그 점 이외에는 그녀는 전혀 이상할 게 없었습니다. 벳은 진짜 망상형 통합실조증에 시달리는 내담자들이 자주 하는, 자신이 멀쩡하다고 믿게 하려는 노력을 하지 않았습니다. 내가 그녀의 이야기를 믿지 않는 게 아닐까 하는 것만을 두려워하고 있었습니다.

'훌륭한 치료사는 훌륭한 탐정'이라는 말은 내가 좋아하는 말입니다. 수수께끼를 푸는 단서를 찾아서 열심히 귀를 기울입니다. 교과서는 무언가를 전달하고 있지만 나의 본능은 다른 것을 향하고 있었습니다. 아무래도 벳은 수술과 그 후로 시작한 환청 그리고 결박되었던 경험으로 인해 깊이 상처 입은 것일지도 모른다는 생각이 들었습니다. 브레인스포팅의 리소스 모델을 사용해 보자고 제안했습니다. 브레인스포팅의 리소스 모델이 어떻게 작용하는지 자세히 설명하자, 그때까지 경험해 온 것을 생각하면 놀랄 만큼 벳은 아무렇지도 않게 이해하고 받아들였습니다.

먼저, 비장 파열로 긴급히 입원했던 장면으로 돌아가서 그때 보았던 광경이나 들려왔던 소리를 처음부터 전부 떠올려 보게 했습니다. 마음의 고통의 정도를 나타내는 SUDS는 금방 10까지 튀어 올랐고 그녀는 가슴이 두근거린다고 말을 했습니다. 손이 의자 팔걸이를 움켜쥐고 있었기에 어떤 느낌이 드는지 묻자, "이 방에 가까스로 있을 수 있는 것은 이걸 움켜쥐고 있어서예요!"라고 대답했습니다. 그래서 손을 벳의 '몸의 리소스'로 사용하였습니다. 벳의 시선은 나의 눈에 못 박히듯 고정되어 있어서 그것도 어떤 느낌인지 물었더니, "어쩐지 안심이 돼요."라고 답했습니다. 나와 눈이 마주치는 방향이 그녀의 '리소스 스폿'이었던 것입니다.

집중 마인드풀니스 상태에서의 처리는 수술 전후에 겪었던 경험들의 순서를 따라가면서 이루어졌습니다. 벳은 마취에서 눈을 뜨자 곧 환청이 시작되었던 것을 기억해 냈습니다. 목소리의 생생함과 내용은 실제로 들렸을 때보다도 브레인스포팅에서 떠오를 때가 더 강하고 자세한 인상이었습니다. 어쩌면 벳이 마취 상태에서 의사들의 목소리를 들은 것이었을지도 모른다는 생각이 얼핏 들었습니다. 하지만 비약해서는 안 된다고 나 자신을 타일렀습니다. 벳은 몸을 움직일 수 없게 간병인들에게 묶였던 기억을 떠올렸습니다. 그때의 고통을 고스란히 팔과 다리에 다시 느끼고 있었습니다. 그녀의 기억은 정신과 병동에 입원해 있을 때로 이어졌습니다. 급성 정신병 증상을 보이는 다른 환자들과 함께 자물쇠가 채워진 병동에 갇혀 있었을 때에 느꼈던 공포를 기억해 냈습니다. 처리를 하고 있는 내내 벳의 눈은 나의 눈에 고정되어 있었습니다. 내가 그녀의 말을 믿는지 아닌지를 확인하려 하고 있었는지도 모릅니다. 벳은 향정신약은 필요 없다고 말하며, 정신과 의사에게 진료받는 것을 거부했더니 마찬가지로 치료를 거절했던 치료사와의 괴로운 경험까지도 처리해 갔습니다. 세션이 끝나 갈 무렵에는 SUDS가 2까지 내려가 있었고, 매우 피곤해했지만 몸 전체는 상당히 편안해져 있었습니다. 그다음 주 세션 일정을 정하고 그날 세션은 종료하였습니다.

그다음 주에 왔을 때 벳은 지난 일주일 동안 불안이 점점 커졌다고 말했습니다. 환청이 한 사람의 목소리가 되었고 그것은 남성의 목소리라고 했습니다. 팔이 묶여 있던 감각도 다시 강하게 느껴지면서 무서운 느낌이 든다는 것이었습니다. SUDS는 다시 10이 되어 있었습니다. 일주일 전의 처리가 생각만큼 잘 안되었던 것일까 하는 생각이 들었습니다만, 추측하지 말자고 나 자신을 타이르면서 벳의 집중 마인드풀니스 과정을 믿고 이미지나 감각이 흘러가는 대로 따라갔습니다.

'지금 있는 거기에서 처리를 시작하는 것이 좋다. 수술이나 입원 장면으로 돌아가지 않아도 된다.'라고 나의 직감이 말하고 있었습니다. 벳에게는 지금 들리는 목소리와 팔이 묶여 있는 느낌에 주목하게 했습니다. 벳의 눈동자가 기세 좋게 왼쪽으로 이동했습니다. 시선의 끝에는 사무실 창문이 있었습니다. 벳이 눈을 크게 뜨고 소리쳤습니다.

"싫어! 오지 마!"

문이 열리는 것이 보이고 그녀의 삼촌이 들어왔습니다. 벳은 5살로 돌아가 있었습니다. 앉은 채로 옴짝달싹 못 하고 삼촌이 다가와서 팔을 붙잡고 몸을 억누르는 것을 느꼈습니다. "삼촌의 목소리야!" 하고 소리쳤습니다. 엄마가 없는 틈을 타서 1년에 걸쳐서 지속적으로 성추행을 당했던 기억이 되살아났습니다.

바로 개입을 하여 벳이 의자 손잡이를 붙잡고 있는 손과, 바닥에 닿아 있는 발을 느끼도록 유도하였습니다. 처리를 진행하는 동안에도 가능한 한 '지금, 여기'에 머물도록 하기 위해 나의 목소리를 듣도록 격려했습니다. 세션이 끝날 때 벳은 혼란스러워하며 경험을 받아들이기 힘들어했지만, 그래도 그 목소리가 삼촌과 연결되어 있었던 것을 알게 되면서 안도하고 있었습니다. 삼촌이 그녀와 여동생에게 적절하지 않았음을 벳은 알고 있었습니다. 참고로, 심리학 분야에서는 학대의 기억에 대해 많은 논쟁이 있어 왔습니다. 나는 그 판단은 언제든지 내담자에게 맡깁니다. 정확한지 아닌지는 그리 문제가 되지 않으며, 어느 쪽이 되었든 그런 이미지나 어디서인지 몰라도 솟아나듯 올라온 감각은 브레인스포팅을 사용해 처리할 수 있습니다.

벳은 나에게 브레인스포팅 세션을 받으러 6개월 동안 계속 다니면서 삼촌에 관한 기억이나 그 밖의 어린 시절의 트라우마 기억도 처리하였습니다. 아무래도 수술과 진통제 부작용이 해리를 일으키며 훨씬 깊은 곳에 감추어져 있었던 학대의 기억을 불러온 것 같았습니다. 벳이 그전까지 진료를 받았던 전문가들은 어느 누구 하나 그것을 발견하지 못했었습니다. 환청에서부터 2차 피해라고도 할 수 있는 트라우마적 경험의 악순환이 일어나고 있었습니다. 망상형 통합실조증이라고 오진을 받고, 몸을 결박당하고 대량으로 향정신약을 투약받으면서 정신을 억제당한 데다가 정신과 시설에 강제로 입원해야 했습니다. 일련의 경험은 너무나 가혹했습니다만, 그래도 리소스 브레인스포팅을 사용하여 결국 모든 것을 치유할 수 있었습니다. 마침내 벳은 환청이 사라지고 자신감도 생기면서 몸에 힘이 생겼습니다.

벳의 치료는 매우 잘되었다고 말할 수 있습니다만, 이 케이스는 치료사의 겸허한 자세가 얼마나 중요한지를 다시금 느끼게 해 주었습니다. 나도 평소 다른 사람들만큼이나 실수를 합니다. 하지만 벳의 치료에는 전제를 일절 두지 않고 그녀와 함께 처리 과정을 목격할 수 있었습니다. 증상만을 봤을 때 일반적인 경우라면 분명히 다른 진단과 결부되어 오진을 초래할 수 있었겠지만, 겸허했기에 당황하지 않았습니다. 벳이 이끌고 나는 따라갔습니다. 벳이 혜성의 머리였고 나는 혜성의 꼬리가 되어 혜성을 따라가기 위해 노력하지 않으면 안 되었습니다.

벳의 치료의 성공 여부는 치료사인 내가 얼마만큼 성실하게 그녀의 이야기에 귀 기울여 사람과 사람의 신뢰 관계를 쌓을 수 있는가가 큰 요소였습니다. 양육 과정에서, 그리고 정신과에 입원해 있었을 때 양쪽 모두에서 경험한 트라우마가 있었기 때문에 벳은 좀처럼 사람을 신뢰하지 못하는 상태였습니다. 그렇기 때문에 그녀의 신뢰를 얻는 것은 간단하지 않았고, 부단한 노력을 들여 얻어야만 했습니다. 또한 트라우마는 벳의 뇌 깊은 곳에 감추어져 있었고 그녀는 그 고통을 몸으로 느끼고 있었습니다. 그렇기 때문에 치료에서는 신뢰 관계뿐만 아니라 몸의 감각과 뇌에 집중하는 브레인스포팅의 시선의 방향과 처리도 필요하였습니다. 여기에 두 개의 요소가 조합되어 있습니다. '몸의 감각과 뇌에 집중하는 프레임' 과 '치료자와 내담자의 관계성의 프레임'입니다. 몇 년이 지난 후, 브레인스포팅의 이 조합을 '이중 조율의 프레임(Dual attunement frame)'이라고 부르게 되었습니다.

▶▶▶

브레인스포팅이 개발되던 때에는 마치 계시와도 같은 순간도 몇 번 있었습니다. 사실, 발견 초기 몇 년간 역점을 두었던 것은 임상보다는 기법 개발 쪽이었습니다. 브레인스포팅이 너무나 새로워서 모든 것을 관찰하여 흡수해야만 했던 것입니다. 개발 처음부터 많은 치료사들이 관련되어 있었습니다. 여명기라고도 할 수 있는 시기에 나의 벗들과 동료들이 브레인스포팅 커뮤니티를 만들었고, 그곳은 나에게 있어서는 수많은 피드백을 받을 수 있는 장이었고, 반대로 많은 질문을 받는 장이 되기도 하였습니다. 시선의 방향과 내담자의 반응에 대한 실험에 관한 내용이 대세였습니다. 다양한 기법이 시도되었으나 시도로만 그치고 실제로 받아들이지 못한 것이 더 많았을 것입니다. 치료사들이 생생하게 시행착오를 겪는 그 커뮤니티는 열려 있고 자유로웠기에 대단히 흥미로웠습니다. 그 속에서 나는 스스로 발견한 것이 무언인지, 또한 무엇이 아닌지를 구분해 내려고 하고 있었습니다. 물론 그러한 과정은 지금도 계속되고 있습니다. 생각해 보면 그 당시에는 브레인스포팅을 찾아내는 기법과, 브레인스폿을 찾아낸 후에 이어지는 처리 프로세스에 너무나 사로잡혀서 치유의 핵심인 치료사와 내담자의 관계성에는 그다지 주목하지 못했던 것을 인정합니다. 그런 상황이었기 때문에 사실은 이중 조율이라는 것에 생각이 미치기까지 시간이 걸렸고, 그것을 명확한 프레임으로 사고하기까지는 더더욱 시간이 걸렸습니다.

브레인스포팅을 발견하고 수년이 지난 2007년의 일입니다. 어느 날 나는 유럽의 브레인스포팅 커뮤니티를 만든 독일인 친구 올리버 슈브베(Oliver Schubbe, 제14장에서 소개하겠습니다)가 매년 개최하는 리트릿에서 발표 준비를 하고 있었습니다. 발표 내용을 정리하고자 플립 차트를 작성하고 있었습니다. 그런데 갑자기 아이디어와 할 말이 넘쳐나 가능한 한 빨리 종이에 적으려고 했습니다. 그러다 문득 시선의 방향을 찾아내어 처리하는 것을 강조한 나머지, 그것이 원래의 치료 자세에서 벗어나 있음을 깨달았습니다. 그것을 알아차리자마자 나의 뇌는 발견의 기법적 측면과 관계성이라는 측면을 글로 써 내려가는 속도보다도 훨씬 더 빠르게 통합하기 시작했습니다. 임상적인 것과 기법적인 것이 뒤얽힌 이중 나선의 이미지가 머리에 떠올랐습니다. '임상 브레인스포팅'이라는 말이 퍼뜩 떠올라서 플립 차트 위에 적었습니다. 그리고 단 15분 만에 차트를 빼곡하게 다 채웠습니다. 정신없이 몰입하여 적은 그 내용을 읽어 보니 발표 내용 전체가 정리되어 있음을 알 수 있었습니다. 그때 새로운 문구가 떠올랐습니다.

> "관계성은 브레인스포팅을 돕기 위해 있는 것이 아니다. 브레인스포팅이 관계성을 돕기 위해 있는 것이다."

그 이후로 교육이나 강연을 할 때마다 셀 수 없을 만큼 이 문구를 전했습니다. 이 말은 몇 번이고 반복할 만한 가치가 있습니다. 실제로 그 점을 이해하지 못하고는 브레인스포팅을 이해할 수 없다고 할 수 있을 만큼 중요합니다.

시간이 흘러 2009년 10월 무렵, 나는 임상 브레인스포팅(혹은 관계성 브레인스포팅) 모델을 개발하여 교육의 장에서도 그것을 가르치고 있었습니다. 그날 리사 슈왈츠와 함께 미국 콜로라도주 볼더에 있는 브레인스포팅센터에서 교육을 하고 있었는데 의학 박사인 로버트(밥)스커(Robert Scaer)가 들어왔습니다. 『몸에 나타나는 트라우마(The Body Bears the Burden)』와 『트라우마 스펙트럼(The Trauma Spectrum)』의 저자입니다. 밥은 뇌와 심리적 트라우마에 대해서 세계적인 전문가입니다. 연구에서는, 예를 들어 편타손상 같은 신체적 고통은 PTSD 과거력, 특히 그것이 어린 시절에 겪은 트라우마가 있었다면 그 증상이 놀라울 정도로 강하게 나타난다는 것을 알아냈습니다. 나는 신경과 관련된 의문이 들면 바로 밥에게 질문을 합니다. 밥 덕분에 브레인스포팅의 신경학적 면에서 어떤 의문을 남겨 두는 일은 없습니다. 그런데 볼더에서 있었던 그 교육에서 밥이 어떤 질문에 답하며, 브레인스포팅의 '정교한 조율'은 관계성에 공명하는 동시에 신경계에도 공명하는 것이라는 이야기를 하였습니다. 참으로 선명한 설명이었습니다. 마치 번개에 맞은 것 같은 느낌이 들면서, 이렇게 딱 떨어지게 꼭 맞는 설명이 있었나 싶었습니다. 밥은 지극히 짧은 문장 하나로 브레인스포팅의 핵심을 파악해 내고 있었습니다. 브레인스포팅이 왜 내담자 한 사람 한 사람에게 고유하며, 더욱이 그토록 강력한 치유가 일어나는지는 치료자가 내담자인 그 사람뿐만 아니라 내담자의 뇌에도 조율하기 때문입니다. 밥의 설명을 들은 그 순간부터 관계성과 신경계라는 두 가지의 조율이 내담자와 작업을 해 나가는 과정에서 실제로 어떤 식으로 동시에 일어나고 있는지를 주의 깊게 관찰하게 되었습니다.

우선, 동시에 일어나는 현상을 지칭할 적당한 단어가 필요했습니다. 예전에 EMDR의 메커니즘을 배울 때 '이중의 주의(Dual attention)'라는 개념에 대해 배웠습니다. 기본적으로 두 가지의 무언가에 동시에 주의를 기울이고 있을 때에는 뇌가 유연하게 변하기 쉽다는 사고입니다. 이중으로 주의를 기울이고 있으면 뇌가 좀 더 수용적으로 되어 같은 경험을 하더라도 과거와 달리 새로운 신경학적 과정(이미지나 몸의 감각)을 따라갈 수 있게 되는 것 같습니다. 브레인스포팅도 이중의 주의를 사용하고 있다고 생각해도 무방합니다. 어쩌면 삼중의 주의라고 할 수 있을지도 모르겠습니다. 브레인스포팅에서 내담자는 몸에서 일어나는 일에 주목하며 시선을 시야의 한 지점에 두고 그 상태에서 내면에서 일어나는 과정도 관찰하게 됩니다. 그래서 이중 주의(Dual attention)라는 말의 소리와 리듬을 빌려 와서 브레인스포팅용으로 생각해 낸 용어가 바로 이중 조율(Dual attunement)입니다.

이 용어는 브레인스포팅 노력의 본질을 나타내고 있습니다. 치료사는 복수의 과제를 동시에 진행하며 처리하지 않으면 안 됩니다. 내담자와의 다른 차원에서의 커뮤니케이션을 따라가면서 내담자의 눈, 뇌, 몸에 나타나는 신경학적 단서도 계속해서 관찰해 갑니다. 이러한 모든 요소에 동시에 마음을 쓰는 것은 상당히 어려운 일이며 일종의 균형 감각도 필요한 작업이라 할 수 있기에, 겁이 많거나 의지가 약하면 하지 못합니다. 브레인스포팅의 개발자인 나에게조차 결코 쉬운 일은 아닙니다.

▶▶▶

브레인스포팅의 신경학적 면에서의 조율을 잘 이해하자, 사람 간의 조율에 대한 이해도 더 깊어졌습니다. '귀 기울이는 것'에 대해 잘 이해할 수 있었기 때문입니다. 내가 내담자에게 귀 기울이는 방법은 브레인스포팅을 알기 전과는 놀라우리만큼 매우 달라졌습니다. 지금은 언제나 내담자의 뇌에 대해 생각하며, 내담자의 이야기를 들을 때에는 방대하며 복잡한 시냅스 도로 위로 정보가 흘러가는 것을 마음속으로 그리며 느끼고 있습니다. 그러나 내담자가 나에게 전달하고 있는 것이 실제로 내가 믿는 것과는 자주 빗나가 있다는 것을 알게 되었습니다.

사람과 사람 간의 커뮤니케이션은 부호화된 정보를 해독하는 것과 다를 게 없습니다. 말하는 사람이 이미지를 부호화하고 듣는 사람이 해독합니다. 그러나 내가 보기에는 이 과정에서 우리는 일상적으로 생각하고 있는 것보다도 훨씬 방대한 정보를 잃어버리고 있는 것 같습니다. 우리는 상대가 부호화한 이미지를 이해했다고 대체로 믿고 있습니다만 실제로는 이해하고 있지 못합니다. 마찬가지로, 자신이 부호화하여 전하는 이미지를 상대방이 제대로 해독했다고 생각하더라도 실제로는 제대로 해독되지 못하는 일이 많습니다. 치료에서 치유 과정이 진행되어 나가는지 혹은 나가지 못하는지는 이 부호화와 해독의 커뮤니케이션이 잘 이루어지고 있는지 여부와 관련된다고 말할 수 있을 것입니다. 관계성을 기반으로 하는 치료사는 내담자의 말에 얼마나 잘 귀 기울일 수 있는가에 치료사의 생명이 걸려 있다고도 말할 수 있습니다. 분석가가 경청을 잘 할 수 있는지 여부는 프로이트(Sigmund Freud)의 '대화치료(Talking cure)'의 중심이며, 사람 간의 대화를 기반으로 하는 다른 치료법도 마찬가지입니다. 애초에 치료사가 내담자의 말에 제대로 귀를 기울이지 못하고서는 그 어떤 치료법으로도 치유가 일어나기는 어렵지 않을까요? 나는 경청하는 법을 정신분석 훈련을 받으면서 몸에 익혔고 지금까지 일을 해 오면서 매우 도움이 되고 있습니다. 내담자의 이야기에 귀를 기울이는 스킬은 지금까지 치료사로서 수십 년을 몸담고 있는 가운데 끊임없이 갈고 닦아 왔으며, 앞으로도 그러할 것입니다.

그런데 브레인스포팅을 발견하고 뇌를 연구하였더니 귀를 기울이는 방법이 크게 달라졌습니다. 뇌에는 1,000조에 이르는 시냅스 결합이 있다고 배웠을 때 뇌에서 무엇이 일어나고 있는지는 알 길이 없다는 것을 깨달았습니다. 그것을 깨닫고 나자 오히려 자유로 워졌습니다. 알 길이 없는 것은 어쩔 수 없는 것으로 두고, 그러면 조금이나마 무언가 알려고 한다면 치료사는 어떻게 해야 될까요. 답은, 내담자가 하는 말과 내용을 세심하게 주의를 기울이면서 열심히 듣는 것입니다.

이때 내담자가 이야기하는 내용 외에 무언가를 알 수 있다고 생각해서는 안 됩니다. 그저 내담자의 말을 집중해서 주의 깊게 잘 듣고, 내담자가 이야기하는 것을 정확하게 있는 그대로 받아들여야 합니다. 그것이 전부입니다. 그 이외의 것은 이야기를 듣는 우리의 뇌가 끼어든 추정일 뿐입니다.

이처럼 귀를 기울이는 데에는 상당한 집중력이 필요합니다. 치료사는 우선 자기 자신의 생각을 알아차리고 그것을 옆에 내려놓아야만 합니다. 아무리 현명하고, 잘 알고 있고 마음에 떠오르는 직감적인 관찰일지라도 말입니다. 이러한 자세로 귀를 기울일 수 있게 되기까지는 연습이 필요하기에, 치료사는 참선에서 말하는 무의 경지를 끊임없이 추구해 가지 않으면 안 될 것입니다. 이 경지는 한순간 도달하더라도 곧 잃어버릴 수 있으므로 계속해서 그것을 연습해야 할 뿐입니다. 나도 그 경지를 목표로 지금도 매일 힘쓰고 있으며, 앞으로도 날마다 계속해 가야 한다고 생각하고 있습니다.

자신의 내면의 흐름에 영향받지 않는 경지에 이르게 되었을 때 비로소 내담자가 던지는 커뮤니케이션을 제대로 마주할 수 있기에, 신중하게 말 한마디 한마디를 있는 그대로 알아듣기 시작합니다. 사람은 모두 달라서 누구 하나 같은 말을 하지 않습니다. 같은 언어, 같은 문구라도 무엇을 뜻하는지는 사람마다 제각각입니다.

뉘앙스가 미묘하게 다른 경우도 있고, 근본적으로 다른 경우도 있습니다. 그렇기 때문에 치료사는 내담자의 말을 배우며 사용해야만 합니다. 내담자가 치료사에게 말한 것을 되돌려 말할 때에는 내담자의 말이나 문구를 그대로 사용하며 바꾸지 않는 것이 중요합니다. 왜냐하면 단어를 바꾸면 의미가 달라져 버릴 수도 있기 때문입니다. 그렇게 신중하게 마음을 쓰면서 내담자의 말이나 문구를 정밀하게 사용하여 이야기를 하다 보면 서로가 조율이 되는 동시에 미러링이 일어납니다. 이러한 반영적 경청의 자세가 지속적으로 오랫동안 충분히 제공된다면 영혼과 뇌 양쪽 모두 치유되는 것을 돕습니다.

치료사가 아무 말 하지 않아도 내담자는 브레인스포팅 치료사가 '목격자'로서 그 자리에 있음을 깨닫게 됩니다. 내담자들이 내게 이렇게 말했기 때문에 아는 겁니다. 브레인스포팅의 이중 조율은 관계성으로 이어진 현존이 뇌를 기반으로 한 기법적이며 신경적인 측면과 통합되어 있다고 말할 수 있습니다.

▶▶▶

심리치료사로서 훈련을 막 받기 시작했을 무렵, 나타나는 문제가 있고 그와는 별개로 진짜 문제가 있다고 배웠습니다. 그러나 그건 아니라는 것을 임상에서 알게 되었습니다. 나타나 있는 문제야말로 진짜 문제입니다. 문제에는 신경생물학적 의미에서든 실존적 의미에서든 내담자의 의식적·무의식적 고통이 담겨 있습니다. 문제는 다양한 형태를 띠고 있을 것입니다. 감정, 인지, 행동 또는 인간관계와 관련이 있을 수도 있습니다. 어떤 형태라 하더라도 나타나 있는 그 문제가 해소되면 치료는 끝납니다.

그렇다고 해서 특별히 내가 행동주의자는 아닙니다. 단지 나는 내담자가 가장 잘 알고 있다고 생각할 뿐입니다. 문제는 내담자의 뇌 안에서 일어나고 있고, 해결책도 역시 거기에 있을 것입니다. 소비자가 항상 옳은 것처럼 내담자도 항상 옳은 것입니다. 물론 브레인스포팅 과정을 이해하여 치료사와 공동 작업으로 효과적으로 치료를 진행해 나가는 데에는 내담자도 심리교육(나는 이 말에 가슴이 두근거립니다)을 받아야만 합니다. 나를 찾아오는 내담자에게는 뇌의 다양한 부분이나 작용 등의 기초를 알기 쉽게 가르쳐 주고 치료를 진행해 가는 동안에도 종종 그러한 지식을 다룹니다. 내담자들은 이러한 뇌에 대한 정보에 대해 "이해가 된다." "그걸 알고 나니 안심이 된다." 등으로 반응합니다. 관찰을 하다 보니, 의식적으로 생각하는 뇌는 옆길로 새기 쉽고 직감적인 뇌는 그렇지 않은 것 같습니다. 우리는 알고 있는 것은 알고 있습니다. 어디에서 알고 있는가 하면 몸의 아주 깊숙한 부분에서 압니다. 치료사가 내담자가 하는 말과 그 내용에 주의 깊게 귀를 기울여 그것을 믿고, 깊은 부분에 있는 지혜를 긍정하고 수용하면 내담자는 마음이 통했다고 느낍니다. 브레인스포팅에서 경험하는 이 조율은 평소에는 그다지 경험하지 못할 만큼 강력해서, 어쩌면 처음이라고 하는 내담자도 있을지도 모릅니다. 이 조율 자체가 매우 치유 효과가 큰 것입니다.

'조율은 모든 치료에서도 중요한 것이기에 굳이 브레인스포팅에서 일부러 강조하지 않아도 되는 것은 아닐까?'라고 생각할 수도 있습니다. 답은 그렇다고도, 아니라고도 할 수 있습니다. 심리치료라는 것이 치료사와 내담자 간의 관계성을 기반으로 한다는 점에서는 '그렇다'고 할 수 있습니다. 그러나 대화만으로는 조율의 깊이에 한계가 있을 수밖에 없으므로, 브레인스포팅의 조율은 그런 점에서 다른 치료법과는 조금 다르기 때문에 그 부분은 역시 강조해야겠습니다. 그렇기 때문에 그런 의미에서는 아니라고 하는 것입니다. 대화를 통한 방법으로는 언어를 담당하는 뇌의 영역까지밖에 닿지 못합니다. 뇌의 우반구, 중앙, 뒤쪽까지는 닿지 않는데, 우리의 직감, 감정, 몸의 감각은 그런 영역에 있습니다.

브레인스포팅은 깊은 부분의 뇌와 공명하여 거기에 있는 것을 엿보게 해 주는 시야의 지점을 가리킵니다. 아웃사이드 윈도우 브레인스포팅으로는 치료사가 내담자의 몸에 나타나는 반사를 관찰하여 스폿을 찾아냅니다. 인사이드 윈도우 브레인스포팅으로는 치료사가 내담자를 도와 내담자 자신이 활성화를 가장 강하게 몸에 느끼는, 혹은 경험되는 시야의 방향을 찾습니다. 게이즈스포팅으로는 내담자가 치료사로부터 방향이 아닌 자연스럽게 뇌의 깊숙한 부분을 살짝 엿보는 스폿을 응시합니다. 브레인스폿으로 이끌거나 그것을 알아차리는 과정을 치료사가 내담자와 함께 체험하는 가운데 깊은 조율이 생겨납니다. 브레인스포팅의 치료사와 내담자는 다른 대화 요법에서 아무리 이상적인 조율의 순간이 있다고 하더라도 그와는 다른, 훨씬 깊은 방식으로 소통하고 있다고 할 수 있을 것입니다.

게다가 브레인스포팅 과정은 거기에서 끝나지 않습니다. 오히려 거기에서 시작됩니다. 내담자는 다루고 싶은 문제와 관련된 괴로움을 이미 활성화하고 있어서 몸의 어느 부분에서 활성화를 느끼는지도 확실히 알아차리고 있습니다. 치료사와 내담자는 몸과 뇌(몸에 있는 감각은 뇌에도 있으며 뇌에 있는 감각은 몸에도 있기에)에서 느끼고 있는 괴로움에 대응할 시야의 스폿을 함께 보고 있습니다. 이어서 내담자는 마음에서 일어나는 과정이 어디로 흘러가더라도 그대로 마인드풀 상태에서 바라보며 이따금 치료사에게 그것을 이야기해 줍니다. 치료사는 내담자의 말 한마디 한마디에 열린 마음으로 관심을 가지고 귀를 기울입니다. 어떠한 전제도 두지 말고 내담자가 무엇을 경험하고 어디로 가든지 그저 그 과정을 따라갑니다. 그러면서 내담자 자신이 결코 예상하지 못하고 꿈에도 생각지 못했던 놀라운 일이 일어나는 것을 기다립니다. 이렇게 하여 치료사는 내담자가 치유되어 가는 과정의 목격자가 되는 동시에 참가자가 되기도 하는 것입니다. 그 결과로 생겨나는 깊은 조율은 그냥 대화를 나누는 것만으로는 결코 얻을 수 없습니다. 그럼에도 불구하고, 브레인스포팅에서도 내담자와 치료사는 대화를 하고 있습니다. 다만, 내담자가 브레인스폿을 바라보면서 집중 마인드풀니스 상태에서 처리를 하고 있는 맥락 안에서만 대화는 이루어집니다. 이 치유의 과정은 매우 특징적이며, 제 경험상으로는 브레인스포팅 이외의 방법으로는 일어나지 않습니다. 이것이 '이중 조율 프레임'의 진수라 할 수 있을 것입니다. 관계성의 동조와 신경학적 동조가 동시에 일어날 때의 상승효과로 집중적인 강력하고 깊은 처리가 이루어지면서 치유되는 것입니다.

브레인스포팅 치료사의 역할은 어떤 모델을 사용할 때든 똑같이 조율하며 내담자에게 미러링하여 돌려주는 그릇을 제공하는 것이라 할 수 있습니다. 치료사는 내담자의 마음의 경험을 그대로 받아들이고 이해할 수 있도록 치료사와 내담자 간의 내적 체험 안에서 프레임을 만드는 것입니다.

▶▶▶

뇌는 몸의 내부와 외부 환경을 동시에 살펴보며 문제를 해결하는 메커니즘을 가지고 있습니다. 뇌의 가장 중요한 기능은 생존을 돕는 것으로, 그것이 우선 달성되면 환경에 잘 적응하여 항상성 상태로 유지할 수 있도록 합니다. 누군가가 브레인스포팅 치료사를 찾아왔다면 그 사람은 스스로는 해결하지 못하는 문제를 가지고 있는 것입니다. 문제를 알아차렸어도 무한하다고도 생각되는 그 사람의 신경계, 즉 뇌는 어떤 사정으로 인해 원래의 기능을 잘 해내지 못하는 상태라 문제를 알아내지 못하거나 혹은 안다 하더라도 바로잡지 못하고 있는 것입니다.

뇌에서는 수많은 영역이 끊임없이 상호 간에 커뮤니케이션을 취하고 있습니다. 그러한 커뮤니케이션에는 가장 원시적인 영역(뇌간)과 가장 고등의 영역(신피질) 사이의 직접적인 메시지 교환도 포함됩니다. 나의 판단으로는, 무언가를 효과적으로 처리하는 뇌의 기능이 제대로 작동하지 못하는 상태는 기본적으로 뇌 안에서의 커뮤니케이션 장애라고 할 수 있습니다. 무언가 이유가 있어서 메시지의 발신이나 수신이 이루지지 않는 상태인 것입니다. 나는 뇌에서 일어나고 있는 이 커뮤니케이션 장애야말로 내담자들이 치료를 받으러 올 때 안고 오는 온갖 문제의 원인이라고 생각합니다. 트라우마에 관련된 케이스는 특히 그러하다 할 수 있을 것입니다. 왜냐하면 트라우마가 그 사건을 처리하는 뇌의 능력을 압도하고 있으므로, 대화 요법만으로는 뇌와 몸에 미치는 영향이 제한

적이라 트라우마를 처리하기 어려운 것입니다.

문제의 원인은 내담자의 뇌와 신경계 안에 있습니다. 그러나 그 문제를 해결하는 방법도 같은 곳에 있습니다. 그래서 이곳이 브레인스포팅의 '이중 조율의 프레임'이 힘을 발휘하는 부분이며, 대화 요법으로는 이르지 못하는 내면의 깊은 부분에서 뇌와 몸이 치유되는 것을 돕고 있습니다. 이때 프레임이 이상적으로 설정되면 당연히 처리도 이상적으로 이루어져 가장 좋은 해결에 이르게 됩니다. 다만, 그 순간에 무엇이 이상적 프레임인가 하는 지혜는 치료자가 가지고 있는 것이 아닙니다. 이 지혜 또한 천재적이라고 할 수 있는 내담자의 신경계 안에 있습니다.

브레인스포팅에서는 치료자가 우선 신경생물학적 프레임을 설정합니다. 치료사는 다루려고 하는 문제에 대해 활성화된 내담자와 함께 괴로움을 강하게 느끼는 시선의 방향을 찾습니다. 스폿을 발견하면 시선을 거기에 고정시켜 마음에서 일어나는 프로세스를 마인드풀 상태에서 관찰할 수 있도록 안내합니다. 이것이 신경학적 프레임입니다. 이어서 치료사는 내담자의 처리 과정에 주의 깊으면서도 열린 자세로 어디든 따라갑니다. 동조하면서 바로 옆에서 함께 상황을 목격하고 있는 치료자의 존재가 관계성의 프레임이 됩니다. 이것을 다른 치료에서는 안아 주는 환경(Holding environment)[1]이라고 하기도 합니다. 브레인스포팅에서는 내담자

---

1) 안아 주는 환경(Holding environment): 영국의 정신분석가 도널드 위니컷(Donald Winnicott, 1896~1971)의 대상 관계 이론 속에서의 용어로, 아기에게 환경(Environment)으로 경험되는 어머니의 면모를 이르는 말이다. 문자 그대로, 그리고 비유적으로 높은 집중력과 염려를 보이는 어머니의 모습으로서, 아기가 고요한 상태에 있을 때 아기를 포근하게 안아 준다. 이는 아기가 흥분된 상태에서

와 치료자가 계속해서 브레인스폿과 신체 감각 그리고 처리 그 자체에 주목해 감으로써 이 관계성의 프레임이 세션이 이루어지는 동안 줄곧 탄탄하게 유지됩니다.

이 프레임은 괴로움이 가장 활성화되는 모델에서부터 가장 온화한 리소스를 느끼는 모델까지 모든 브레인스포팅 모델 내에 폭넓게 존재합니다. 각각의 모델에 따라 인간관계의 프레임에도 어느 정도 폭이 있다고 할 수 있습니다. 활성화 모델에서는 활성화를 가장 강하게 느끼는 브레인스폿을 찾게 되는데, 관계성의 프레임에 있어서도 내담자의 영역과 공간이 넓어집니다. 치료자는 매우 가까이에서 바라보고 있습니다만, 처리가 순조롭게 진행되고 있으면 거의 아무것도 하지 않을 수도 있습니다. 그럼에도 내담자는 치료자의 존재를 지속적으로 강하게 느끼고 있습니다. 나는 내담자들에게 나의 존재를 얼마나 강하게 느꼈는지, 내가 그 자리에 있는 것이 얼마나 도움이 되었는지 종종 물어봅니다. 그러면 대부분 "당신 없이는 불가능했을 거예요."라는 식의 대답이 돌아옵니다.

한편, 리소스 모델에서 함께 주목하는 것은 '몸의 리소스(몸에서 편안하거나 든든하게 느껴지는 부분)'와 그 감각을 가장 강하게 느끼는 시야의 지점 '리소스 스폿'입니다. 편안한 감각에 주목하기는 하지만 리소스 모델을 사용하는 내담자들의 경우에는 대개 치료자가 더 적극적으로 응하지 않으면 안 됩니다. 그러한 내담자들은 어렸을 때 양육자와의 유대가 충분히 형성되지 않은 경우가 많아

대상(Object)으로 경험되는 어머니의 면모와는 대조된다. 정신분석에서는 정서적으로 취약하거나 불안정한 상태에 있는 사람이 잠재적으로 그를 압도할 수 있는 정서를 다루어 낼 수 있도록 허용해 주는 **치료적 공간**을 이르는 용어이다.

서 그 때문에 치료사들이 이른바 애착 문제라 하는 것들을 불러오는 경향이 있습니다. 이런 내담자들은 치료사의 대응이 부족하면 방향을 잃거나 쉽게 불안해지기도 합니다. 그렇기 때문에 이렇게 취약한 내담자와 작업을 할 때에 치료사는 세션 동안 더 자주 상황을 묻습니다. 그중에는 계속 대화하지 않으면 안심 혹은 안정을 찾지 못하는 내담자도 간혹 있습니다. 그렇다고 해서 어딘가 이상한 것은 아닙니다. 방임이나 학대로 상처 입은 사람들의 뇌와 몸의 시스템이 대화를 필요로 하고 있을 뿐입니다. 브레인스포팅에서 이러한 케이스는 '좁은 프레임'을 사용한다고 표현합니다.

프레임의 폭을 어느 정도로 설정할 것인가를 그때그때 바꾸어 가는 것도 조율 과정의 일부입니다. 처리가 진행되는 도중이라도 치료사가 프레임의 폭을 조절하는 것은 드물지 않은 일입니다. 도중이라 하더라도 조금 더 파고들거나 서둘러 조금 멀어지게 할 수 있습니다. 활성화 모델을 사용하고 있어도 필요하다고 생각되면 리소스 모델을 좀 더 많이 사용하는 쪽으로 살짝 조정할 수도 있습니다. 또한 쉽게 동요하던 내담자가 치유되고 안정이 보이기 시작하면 그에 맞춰서 활성화 모델을 사용하는 시간을 점점 늘려 갈 수 있을 것입니다. 매순간마다 내담자의 프로세스와 니즈를 따라가는 것은 모두 조율과 관련된 일입니다.

혜성의 꼬리는 결코 머리를 이끌지 않습니다. 반드시 머리가 꼬리를 이끌어 갑니다. '이중 조율의 프레임'은 치료사가 가능한 한 인간다운 방식으로 꼬리가 되어 거기에서 벗어나지 않도록 지속적으로 노력해 가는 방법입니다.

Brainspotting

브레인스포팅
Brainspotting

7

통합적 모델로서의 브레인스포팅

'치유에 텃세는 없다'

Brainspotting

지그문트 프로이트를 현대 심리학의 아버지라 여기는 사람은 수없이 많으며 저 또한 그들 중 한 명입니다. 프로이트 주변에서는 신봉자들이 내부 그룹을 만들어서 스승과 함께 연구를 계속하였습니다. 시간이 흐르자 그 안에서 프로이트의 사고에 이견을 주장하는 제자들이 나타나기 시작했고 그들은 스승을 떠나 각각의 학파를 만들었습니다. 칼 구스타프 융(Carl Gustav Jung), 알프레드 아들러(Alfred Adler), 오토 랭크(Otto Rank) 등이 그렇습니다. 이렇게 제자들이 흩어졌기 때문에 프로이트의 중심 이론 및 실천과 관련하여 많은 분파가 생겨났습니다. 프로이트의 내부 그룹이 해산한 이후 수십 년 새에 수백 개나 되는 새로운 치료법이 탄생하였습니다. 그중에서도 인지적 접근이나 행동적 접근은 프로이트와는 상당히 달라서 오히려 반대의 사고방식이라 여겨지기도 합니다[흥미롭게도 인지 요법과 행동 요법에는 공통적 기반이 있었기 때문에 그 두 가지가 통합되어 인지행동 요법(CBT)이라는 치료법이 탄생하였습니다. 그러나 얼마 후 CBT 커뮤니티 안에서도 또 차이가 도드라지기 시작했습니다].

나 자신도 지금까지 수십 년에 걸쳐 심리치료 현장에 있으면서 강력한 치료법을 많이 보아 왔습니다. 게슈탈트, 최면 요법, 사이코드라마, 신체 지향 심리 요법, 실존주의 요법 등은 어느 것 하나 유효하지 않은 것이 없습니다. 직간접적으로 영향을 받은 치료법은 훨씬 많아서 여기에 다 쓸 수도 없습니다. 실제로 효과가 있는 치료법이 이렇게 많이 있다는 것은 인간이 그만큼 복잡한 시스템이라는 것을 그대로 반영하고 있는 것일지도 모릅니다. 최근 들어서는 뇌 과학의 발전도 더해져서 이 복잡한 시스템에 대한 이해는 지금도 나날이 깊어지고 있습니다.

옛날 심리치료사들은 지금과 비교하면 훨씬 순혈주의자였습니다. **절충주의**라는 용어가 심리치료사들에게 사용된 경우는 대부분 폄하하는 의미였습니다. 그것은 치료사가 어떤 치료적 접근에도 전념하지 않을 뿐만 아니라 그 어떤 치료법에도 확실히 근거하고 있지 못하다는 것을 반영하는 말이었습니다. 그러나 오늘날에 이르러서 **절충주의**는 내담자에게 맞추어서 효과를 기대할 수 있는 방법이라면 무엇이든 사용한다는 뜻으로 사용됩니다. 이러한 변화에서 우리는 누구에게나 일반화하여 사용하는 것이 아니라 내담자 개개인에 맞춘 개별적 기법을 선택해 가는 심리치료사의 자세를 엿볼 수 있습니다.

최근 들어서는 **통합적**(integrative)이라는 용어가 매우 인기가 있습니다. **통합적 심리치료**(integrative psychotherapy)라고 하는 학파가 있을 정도입니다. 전부는 아닐지라도 대부분의 심리치료사가 실제 치료 속에서 더욱 통합적이어야 한다고 느끼고 있습니다. 실제로 날마다 심리치료의 장에서 부딪히게 되는 문제를 어떻게든 해소하기 위해 대부분의 치료사는 두 개 이상의 방법을 연구하고 있습니다. 솔직히 말하자면, 내담자가 가지고 오는 문제가 과거보다 더 복잡해진 것인지 아니면 심리 요법 분야에서 기법이 발달했기 때문에 치료사가 내담자의 문제를 더 복잡한 부분까지 구분해 내게 된 것인지는 확실하지 않습니다. 다만, 어느 쪽이 됐든 숙련된 치료사가 되기 위해서는 다년간의 경험이 필요합니다. 이 숙련이란 말에는 내담자에게 무언가를 전할 때 적절한 내용, 말을 전하는 타이밍과 어떻게 전달해야 하는지를 배우는 것이 포함됩니다. 또한 어떤 말을 해서는 안 되는지를 아는 중요한 지혜도 포함됩니다. 경험과 함께 숙련된 지혜가 쌓이기 시작하면 치료사는 자신의 모든 치료적 접근에 다양한 기법을 받아들여 통합할 수 있게 됩니다.

나는 원래 정신분석과 정신역동적 정신 요법 분야의 치료사로 훈련을 받았습니다. 그리고 수십 년간 심리치료 일을 해 오면서 다양한 훈련이나 세미나에 참가하는 가운데 처음에 배웠던 것보다 훨씬 활발히 내담자와 교감하는 작업들을 하게 되었습니다. 그렇지만 나의 출발점인 정신분석에서 익혔던 진지하게 귀를 기울이는 자세만큼은 변함없이 일관되게 유지해 왔습니다.

EMDR을 공부하다 보니 EMDR은 그때까지 받아 왔던 훈련과 경험들이 뒤집혀 버릴 만큼 새로운 패러다임이었습니다. 그렇지만 EMDR의 순혈주의자가 되는 것은 나의 본성에 위배되는 것이었습니다. 물론 그 새로운 기법을 최고의 영역까지 익히고 싶다고는 생각했습니다. 그러나 사도라고 불릴지언정 EMDR로 여러 가지 실험을 하지 않고서는 견딜 수가 없었습니다. 왜냐하면 EMDR에는 궁리를 해 보면 도움이 될 것 같은 강력한 도구들이 마치 실험해 달라는 듯 간청하는 것 같았습니다. 양측성 자극을 개량하여 양측성 자극음(BioLateral Sound)과 지속적인 자극을 만들어 EMDR과 정신역동적 접근을 통합하였습니다. 내게 있어서 EMDR에서 나온 이러한 과정은 아주 오래전에 배웠던 정신분석적 접근에서 중심적인 역할을 하는 자유 연상의 다른 버전에 지나지 않았습니다. 신체 감각 심리치료(Somatic experiencing)를 체험하고 연구하기 시작했을 때도 통합할 재료가 또 늘어났습니다. 몸의 경험을 깊이 관찰하는 것만으로도 나에게 있어서는 새롭고 풍부한 영역이 넓어지는 것 같았습니다만, 나아가 몸에 있는 리소스를 이용하려는 발상은 마치 게임 룰 자체가 바뀌는 것 같았습니다. 이러한 지식과 경험을 전부 끌어모아 그 당시 내게 있어서 가능한 한 최고 수준의 통합이라 할 수 있는 '내추럴 플로우 EMDR'로 묶어 냈습니다. 그러한 자세로 일해 왔기에 브레인스포팅을 발견했을 때에는 이미 통합적 습관이 몸에 배어 있었다고 할 수 있습니다.

브레인스포팅을 개발함에 있어서는 처음부터 통합을 생각하고 다른 방법과 함께 사용하는 것을 전제로 하였습니다. 브레인스포팅은 열려 있고, 직감적이며, 숨 쉬는 모델로 설계되어 있습니다. 왜냐하면 브레인스포팅에서 치유하려고 하는 대상인 인간은 열려 있고 직감적인 존재이기 때문입니다. 제6장에서 소개한 브레인스포팅의 '이중 조율의 프레임'도 그 본질은 뇌에 기반한 신경학적 조율과 치료적 관계성의 조율의 통합입니다. 대니엘 시겔(Daniel Siegal)은 그의 독자적인 연구에서 이 조합을 대인관계 신경생물학(interpersonal neurobiology)이라고 하였습니다.

브레인스포팅의 1단계 교육에서 트레이너는 수강생들이 각자 일상적으로 사용하고 있는 방법을 버리지 말라고 합니다. 브레인스포팅을 각자 지금 사용하고 있는 방법과 통합해도 될 뿐만 아니라 오히려 그렇게 하도록 기대한다는 것을 알고 많은 수강생은 놀랍니다. 그러나 생각해 보십시오. 치료사들은 지금 사용하고 있는 방법으로는 치료할 수 없기 때문에 새로운 기법을 배우러 온 것이 아닙니다. 좋은 치료사라면 새로운 기법을 끊임없이 익혀야 한다는 것을 알고 있습니다. 우리가 익히 들어 왔던 옛말처럼 '알면 알수록 무엇을 모르는지를 안다'는 것입니다. 치료사라면 설령 80대 중반의 나이라 하더라도 현역으로 있는 한 결코 배움을 멈추어서는 안 됩니다. 인간의 시스템은 거의 무한하다고 할 수 있을 만큼 복잡하기 때문에, 단 한 가지 방법만으로 인간이 안고 있는 수많은 문제의 근본에 대응할 수 없습니다.

'치유에 텃세는 없다'고 선언합니다. 많은 치료법이 서로 서열을 매기거나 그것 하나만으로 치료가 되어야 한다고 주장하는 순혈주의에 빠지기도 했습니다. 연구에서는 엄밀함이 필요한 부분도 있습니다. 그렇지만 임상에서까지 그 엄밀함을 지나치게 요구하면 조율을 해칠 수도 있습니다. 치료사가 지나치게 치료법의 프로토콜이나 순서를 정확히 하는 데 마음을 쓰다 보면 내담자의 처리 과정에 세심하게 따라가기가 힘들어집니다. 심리 요법은 기법이며 과학입니다. 나는 브레인스포팅에서 이 이중주의를 수용하여 훈련 과정에서 가르칩니다. 브레인스포팅 수강생이 "기법을 자유롭게 할 수 있게 해 주서서 감사합니다."라는 말을 종종 합니다. 나는 "자유롭게 할 권리를 당신이라면 포기하겠습니까?"라고 대답합니다. 일반적으로 사람들은 심리치료사에 대해 현명하고 지식이 풍부하다고 여기기 십상입니다. 그러나 치료사들은 대부분의 사람이 생각하고 있는 것보다 훨씬 더 시행착오를 겪으며 흔들리기도 합니다. 사람은 각각 모두 다른 존재이며 치료사도 마찬가지입니다. 그러므로 심리치료 과정은 모두 다르며 세션도 매번 다릅니다. 언제 어디서든 달라지지 않는 것은 신중하게 귀를 기울여 주기를 바라는 내담자의 마음입니다.

▶▶▶

브레인스포팅을 다른 치료법과 통합하는 방법은 많이 있습니다. 제6장에서 소개한 바와 같이 브레인스포팅의 '이중 조율의 프레임'은 그 자체가 이미 본질로서 신경생물학적 조율과 관계성의 조율을 통합하고 있습니다. 심리치료사와 내담자 양쪽 모두 운이 좋다면 순수하게 이 '이중 조율의 프레임' 안에서 문제를 처리할 수 있게 되고, 그것만으로 해결될지도 모릅니다. 그러나 인간은 원래 매우 복잡하고 예측 불가능한 시스템이기 때문에 이렇게 해결되는 일은 거의 없습니다. 누군가 브레인스포팅 세션을 받기 위해 문을 두드렸을 때에는 수년까지는 아닐지 몰라도 적어도 이미 수개월은 고통을 받은 경우가 일반적입니다. 대부분의 문제는 복잡하게 뒤엉켜 있어서 그 기원이 어린 시절까지 거슬러 올라가는 경우가 많은데, 대부분 트라우마나 트라우마의 재경험이 관련되어 있습니다. 이러한 복잡한 문제는 뇌의 한 부분이 아니라 뇌 전체에 물든 것처럼 저장되어 있습니다.

문제나 뇌 그 자체가 그만큼 복잡하기 때문에 세션에서 내담자의 프로세스를 이해하고 효과적으로 개입하기 위해서는 브레인스포팅뿐만 아니라 그때까지 사용해 왔던 다양한 방법의 힘도 빌릴 수 있어야 합니다. 중요한 것은 내담자가 브레인스폿에 주의를 집중하고 있는 상태에서 다른 방법도 사용한다는 점입니다. 브레인스폿에 시선을 고정시키고 있는 상태가 문제의 틀을 유지하게 하고 내담자의 주의가 그 범위를 벗어나지 않게 합니다.

브레인스포팅 수강생들은 다양한 배경을 가지고 있으며 다양한 자세나 목적을 가지고 훈련을 받으러 옵니다. EMDR, 신체 감각 심리치료(Somatic Experiencing), 최면 등을 이미 배운 수강생도 많이 있습니다. 또 가족 요법, 융 학파의 분석심리학, 생체에너지 기법(Bioenergetics), NLP, 인지행동 요법과 같은 배경을 가지고 있는 사람도 많습니다. 치료사 한 사람 한 사람이 필요할 때 자신이 익숙하게 사용해 왔던 방법으로 브레인스폿에 개입합니다. 정신분석 훈련을 받고 있는 브레인스포팅 치료사라면 감정의 전이나 저항과 같은 해석을 사용할 수도 있습니다. 최면 요법을 사용해 온 치료사라면 암시를 사용하겠지요. 인지행동 요법 훈련을 받았다면 인지 재구성을 사용하고, 호흡법에 자신이 있다면 호흡을 이용한 연습을 함께할 수도 있습니다. 개입의 형태는 다양합니다만, 그 어느 것이든 브레인스폿에 시선을 고정시켜 확실한 틀을 유지하며 치료의 초점이 모아져 있기 때문에 큰 효과를 발휘하는 것이라 할 수 있습니다. 원래 자신의 치료법을 가지고 있는 치료사가 브레인스포팅을 익혀 내담자의 깊은 부분에까지 조율이 가능하다면 효과적인 개입을 할 수 있을 것입니다. 또한 생각했던 만큼 효과가 나타나지 않는다 할지라도 거기에서 한 걸음 물러나 그다음 무엇이 일어날지를 기다릴 수 있을 것입니다.

좋은 치료사는 어떤 치료라도 시행착오가 있다는 것을 알고 있습니다. 치료에서 무언가 지시를 하는 것은 그렇게 하면 어떻게 되는지 알고 있기 때문이 아닙니다. 어쩌면 도움이 될지도 모른다고 생각하기 때문이며, 지시를 한 후에는 한 걸음 물러서서 실제로 무엇이 일어나는지를 바라봅니다. 좋은 치료사는 지시가 정확하든 틀렸든 결과를 인정합니다. 이것이 모두 다 치료의 과정이기 때문입니다. 치료사가 주의 깊게 귀를 기울여 내담자를 믿어 준다면 내담자도 치료사가 실수를 했어도 대체로 용서해 줍니다. 치료사가 테라피 과정 중 자신의 실수에서 배움을 얻으면 그것을 보고 있는 내담자에게도 자극이 됩니다. 치료사도 실수할 수 있구나 하는 것을 알고, 자신이 실수했을 때 그것을 순순히 인정하고 실수를 고치려고 하는 치료사의 모습에서 내담자도 유연하게 자세를 바꾸는 방법을 배우게 됩니다.

치료사가 브레인스포팅 도중 다른 치료법을 사용하여 더 나아갈 때에는, 그 개입이 잘 이루어지면 곧 한 걸음 물러선 위치로 돌아오는 것이 목적입니다. 그중에는 통합적인 방법으로 순조롭게 진행이 되면 그것을 반복하여 사용하는 치료사도 있습니다. 그렇지만 그러한 치료사들은 내담자의 시선이 적절한 브레인스폿에 고정되어 문제의 틀이 잘 설정되면 나머지는 거의 자연스럽게 치유 과정이 진행되어 간다는 점을 깨닫고 있지 못합니다. 좋은 개입은 무언가에 의해 방해받고 있었던 프로세스가 다시 흐를 수 있게 해 줍니다. 프로세스가 흐르기 시작하기만 하면 자연스럽게 치유가 일어납니다. 뇌는 무엇을 해야 하는지를 원래 잘 알고 있으며 99%의 경우 치료사보다도 더 잘 알고 있다고 할 수 있을 것입니다. 브레인스포팅 치료사의 역할은 참여하도록 요청받은 1%의 시간에 무엇을 해야 하는지를 알고 있는 것입니다.

이제부터 소개할 이야기는 치유 과정을 완료하는 데 있어서 브레인스포팅과 함께 다른 방법도 사용하는 것이 매우 중요하다는 점을 잘 나타내 주고 있습니다. 웨스는 운전 공포증으로 괴로워하기 시작한 지 1년째 될 무렵 상담을 받으러 왔습니다. 1년 전에 한 달 새에 두 번이나 교통사고를 당했던 것입니다. 첫 번째보다 두 번째 사고가 심각했는데, 빨간 신호를 무시하고 달려온 차에 수직으로 부딪히고 말았습니다. 다행히 웨스 자신은 심한 부상은 당하지 않았습니다만 차는 완전히 망가졌습니다. 그 후 차를 렌트했는데 운전할 때마다 불안이 심해졌습니다. 웨스는 우선 사고를 당했던 교차로를 피하기 시작했습니다(회피는 잘 알려진 PTSD 증상입니다). 불안은 점점 강해지고 운전하는 빈도는 점차 줄어들었습니다. 고속도로 운전은 하지 않게 되고, 아내가 함께 있을 때에는 반드시 아내가 운전을 하였습니다. 이윽고 웨스는 전혀 운전을 하지 않게 되었습니다.

치료에서는 우선 표준적인 인사이드 윈도우 브레인스포팅을 사용하였습니다. 그리 심하지 않았던 첫 번째 사고의 기억부터 다루기 시작했더니, 처음부터 끝까지 처리 과정을 거쳐 해소되는 데까지 10분밖에 걸리지 않았습니다. 어른이 된 후 겪은 단발성 트라우마 사건의 기억은 뇌 안에서도 좁은 범위에 한정적으로 저장되어 있는 듯하여 그것을 처리하는 데도 대부분 그리 오랜 시간이 걸리지 않습니다. 한편, 어렸을 때 반복적으로 경험했던 트라우마의 기억은 뇌 안에서 훨씬 넓은 범위에 걸쳐 스며들듯 존재하는 경우가 많아서 그것을 해소하는 것도 어려워집니다.

두 번째 사고는 훨씬 더 까다로웠습니다. 웨스에게는 수직 방향으로 충돌한다고 알아차린 순간을 떠올려 보라고 했습니다. 오른쪽 시야 구석에서 조수석을 향해 달려드는 차를 봅니다. 괴로움의 강도를 나타내는 SUDS 수준이 9까지 뛰어오르면서 부딪혔을 때의 충격을 느꼈습니다. 일반적으로 트라우마 사건은 뇌에서 순서를 따라 기억되곤 합니다. 브레인스포팅에서는 마인드풀 상태에서의 처리가 이루어지는 동안에도 기억이 하나씩 하나씩 순서대로 처리되는 것 같습니다. 그렇기 때문에 브레인스포팅 훈련의 장에서는 내담자에게 무언가 안 좋은 일이 일어난다는 것을 알았던 최초의 순간을 떠올리게 하여, 거기에서 작업을 해 나가라고 가르칩니다.

웨스에게 있어서 두 번째 사고의 기억을 처리하는 과정은 첫 번째 처리와는 전혀 다른 경험이었습니다. 처리는 좀처럼 나아가지 못하고 지지부진하였고 괴로움도 강하게 활성화되었습니다. 몸에서는 머리와 목이 부딪혔을 때의 충격을 다시 확연하게 느낄 뿐만 아니라 가슴속 깊은 곳에서 불안감을 느끼기 시작했습니다. '리소스 모델'을 사용하여 몸이 확실히 느껴지고 편안한 '신체 리소스'를 느껴 보게 하고 '리소스 스폿'에 시선을 고정시켰지만 그것조차 기대했던 것만큼의 효과는 없었습니다.

그래서 브레인스포팅과 함께 최면 요법에서 가져온 감정다리(Affect Bridge)[1]라는 기법을 사용하기로 했습니다. 웨스를 가이드

---

1) 감정다리(Affect Bridge): 신경증적 증상의 기원을 명확히 하고 해결을 이끌어 내는 것을 목적으로 한 최면 기법으로, 바람직하지 않은 감정에 대해 내담자에게 생각하게 하고 그 감정을 경험했던 최초의 순간으로 돌아가도록 말을 건네는 것을 말한다.

하여 이 사고와 어딘가 관련되어 있을 듯한 옛날 사건이나 문제는 없었는지를 자문해 보도록 하였습니다. 그의 시선은 여전히 브레인스포팅 지시봉 끝을 뚫어질 듯이 응시하고 있었습니다. 그때 마음 안에서 한 가지 기억이 올라왔습니다. 웨스의 눈이 커지면서 눈물이 차올랐습니다. 다섯 살 때 가족끼리 교회를 가던 중에 교통사고를 당하였습니다. 운전하고 있었던 것은 아버지였고 웨스와 여동생은 뒷좌석에 있었습니다. 어머니는 조수석에 있었고 조수석 바로 뒤에 웨스가 앉아 있었습니다. 어떻게 되었을까요? 일가가 타고 있었던 차는 오른쪽에서 충돌을 당했습니다. 차는 심하게 부서지고 웨스와 어머니는 다쳐서 병원에 입원해야 했습니다. 다행히 둘 다 회복되긴 했지만, 어머니는 척추가 골절되어 한 달이나 입원해 있었습니다.

어린 시절의 이 기억은 놀라울 정도로 빠르게 처리할 수 있었습니다. 그것이 해소되자 1년 전의 두 번째 사고의 기억도 훨씬 간단히 해소되었습니다.

그 후로는 전만큼 강하게는 아니었으나 아직 다소 남아 있던 운전 공포증을 집중적으로 브레인스포팅을 사용하여 함께 처리하였습니다. 이윽고 SUDS도 0이 되었습니다. 그러나 이야기는 여기서 끝나지 않습니다.

몇 주가 지나고 웨스는 심리치료를 받으러 와서도 다시 운전을 시작했는지 어떤지를 나에게 말하지 않았습니다. 내가 물어보았더니 그는 회피하는 듯하더니만 결국 아직 시도하지 않았다는 것을 인정하였습니다. 사고 기억에 대한 처리도 완료되었고 운전 공포증도 사라졌을 텐데 무엇이 문제였을까요? 운전에 대한 예기 불안이 남아 있어서 그것이 웨스를 아직 방해하고 있었던 것입니다. 기억의 처리가 끝나고 치유 과정이 이루어진 상태인데도 아직 무언가가 그를 방해하고 있다는 것은 이상하게 생각될 수도 있습니다. 하지만 이러한 케이스는 처음이 아니었습니다. 예기 불안은 때로는 독립적으로 나타납니다. 모든 것이 해소되고 난 후 이 마음의 상태만은 계속되는 일이 있는 것입니다. 예기 불안은 경우에 따라서는 브레인스포팅의 힘조차 방해합니다.

나는 노출 요법을 함께 사용해야 할 때가 되었다는 것을 알 수 있었습니다. 나는 웨스에게 물었습니다.

"오늘은 여기까지 어떻게 오셨어요?"

웨스가 대답했습니다.

"아내가 데려다줬습니다."
"부인은 아직 차에서 기다리고 있는 건가요?"
"대기실에 있어요."

이야기 속에서 웨스는 내가 무슨 말을 하려 하는지 이해하였습니다. 내가 말을 했습니다.

"조금 떨어진 곳에 있는 한적한 골목까지 제가 운전해 가겠습니다. 거기에서 교대해서 제가 조수석에 앉을 테니까 함께 달려 봅시다."

웨스는 동의했고 우리는 바로 나갔습니다. 내가 운전을 해서 목적지에 도착하자 자리를 바꾸었습니다. 운전석에 앉은 웨스는 자신의 마음이 안정되어 있다는 것에 꽤나 놀랐습니다. 웨스가 실제로 운전석에 앉은 순간에 예기는 과거가 되고 불안도 함께 과거의 것이 되었습니다. 웨스는 시동을 걸고 문제없이 달리기 시작했습니다. 나를 보며 물었습니다.

"사무실까지 모셔다 드려도 될까요?"

안 될 이유가 없었습니다.

사무실에 돌아오고 나서 이 성공적인 운전과 연결된 브레인스 폿을 발견했습니다. 가슴에 느꼈던 불안 대신 자부심을 느꼈습니다. 아내를 조수석에 태운 웨스는 백미러로 멀어져 가는 운전 공포와 회피를 뒤로 한 채 집으로 돌아갔습니다.

웨스의 감정이 치유된 것은 어렸을 때의 사고의 기억과 얽힌 부분도 포함하여 훌륭했습니다. 그렇지만 브레인스포팅만으로는 웨스의 운전 공포증을 치유할 수 없었다는 것을 확실히 알 수 있었습니다. 일상 속에서 운전하는 상황에 실제로 노출시켜 보아야 했습니다. 웨스는 다른 모든 사람과 마찬가지로 복잡했습니다. 그리고 복잡한 문제를 심리치료에서 다루려고 할 때에는 치료법을 창의적으로 궁리해야만 합니다. 방법을 잘 알고 직감적으로 통합해 가지 않으면 안 되는 것입니다. 매우 효과적인 방법인 브레인스포팅 또한 예외는 아닙니다.

Brainspotting

8

Z축과 컨버전스 브레인스포팅
'세 가지 차원의 브레인스포팅'

Brainspotting

엘렌은 상사인 폴과 관계가 안 좋았습니다. 정확히 말하자면, 폴은 엘렌의 상사는 아니었습니다. 폴은 8년 전에 함께 파티 용품 사업을 시작한 동업자였으나 시간이 흐르고 사업이 성공 궤도에 오르자 그가 사업을 빼앗기 시작했습니다. 엘렌과 폴은 누가 더할 것 없이 똑같이 열심히 일했습니다. 그러나 사업용 서류상으로 폴의 이름을 대표자로 표기하는 것에 대해 엘렌은 반대하지 않았습니다. "걱정하지 않아도 돼. 내가 도울게. 우리는 동업자잖아."라고 폴이 말했지만 엘렌이 성과 보수를 요구할 때마다 "이익은 모두 회사로 가니까."라며 변명을 해 댔습니다. 엘렌은 간단히 속아 넘어갔고, 자기주장을 할 수 없었습니다. 또한 자신이 보수를 받을 만한 가치가 없는 것처럼 느끼는 경우도 있다고 내게 말했습니다. 그것은 엘렌의 오빠가 부모님의 편애를 받았던 학대적인 가족 관계에 그 원인이 있었습니다. "나는 신데렐라 같았어요. 엄마 아빠에게 뭔가 조르면 이기적이라든가 욕심이 많다는 말을 계속해서 들었기 때문에 그것을 믿어 버렸던 것 같아요."라고 엘렌은 말했습니다.

왜곡된 생각은 뿌리가 깊어서 브레인스포팅을 사용한다고 해도 간단히 달라지는 것은 아닙니다. 왜곡된 생각의 원인을 찾아내어 그것을 해방시키기까지 시간이 걸리기 때문입니다. 엘렌과의 세션에서는 브레인스포팅의 여러 가지 기법을 써 봤습니다만,

그 어느 것도 두드러진 변화로 이어지지는 않았습니다. 인사이드 윈도우, 아웃사이드 윈도우, 게이즈스포팅, 원-아이 브레인스포팅의 조합, 또한 리소스를 사용한 방법으로도 변화는 일어나지 않았습니다. 그래서 나는 배운 지 얼마 안 된 시각 컨버전스(visual convergence) 요법을 시험해 보기로 하였습니다.

엘렌에게 활성화가 일어나는 눈의 위치는 오른쪽이었는데 눈높이보다 조금 위쪽이었습니다. 이 새로운 방법을 사용하기 위해서는 엘렌이 눈 위치를 가까이서 볼 수 있어야 했습니다. 나는 그녀에게 지시봉을 건네어 눈에서 30㎝ 정도 떨어진 그 스폿에 지시봉 끝을 맞추게 하였습니다. 그리고 그 지시봉 끝을 지나서 그 방의 가장 끝 지점을 보도록 하였습니다. 그러자 엘렌은 지시봉의 맨 뒤쪽에 있는 멀리 있는 벽의 한 지점을 응시하였습니다. 그리고 1분 동안 5초 간격으로 눈앞의 지시봉과 벽의 지점을 번갈아 왔다 갔다 하도록 하였습니다.

그 후 엘렌은 "뭔가 이상하지만 앞뒤를 왔다 갔다 하는 동안에 불안이 전부 흘러가 버린 느낌이에요. 지금 가슴 부위는 아까보다 훨씬 편해요."라고 말했습니다. 그녀에게 잠시 더 계속해 보게 하였고, 이 컨버전스 요법을 사용한 20분간에 걸친 처리로 엘렌은 지난 3개월간 진행했던 브레인스포팅 세션보다도 더 많은 것을 얻을 수 있었던 것입니다. 시점을 앞뒤로, 혹은 근거리 원거리로 옮겨 보는 이 새로운 방법을 두 세션에 걸쳐 진행하자 엘렌은 깊이 치유되어 자신을 무가치하게 느끼는 생각에서 벗어날 수 있었습니다. 그리고 폴의 감언이설이나 뜬금없는 분노 폭발에 대충 넘어가지 않고 맞설 수 있게 되었습니다.

브레인스폿에 컨버전스를 적용했을 때의 엘렌의 반응에 나는 놀라움을 느꼈습니다. 그 이후 시행착오를 통해 어떤 것에도 반응하지 않는 5~10%의 내담자들이 이처럼 앞뒤로 왔다 갔다 하는 방법에 반응한다는 것을 알게 되었습니다. 엘렌에게 그랬던 것처럼 이러한 내담자들에게 이 방법은 마치 신의 축복과 같은 것이었으며, 나에게도 그러하였습니다. 다른 방법들과 마찬가지로 브레인스포팅과 시각 컨버전스 요법을 어떻게 조합하여 사용할지는 시행착오 끝에 얻은 산물이었던 것입니다.

▶▶▶

그러면 내가 컨버전스 요법을 발견한 경위를 소개해 드리도록 하겠습니다.

2006년 피츠버그에서 브레인스포팅 교육을 실시하고 있었을 때였습니다. 마지막 날 교육생 중 한 명이 "이거 읽어 보시면 좋을 거예요. 흥미를 가지실 만한 거 같아요."라며 나에게 어떤 학술 논문을 건네주었습니다. 그 논문은 메릴 보완(Merrill Bowan)이라는 신경검안의가 쓴 「미주신경을 활용한 시각 컨버전스 요법: 협심통과 관련된 문제에 대한 새로운 완화법(Visual convergence therapy as a vagal maneuver: An unexpected palliative for angina pain and related issues)」이라는 미출판 원고였습니다.

논문에는 **외안근(extraocular muscle)**[1], **안구심장반사(oculocardiac**

---

1) 외안근(extraocular muscle): 안구에 부착하는 직근과 2개의 사근 및 상안검에 부착하는 상안검거근을 말한다. 상·하 내직근, 하사근, 상안검거근은 동안신경, 외직근은 외전신경, 상사근은 활차신경이 지배한다.

reflex)[2] 그리고 시각 컨버전스 요법(visual convergence therapy) 등 내가 알지 못하는 전문 용어가 많이 포함되어 있었습니다. 외안근 (extraocular muscles: EOMs)은 안구를 지탱하고 있는 6개의 근육을 말하는데, 인간이 두 개의 눈으로 사물을 보기 위해 이 근육은 항상 협력하여 기능하며 양쪽 눈을 각각 따로 조정하여 시각 초점을 유지합니다. 이것은 매우 중요하며 복잡하고 섬세한 기능입니다. 사물을 선명하게 보는 것뿐만 아니라 생존 능력 또한 안구 주변의 이 12개의 근육에 달려 있는 것입니다. 그러므로 이들 근육에는 많은 신경 종말이 있으며 안구심장반사(OCR)를 일으키는 원천이 됩니다. 안구심장반사는 원시적이지만 매우 강력하며 즉각적인 부교감신경계, 혹은 몸을 안정시키는 반사입니다. 안구에 압력을 가하거나 혹은 시점을 집중 또는 넓힘으로써 이 반사는 일어나게 됩니다. 가까운 사물을 볼 때 시점이 집중되고, 먼 곳을 볼 때 시점이 넓어지게 됩니다. 따라서 의도적으로 앞뒤로 또는 멀리나 가까이 보면 의도적으로 안구심장반사를 활성화시킬 수 있습니다. 브레인스폿에서 앞뒤로 혹은 가까이 멀리 보게 하는 것을 반복함으로써 엘렌은 큰 효과를 얻을 수 있었던 것입니다.

보완의 도전적인 논문으로 돌아가서 조금 더 설명을 해 보도록 하겠습니다. 안구심장반사를 이용하는 이 방법을 그는 '미주신경

---

2) 안구심장반사(oculocardiac reflex): 눈알을 누르거나 눈 밖 근육을 당기는 것과 연관되는 맥박의 감소. 특히 어린이들에게서 민감하게 나타나며, 비수축 심장 정지를 야기할 수 있다. 안구에 분포하는 구심성 감각신경인 삼차신경의 안분지는 부교감신경인 미주신경의 핵에 연접을 해서 반사궁을 이룬다. 따라서 안구를 압박하면 부교감신경이 항진되고 이에 따라 심혈관계의 여러 현상, 즉 심장 박동이 느려지거나 일시적으로 멈추는 현상이 생길 수 있다.

을 활용한 방법'이라 부르고 있습니다. 안구심장반사는 뇌에서 직접 심장과 복부에 연결되어 있는 미주신경에 영향을 준다는 것을 뜻하고 있습니다. 미주신경은 활동하며 바로 신호를 보내어 심장과 몸을 안정시킵니다. 그에 따르면 이것은 협심통뿐만 아니라 강한 불안도 안정시킬 수 있다고 합니다.

신경검안법 분야의 선구자인 보완은 논문 안에서 한 사례를 소개하고 있습니다. 그 사례의 여성은 보완의 시각 컨버전스 요법[간단히, 컨버전스 요법(convergence therapy or CT)라고 하기도 합니다]을 받고 공황장애가 크게 경감되었습니다. 그는 그녀에게 얼굴에서 30㎝ 정도 거리에 손가락을 세우게 하고 2분간 그 손가락과 멀리 있는 벽을 2초마다 왔다 갔다 하며 바라보게 하였습니다. 그 사례의 여성은 치료 종료 후 1년이 지나도 공황 발작이 일어나지 않았다고 논문은 보고하고 있었습니다.

심리치료사가 아닌 사람이 감정적 문제를 효과적으로 치료한 사실은 심리적 문제가 몸과 뇌의 깊은 부분에 숨어 있다는 것을 다시금 느끼게 해 주었습니다. 보완은 미주신경에 접근하여 심장과 몸을 안정시킨다는 원시적 반사를 이용함으로써 공황장애를 치료하였습니다. 거기에는 대화도 심리분석도 인지적 개입도 없었지만, 결과만큼은 확실했던 것입니다.

▶▶▶

엘렌에 대해서는 활성화가 강한 스폿에 컨버전스 요법을 더해 사용하였습니다. 다시 한번 확인하지만, 그녀의 브레인스포팅에서 심리학적 요소는 전혀 포함되어 있지 않습니다. 폴의 언동을 떠

올렸을 때의 몸의 감각, 그것이 느껴지는 눈의 위치뿐입니다. 브레인스포팅과 시각 컨버전스 요법을 함께 사용하여, 한 개의 반사(안구심장반사)를 활용함으로써 다른 반사(가슴 조임)를 안정(해방)시켰습니다. 이것은 단순히 몸과 몸의 처리에서뿐만 아니라 폴에 대한 엘렌의 몸의 반응을 해방시킴으로써 그녀의 왜곡된 생각이 사라진 것입니다. 그래서 나는 세션이 순조롭지 못한 다른 내담자들에게도 똑같이 적용할 수 있지 않을까 생각하게 되었습니다.

그래서 컨버전스 브레인스포팅이라고 부르는 이 새로운 모델을 내담자들에게 실험해 보기로 하였습니다. 결과는 처리가 가속화되고 내담자들에게 변화와 안심을 가져다주는 경우도 있는가 하면, 별로 변화가 일어나지 않는 경우도 있었습니다. 그래서 이 새로운 방법, 혹은 이 방법과의 조합을 계속해서 실험해 갈 필요가 있었습니다.

▶▶▶

시각 컨버전스 요법은 내가 놓치고 있던 명백한 것을 알아차리게 해 주었습니다. 시야는 3차원(3D)이라는 것입니다. 시각 컨버전스 요법을 엘렌에게 사용할 때까지 나는 시야를 평면(2D)으로 생각하여 시야의 X축과 Y축밖에 사용하지 않고 있었습니다. 인사이드 윈도우 브레인스포팅은 왼쪽과 오른쪽의 X축에서 시작되었습니다. 그리고 내담자의 제안에 따라 위아래로 Y축도 사용하는 2차원으로 확장되었습니다. 컨버전스 요법은 3D의 가능성에 대해 생각하게 했고, 이 가깝고 먼 원근감의 차원은 브레인스포팅을 할 때 시야 전체를 탐험할 수 있게 길을 열어 주었습니다. 뉴욕 대학교의 동료이며 수학 전공자인 마사 재코비(Martha Jacobi)는 이 원근감이라는 깊이의 차원에 대해 Z축이라는 용어를 추천해 주었습니다.

또한 그 즈음에 콜로라도에 있는 동료인 로저 레이놀즈(Roger Reynolds)로부터 깊이감을 활용한 브레인스포팅을 사용하여 자동차 사고 후유증을 앓고 있는 내담자를 대상으로 훌륭한 성과를 올렸다는 이야기를 들었습니다. 이런 일들로 해서 나는 시점을 천천히 Z축을 따라 움직이면 되는 것이 아닐까 하고 생각하기 시작했습니다. 또한 브레인스포팅상의 다른 거리, 즉 더 가깝거나 멀어지는 깊이감은 내담자에게 어떤 식으로든 도움이 되지 않을까 하는 생각을 하기 시작했습니다.

그리고 다시 실험을 하였고, 그렇게 해서 알게 된 것에 나는 매우 놀랐습니다. 브레인스포팅에서 가까이를 보는 것과 멀리 보는 것 사이에는 거의 항상 차이가 있었습니다. 대부분의 내담자에게서 그 차이는 현저하게 나타났습니다. 그 자리에서 더 먼 곳을 보면 SUDS가 대개 내려가는데, 10~25%의 내담자들은 가까운 곳을 보는 것이 안정이 되고, 먼 곳을 보면 활성화 정도가 강해졌습니다.

멀리 있는 대상이나 장소를 바라보면 보다 안전하게 느낀다는 것은 이치에 맞습니다. 동물의 세계에서는 포식자가 가까이에 있으면 위협을 느끼고 멀리 있으면 안전하게 느낍니다. 야생 동물 프로그램에서 사자가 수백 미터 떨어져 있는 가운데에도 가젤이 풀을 먹고 있는 장면을 본 적이 있나요? 가젤이 자신의 포식자의 모습도 냄새도 알고 있는 가운데 전혀 도망가려 하지 않는 것은 우리에게는 기묘하게 느껴지면서 가젤에게 "목숨을 건지려면 도망쳐!

빨리!"라고 말하고 싶어집니다. 우리는 가젤과 마찬가지로 동물적 유산인 '싸움-도주 반응'이라는 반사를 가지고 있습니다. 가젤은 위험한 거리가 아니라는 것을 알고 있고, 그러나 조심스럽게 사자를 관찰하고 있는 것입니다. 사자가 몰래 거리를 좁히면 가젤은 그것을 알아차리고 걷기 시작하거나, 필요하다면 뛰면서 거리를 두는 것입니다.

다루고 있는 문제에서 활성화가 높아져 있는 내담자에게 지시봉을 가까이 가져가면 불안이 높아지는 경향이 있고 동시에 SUDS도 올라갑니다. 보고 있는 대상이 단지 치료사의 손에 쥐어진 지시봉이라는 것을 머리로는 알고 있지만 위협적으로 느끼는 것입니다. 이 반응은 본능적인 힘이 작용하고 있다는 것을 강력히 시사하고 있습니다. 또한 이것은 심리학적 현상은 언제나 생리학적으로 일어난다는 나의 신념을 더욱 확고하게 합니다. 거리가 가까울수록 동물에서 일어나는 것과 비슷한 위협 반응이 인간에게도 일어나는 것입니다. 그것이 인간에게서는 종종 불안으로 체험되는 '싸움, 도주 혹은 얼어붙음' 반응입니다.

그렇다면 왜 소수이긴 하지만 가까이에서 지시봉을 보면 안정이 되고 멀리 보면 더 위험을 느끼는 내담자가 있는 것일까요? 이치에 맞지 않다는 생각이 들기도 해서 이에 대해 한동안 생각해 보았습니다. 그리고 어느 내담자로부터 힌트를 얻었습니다.

스테이시가 아기였을 때부터 그녀의 엄마는 암 투병 중이었습니다. 그녀의 엄마는 입원과 퇴원을 반복하다가 스테이시가 여섯 살 때 이 세상을 떠났습니다. 스테이시가 심리치료실을 찾은 것은 40대 초반 즈음이었는데, 엄마가 구급차에 실려 갔던 일을 생생히 기억하고 있었습니다. 또한 입원실에 들어갈 수 없어 병실 문 앞에 선 채로 너무나 엄마 곁에 있고 싶어 하는 장면도 많이 기억하고 있었습니다.

그런 스테이시는 브레인스포팅 세션에서 지시봉을 가까이에서 바라보는 편이 편하게 느껴졌습니다. 그리고 지시봉 끝의 멀리 있는 벽을 보면 불안 정도가 높아졌습니다. 어느 날 시점을 가까이에서 멀리로 이동해 보게 하자 그녀는 무의식중에 팔과 손을 뻗었습니다. 이것에 대해 나중에 물어보았더니 그녀는 "엄마가 멀리 있는 것처럼 느껴졌어요."라고 했습니다.

이 경험에서 '애착에 문제가 있는 사람은 가까운 곳을 보면 더 편안하고 먼 곳을 보면 괴로운 것이 아닐까?' 하고 생각하게 되었습니다. 애착 문제는 유소년기에 반복된 상실이나 주 양육자(대개 부모)와의 관계가 불안정했을 경우 일어납니다. 시점의 원근에 관한 나의 생각이 옳다면, 이것은 생리적이라기보다 심리적 현상을 반영하는 것일 겁니다.

▶▶▶

빠른 속도의 앞뒤 컨버전스에 더하여 나는 더 천천히 Z축에 접근하는 방식을 개발하였습니다. 한쪽 눈만 사용하는 브레인스포팅에서는 왼쪽 눈과 오른쪽 눈의 활성화 정도의 차이를 이용하였습니다. 이것을 '차이에 따른 분리(splitting the difference)'라고 부르려고 합니다만, 좌우 눈의 활성화에 차이가 있는 것처럼 Z축을 따라서도 가깝고 먼 거리에서 일어나는 활성화 정도의 차이를 나눌 수 있다는 것을 알았습니다.

그리고 그중에는 이 거리상의 접근을 더 섬세하게 사용하면 보다 빠르고 효과적으로 처리할 수 있는 내담자도 있다는 것을 알았습니다. 우선은 기본적인 단계로, 인사이드 윈도우 브레인스폿을 찾아냅니다. 물론 아웃사이드 윈도우 브레인스포팅에서도 Z축의 접근을 활용할 수 있습니다. 이어서 지시봉 끝을 보게 하고 그 시점에서 활성화 정도를 나타내는 SUDS를 물어보았습니다. 그 후 지시봉 끝의 그 방에서 가장 먼(대개 방의 벽) 곳을 보게 합니다. 벽이 아니더라도, 아래쪽이나 위쪽을 보고 있는 것 같으면 바닥이나 천장도 상관없습니다. 그리고 그 스폿을 보면서 SUDS를 확인합니다. 대체로 가까운 곳을 보는 것과 먼 곳을 보는 것은 SUDS 수치가 달라졌습니다(예를 들면, 가까운 곳은 8, 먼 곳은 5). 때로는 이 차이가 작았고, 또 어떨 때는 차이가 의미 있었습니다. 앞에 기술한 바와 같이 SUDS는 대체적으로 가까운 곳이 높았고 먼 곳이 낮았습니다.

SUDS를 확인한 후 내담자에게 SUDS가 낮은 스폿을 10분 정도 바라보게 하였습니다. 그리고 SUDS 수치가 높은 스폿으로 시점을 옮기게 하여 SUDS를 다시 확인하였습니다. 처음에 확인했던 SUDS 수치에서 변화가 있는지를 확인하기 위해서입니다. 멀리 있는 스폿에서 처리를 하면 가까운 쪽 스폿의 SUDS가 낮아지고, 그 반대도 마찬가지라는 것을 일관되게 확인할 수 있었습니다. 10분 후 시점을 바꾸게 하여 다시 SUDS를 확인하였습니다. 이렇게 Z축상에서 거리를 반복적으로 바꿈으로써 처리가 빨라진다는 것은 매우 놀라운 일이었습니다.

일반적으로, 우리가 보는 위치와 보는 방법에 변화를 주면 뇌의 상태가 달라지면서 치유 과정이 촉진되는 것을 관찰할 수 있었습니다. 여기에는 일시적으로 눈을 감는 것이나 뜨는 것도 포함됩니다. Z축상의 작업에서는 각각의 위치에서 처리하는 시간을 점차 줄여 가고 가까운 스폿과 먼 스폿을 오가는 작업을 빠르게 진행시키기도 합니다. 가까운 스폿과 먼 스폿에서 각각 10분에서 시작하여 7분, 5분, 3분 그리고 마지막에는 1분씩으로 줄여 가는 형태입니다. 이것은 처리에 움직임을 부여하고 가속화시키는 경향이 있습니다. 뇌가 더 활성화될수록 보다 많은 정보를 광대한 신경 회로로 보내어 변화와 치유를 촉진시키는 것입니다.

결국 Z축의 접근에서는 원래의 시각 컨버전스 요법과 같은 속도, 즉 시점을 가까운 곳과 먼 곳을 5초씩 왔다 갔다 하는 방식에 이르게 되었습니다. 이것이 안구심장반사를 기능하게 하는 것입니다. 그렇게 해서 나는 Z축의 접근과 시각 컨버전스 요법 둘 다 매우 귀중한 도구임을 알게 되었습니다. 브레인스포팅에서 어떤 내담자들에게는 이 둘의 조합이 처리 과정의 성공과 실패를 가늠하기도 합니다. 또 다른 내담자들에는 이미 잘 진행되고 있는 처리 과정을 더욱 촉진시키기도 합니다.

Brainspotting

9

브레인스포팅의 신경생물학

'모두 뇌에서 일어나는 일이다'

Brainspotting

심리치료사로서의 훈련은 1970년대 예시바(Yeshiva) 대학 사회복지학부에서 시작되었고, 1980년대 초 정신분석연구회에서 정신분석가로 훈련을 받으며 깊어져 갔습니다. 그때는 강사도 치료사도 항상 마음에 대해 이야기를 하였지, 뇌에 대해서는 전혀 말하지 않았습니다. 나는 종종 "마음이 어디에 있을까?"라고 생각했고, 그것에 대한 나의 직관적 대답은 "그건 뇌 속에 있을 것이다."였습니다.

그리고 1990년대, 뇌에 대한 시절이 도래하였습니다. 이 10년간 과학자들이 배운 것은 뇌를 이해하는 방법과 우리가 생각하고 느끼고 행동하는 모든 것에 뇌가 영향을 미치는 방식에 대해 혁신적인 변화를 가져왔습니다. 그러나 불행하게도, 이 혁신적인 변화는 심리치료의 임상의 장까지는 침투하지 못하였습니다. 정신 건강 분야의 많은 부분이 여전히 치유 과정을 촉진하는 신경생물학적 과정에는 주의를 기울이지 않았고 대화치료만을 고수하고 있었던 것입니다.

내가 1993년에 배웠던 EMDR은 치료를 하는 데 안구 운동, 척도 측정 그리고 특히 신체의 정위 반응과 같은 보다 많은 기술적 방법을 할 수 있도록 해 주었습니다. 이 책에서 뇌에 대해 이야기할 때, 나는 또한 뇌와 신체가 포괄적인 신경계에서 하나의 통합된 단위임을 언급하고 있습니다. 나는 마음-몸 연결을 믿지 않습니다. 왜냐하면 애초에 마음-몸 분리 자체를 생각하지 않기 때문입니다. 앞서 말했듯이, 뇌에 있는 것은 몸에 있고 몸에 있는 것은 뇌에 있습니다.

정신 건강 분야에서 몸에 주목하기 시작한 것은 100년 전 피에르 자네(Pierre Janet)에 의해서였습니다. 그 후, 1920년대와 1930년대에 걸쳐서 빌헬름 라이히(Wilhelm Reich)에 의해 부각되었습니다. 최근 수십 년 동안 신체 감각 심리치료(somatic experiencing)와 감각 운동 심리치료(sensorimotor psychotherapy)[1]와 같은 치료적 접근법이 나오게 된 것은 라이히의 공적이 있었기에 가능했던 것입니다. 그럼에도 불구하고, 많은 치료사는 여전히 내담자의 신체 감각에 대해 치료의 대상으로 다루지 않고 있는 것이 사실입니다. 외상학(Traumatology) 분야에서는 이미 몸과 뇌에 밀접하게 연관된 질환인 트라우마와 해리가 우리 삶의 거의 모든 부분에 지대한 영향을 미친다는 것에 대해 강조하고 있다는 사실에도 불구하고, 많은 치료사는 그러한 증상들이 내담자들의 문제에 깊이 연관되어 있다는 것을 간과하고 있는 경우가 너무나 많습니다. 치료 방정식에서 뇌와 몸을 제외해 버린다면, 치료사는 전체 그림에서 오직 작고 조각난 부분만 볼 수 있을 뿐입니다. 그렇게 되면 치료는 길어지고 빗나가게 되며 너무나 자주 비생산적이게 됩니다. 그리고 그런 내담자들은 '반응이 적은 사람'이나 '반응이 없는 사람'으

---

1) 감각 운동 심리치료(sensorimotor psychotherapy): 하코미 테라피스트였던 팻 오젠(Pat odgen)이 설립하였다. 론 커츠(Ron Kurtz, 1990)가 개발한 몸 중심의 심리치료법인 하코미에서 기술적인 토대를 많이 가져왔고, 거기에 더해 정신역동 심리치료와 인지행동치료, 신경과학, 애착 및 분리 이론이 포함된 신체적 중재를 활용하는 심리치료이다. 국내에는 『트라우마와 몸』이라는 책으로 소개되었다.

로 간주되기도 합니다. 그렇기 때문에 치료를 하고 원하는 결과가 나오지 않는 것이 치료 자체가 불충분했기 때문이라고는 좀처럼 생각하지 않는 것입니다.

브레인스포팅은 뇌와 신체를 다시 치료 방정식으로 가져옵니다. 브레인스포팅은 언어로써는 결코 도달할 수 없고 이해되지 않는 뇌의 부분에 접근하는데, 이것이 전통적인 대화 요법과 차별되는 요소입니다. 브레인스포팅을 하는 도중에는 뇌에서 정확히 무슨 일이 일어나는 걸까요? 우리가 결정적인 연구를 할 때까지 내 대답은 추측에 불과합니다.

그러나 의사 출신인 노먼 도이지(Norman Doidge)가 저술한 저서인 『기적을 부르는 뇌 (The Brain Changes Itself)』에서는 새로운 신경 연결을 형성함으로써 변화하는 뇌의 능력인 신경 가소성에 대해 자세히 설명합니다. 이전에는 성인기가 되면 인간의 두뇌가 고정되어 변화할 수 없는 것으로 생각되었으나, 도이지는 불과 몇 년 전에는 불가능하다고 생각했던 사람들의 뇌가 변한 많은 사례를 소개하고 있습니다. 또한 이제는 평생에 걸쳐 뇌에서는 새로운 세포를 성장시키는 신경 생성(neurogenesis)을 한다는 것을 알게 되었습니다. 심각한 외상의 생존자들은 정보를 형성하고 조직 및 저장하는 데 관여하는 뇌의 부분인 해마가 위축되는 것으로 나타났지만, 효과적인 치료적 중재는 외상 생존자에서 해마의 신경 생성을 촉진하는 것입니다.

나는 천여 명의 내담자와 함께 10년 동안 브레인스포팅을 사용해 왔으며, 6천 명의 다른 브레인스포팅 치료사가 동일하게 성공해 내는 걸 보면서, 이전에는 불가능하다고 생각했던 변화를 달성하였습니다. 브레인스포팅에서 관찰한 결과는 그것이 뇌의 신경 가소성에 영향을 미쳐서 뇌를 변화시키고 새로운 뇌세포의 성장 인 신경 생성에도 기여한다는 것을 확신시켜 줍니다.

▶▶▶

시야는, 그 순간 뇌 안에서 일어나고 있는 것이 신체 감각으로 나타나는 진행 과정을 반영하는 것이라는 것이 나의 가설입니다. 따라서 나는 시야를 활용함으로써 신경상의 처리에 접근할 수 있 으며 또한 그것에 영향을 줄 수 있다고 생각합니다. 누군가의 시야 에 있는 브레인스폿들을 찾아내면 뇌의 거대한 스캐닝 메커니즘 이 자동으로 작동하여 뇌를 치유하기 위해 사용됩니다.

과학자들은 모든 인간의 뇌에 약 1,000억 개의 뉴런이 포함되어 있다는 것을 알고 있습니다. 이 뇌세포는 100조에서 최대 1조 개 의 시냅스 연결을 포함하는 100,000마일(약 16만km)의 축색 돌기 를 통해 연결됩니다. 이 숫자들을 별의 수와 비교해 보자면, 은하 수는 겨우 1억에서 4억 개의 별로 이루어져 있을 따름입니다. 이 천문학적 숫자는 뇌의 광대하고 무한함과 복잡성을 증명합니다.

우리는 왜 그렇게 불가능해 보이기까지 하는 강력한 시스템을 가지고 있을까요? 내 생각에 뇌는 그 자신을 포함하여 몸을 세포 수준에서 분자 수준까지 관찰할 수 있는 능력을 가지고 있기 때문 입니다. 이 자체 스캔 시스템은 몸의 문제를 식별하고 해결하는 면 역 체계와 관련이 있습니다. 마찬가지로, 뇌도 신체 시스템의 이 상을 관찰하고 교정합니다. 뇌는 또한 신경 및 시냅스 수준까지 도 스스로를 관찰한다고 생각합니다. 소크라테스는 "너 자신을 알라."라고 했습니다만, 이는 뇌의 자기성찰의 궁극적 표현일 것입니다. 뇌와 몸이 스스로를 관찰하고 치유하는 능력은 우리가 내외 환경에 적응하고 살아남을 수 있도록 해 주기 때문에 실존적이라 보입니다.

이 그럴듯한 생각을 좀 더 간단하게 설명해 보겠습니다. 뭔가 중요한 문제로 고민하고 있을 때 활성화되는데, 이 활성화는 뇌에 있으며 이 활성화와 매치되는 눈의 위치가 시야에 있습니다. 그리고 몸 어느 부분에 활성화를 느끼는지를 찾음으로써 이 활성화가 일어나고 있는 뇌의 장소를 특정하여 집중할 수 있게 되는 것입니다. 앞 장에서는 브레인스포팅 세션이 어떻게 진행되는지, 즉 내가 내담자들에게 무엇을 요청하는지, 그들이 어떻게 반응하는지에 대한 실례를 소개하였습니다. 다음 사례에서는 브레인스포팅 세션이 이루어지고 있는 동안 뇌의 내부에서 무엇이 일어나고 있는지에 대한 나의 생각을 소개할까 합니다.

도널드는 거의 죽을 뻔했던 자동차 사고로 외상을 입은 것에 대해 치료를 받기 위해 나를 찾아왔습니다. 그는 매일 플래시백과 악몽에 시달리고 있었고 운전할 때마다 또 다른 사고가 일어날 것 같다고 했습니다. 나는 그에게 내면으로 들어가서 사고와 관련한 순간을 떠올려 보라고 하며 스스로 활성화해 보도록 요청하였습니다. 도널드는 충격의 순간에 보고 듣고 느끼는 것에 대해 보고했습니다. 그리고 나는 지시봉을 그의 시야에서 움직이며 그에게 지시봉 끝을 보며 가장 강한 느낌이 느껴지는 곳을 알려 달라고 요청했습니다. 지시봉이 그의 시야 맨 왼쪽 끝에 있는 지점에 도달했을 때, 도널드는 "바로 거기예요!"라고 말했습니다.

그의 눈이 맨 왼쪽을 가리키는 지시봉을 따라가 그가 '가장 느낌이 오는' 지점을 발견했을 때, 도널드의 뇌에서 실제로 무슨 일이 있었을까요? 나는 도널드에게 사고와 관련하여 '자신을 활성화'하라고 요청했을 때 그의 뇌가 직관적으로 사고의 외상이 저장된 뉴런과 신경 연결을 찾았다고 생각합니다. 마음속에 있는 기억을 떠올리며 경험적으로 사고를 되살리자 뇌의 여러 부위가 활성화되었습니다. 동시에 사고 기억과 관련이 없는 도널드의 뇌 영역은 활성화되지 않았습니다. 연구원들은 뇌 스캔에서 이러한 반응들을 관찰했는데, 다른 부분들이 조용해짐에 비해 뇌의 일부가 '밝아지는 것(혈류 증가를 반영함)'을 확인했습니다. 도널드의 시야에서 발견된 특정 지점이 활성화된 도널드의 뇌 지점과 부합된다고 생각합니다. 다시 말해, 도널드가 시야를 스캔했을 때 뇌는 동시에 활성화 영역을 스스로 스캔하기 시작했습니다.

뇌는 그 뛰어난 구조와 기능을 가지고서 닥쳐오는 문제들을 스스로 해결합니다. 뇌가 문제를 충분히 해결할 수 없을 때 불안이나 플래시백과 같은 '심리적 증상'이라고 부르는 것이 나타납니다. 이는 뇌 안에 있는 문제의 장소를 뇌가 찾아내지 못하는 경우 또는 문제가 있는 건 알고 있지만 푸는 방법을 모르는 경우입니다. 이러한 해결할 수 없는 문제들은 종종 트라우마에 의한 것인 경우가 많습니다.

도널드의 시선이 브레인스폿에 머무는 동안 나는 그에게 판단하지 말고 차근차근 내면에서 일어나는 모든 일을 관찰하도록 안내했습니다. 도널드는 주기적으로 자신의 내부에서 일어나는 일을 알려 주었으며, 그가 알려 주지 않고 있으면 무슨 일이 일어나고 있는지 말해 달라고 요청했습니다. 때때로 자동차 사고가 머릿속에서 재생되기도 했고, 때로는 다른 경험이 튀어나오기도 했습니다. 그중 일부는 사고와 관련이 있는 것 같았고 또 일부는 그렇지 않아 보이기도 했습니다. 또한 도널드는 때때로 가혹한 이미지가 보이거나 소리가 들리기도 하였고 또 어떤 경우에는 대부분 몸의 감각만을 느끼기도 했습니다. 그리고 어떤 때에는 마음이 텅 빈 것 같았고 또 어떤 때에는 일상적으로 해야 할 일들이 떠오르기도 했습니다. 중요한 것은 그러한 내용들이 아니라 처리 과정이었습니다. 도널드의 의식적인 뇌는 그의 무의식적인 뇌의 메커니즘을 관찰하고 있었기 때문입니다.

도널드는 왼쪽에서 가장 먼 지점을 응시하면서, 뇌가 신경 문제 영역에 초점을 맞추고 그 문제들을 파악하기 시작하도록 도왔습니다. 이렇게 알아차리거나 얽매이지 않는 것은 인지적이고 선형적인 방식으로 발생하지 않습니다. 이것은 깊은 뇌의 처리 과정이며, 우리의 의식적 인식의 범위와 이해를 넘어서는 복잡한 방식입니다. 치료사들은 그것을 처리 과정(processing)이라 하며, 다른 사람들은 마인드풀니스의 한 형태로 인식하기도 합니다. 제2장에서 자세히 설명했듯이, 의식적 자아는 개방적이고 호기심이 많고 비판하지 않는 방식으로 더 깊은 자아를 관찰합니다. 이러한 **집중 마인드풀니스**(focused mindfulness) 과정은 **집중된 활성화**(focused activation, 브레인스폿상에서 몸의 활성화를 알아차리는 상태)라고 부르는 상태에서 수행되므로, 통상적인 대부분의 마인드풀니스보다 더 **빠르고** 포괄적이며 명료합니다.

깊은 뇌의 처리 과정은 엄청나게 **빠르고** 복잡하며 직관적입니다. 이는 뇌가 우리의 모든 신체 기능을 조절하고 있는 그 정보 처리가 반영되기 때문입니다. 그것은 우리가 말 그대로 살아가고 호흡하고 있는 것의 반영입니다. 만약 브레인스폿에 집중해 있을 때 일어나는 무의식적인 흐름을 의식적인 뇌가 이해하려고 하면 실패합니다. 그러나 의식적인 뇌가 현명하게 한계를 받아들이고 깊은 뇌를 신뢰하면 치유와 해결의 길로 나아가는 것입니다. 이것이 도널드에게 최고의 결과를 가져왔습니다. 그는 PTSD에서 회복되었고 더 이상 플래시백, 악몽, 치료사들이 "재발의 두려움"이라고 부르는 것에 시달리지 않게 되었습니다.

눈의 위치에 따라 활성화를 일으키고 있는 몸의 부분에 강력하게 집중한 뇌는 실제로 자신의 심리적 난제를 신경학적으로 해결할 수 있습니다. 나와 전 세계 수천 명의 브레인스포팅 치료사가 증명한 바와 같이 그 과정은 놀라웠고 때로는 기적적이었습니다.

▶▶▶

또한 브레인스포팅에서 치료사들은 그 처리가 어떻게 이루어지는 것인지 혹은 뇌가 어떻게 반응하는 것인지에 대해 내담자에게 교육을 하는 경우도 있습니다. 이 교육은 보니 바데노크(Bonnie Badenoch)의 혁신적인 저서 『현명한 뇌 치료사 되기: 대인관계 신경생물학에 대한 임상가이드(Being a Brain-Wise Therapist: A Practical Guide to Interpersonal Neurobiology)』에서 소개하고 있는 모델을 사용합니다.

의식적 사고의 뇌인 대뇌 피질의 뇌는 더 깊은 뇌의 처리 과정에 당혹스러워할 수도 있지만 이해하도록 교육받을 수 있습니다. 실제로, 이 관찰자의 뇌는 매우 호기심이 많으며 정보를 받는 것을 좋아합니다. 나는 뇌의 이 부분이 어린아이처럼 항상 많은 양의 정보를 흡수하지만 쉽게 지루해하거나 산만하기 때문에 "천재적인 아기"라고 부릅니다. 이 부분의 뇌는 그 사람 자신 그리고 그 사람이 하는 말을 모두 따라갑니다.

브레인스포팅을 설명할 때, 치료사들은 이 부분의 뇌와 관계를 맺고 이 뇌를 교육하게 됩니다. 그렇게 함으로써 의식적 대뇌 피질의 뇌가 더 깊은 뇌의 복잡한 비선형적 과정을 받아들이도록 도와줍니다. 그러면 내가 이 천재적인 아기에게 브레인스포팅에 대해 설명할 때의 예를 소개하겠습니다.

당신이 어디를 보느냐에 따라 느껴지는 것이 달라집니다. 즉, 왼쪽 또는 오른쪽 또는 위 또는 아래로 보느냐에 따라 각기 다른 경험을 하게 될 수 있습니다. 그 차이는 경미할 수도 있고, 눈에 띄게 차이 날 수도 있습니다. 그리고 당신이 무언가 고민하고 있는 것에 집중하고 있을 때에는, 이 시선의 좌우 또는 상하의 차이가 더욱 두드러질 것입니다.

그렇다면 어째서 다른 방향을 보면 다른 반응을 하게 되는 것일까요? 확실히 규명되어 있지는 않습니다만, 눈의 위치를 바꾸면 뇌에서 일어나고 있는 것을 바꾸어 버리는 것 같습니다. 어쩌면 자기 안에서 일어나고 있는 것은 자기가 전부 알아차리고 있다고 생각할 수도 있습니다만, 뇌는 광대한 우주와 같습니다. 우주의 모든 것을 보고 있다고 생각할지 모르겠지만, 실은 우리에게는 그 일부밖에 보이지 않습니다. 그것은 마치 바다의 수면을 보았을 때 바다의 모든 것을 보았다고 말하는 것과 같은 것입니다. 하지만 수면

아래에는 바다가 펼쳐져 있으며 그것은 눈에 보이지 않습니다. 브레인스포팅은 방대하고 복잡한 뇌 안에서 문제를 찾을 수 있도록 도와줄 것입니다. 하지만 지금까지 사용해 온 것과 다른 방법을 배울 필요가 있습니다.

다음으로, 더 깊은 뇌가 초점이 되는 문제를 풀기 시작할 때 일어나는 일에 대해 신피질의 뇌를 준비시키고자 내가 말하는 내용은 다음과 같습니다.

> "당신이 이 지점을 보는 동안, 당신 안에서 일어나고 있는 것, 그것이 어떤 것이든 그것을 오로지 관찰해 보기 바랍니다. 관찰은 마인드풀니스의 한 형태로, 당신의 마음이 어디로 가야 할지를 지시하지 않습니다. 그냥 일어나는 채로 둡니다. 그것이 어디로 가는지 이해가 될 수도 안 될 수도 있겠지만, 중요하지 않습니다. 당신의 깊은 두뇌는 무엇을 해야 할지 알고 있습니다. 마치 숨 쉬는 것과 같습니다. 생각, 기억, 감정 또는 신체 감각이 나타났다가 사라질 수 있습니다. 판단하지 말고 그저 따라가 보십시오. 당신의 본능을 믿어 보세요."

일부 내담자들은 이 집중 마인드풀니스 과정을 자연스럽게 따라오는 반면, 어떤 내담자들은 처음에는 어려움을 겪기도 합니다. 서구 문화에서 우리는 선형적인 것을 따르고 직관적인 것을 믿지 않도록 교육을 받았기 때문입니다.

브레인스포팅 초기에는 종종 문제들을 수행하는 것에 대한 취약성이 나타나는데, 이는 매우 흥미로운 부분입니다. 내담자들은 그들의 자연스러운 과정을 잘못 읽고 실제로는 정확히 '수행'하고 있음에도 '적절하게 수행하고 있지 않다'고 느낄 수 있습니다. 이런 취약성은 뇌의 신피질이 더 깊은 부분의 뇌를 신뢰하고 있지 않다는 것을 시사하고 있으며, 따라서 그에 관한 심리교육이 필요해집니다.

때때로 내담자들은 "이런 느낌은 싫어요."라며 자신의 프로세스에서 벗어나 버립니다. 이런 경우, 나는 현명하게 안내합니다.

> "당신의 반응에 반응하지 마십시오. 호기심을 가지고 관찰하고, 그것들이 어디로 가는지 보십시오."

세션에서, 그리고 일상생활에서 혼란스럽거나 감정적·신체적 느낌에 두려움을 느끼면 사람들은 거기에서 몸을 빼려고 합니다. 내담자들에게 신체와 감정이 호소하고 있는 것은 문제 해결에 관련되어 있으며 의미 있는 피드백이라는 것을 안내해야 합니다. 이러한 가이드는 내담자가 스스로를 더 잘 알아차리고 더욱 잘 통합할 수 있도록 도와줍니다.

브레인스포팅에서 내담자들을 위한 궁극적인 교육은 처음의 문제로 돌아가서 현재 그 문제에 대해 어떻게 느끼는지를 확인한 후에 일어납니다. "그것은 어떻게 보이나요?"라고 묻습니다. "어떤 마음이 드나요? 몸에서는 어떻게 느껴지나요?"와 같은 질문을 합니다. 이 과정에서 가장 중요한 것은 SUDS 수준을 다시 체크하는 것입니다. 내담자들이 빠르고 직관적인 처리를 이해하지 못하더라도 SUDS 수준이 마치 9에서 3으로 크게 떨어질 때는 이해합니다. 그 부분이 비선형적 처리를 선형적으로 이해하는 포인트입니다. 내담자가 SUDS 레벨 9의 상태로 시작하여 브레인스폿으로 집중 처리를 한 뒤 SUDS가 3이 되었다는 것은 A가 B를 일으켰고 B가 C를 일으켰다는 것이 됩니다. 이때가 대뇌 피질의 뇌가 모든 정보를 모아서 "아! 그렇구나!" 하고 뇌 자체를, 그리고 처리를 이해하는 순간입니다. 이러한 자기인식의 변화가 지속적으로 처리 과정을 향상시키는 것으로 보입니다.

▶▶▶

치료사들은 습관적으로 그 효과가 무엇이고 왜 치료법에서 효과가 있는지에 대해 감이 있는 것 같습니다. 그럼에도 많은 치료사는 뇌가 어떻게 작동하는지 내담자들에게 교육하는 것에 대해 효과가 없으며 심지어 관련 없는 것처럼 보기도 합니다. 그러나 나는 뇌과학적 지식을 습득하는 것이 내담자들에게 얼마나 큰 차이를 가져왔는가에 대해 놀라지 않을 수 없었습니다. 공통적으로 내담자들도 "이해가 되네요."라고 말할 뿐만 아니라 "마음이 편해졌어요."라고 말하기도 합니다.

종종 내담자들이 인터넷에서 뇌 그림을 내려받도록 권장합니다. 대부분의 뇌 웹 사이트에 기록된 정보는 일반 대중에게는 너무 복잡합니다. 때로, 심지어 내가 이해하기도 어렵습니다. 아이러니하게도, 어린이에게 뇌를 설명하는 웹 사이트는 성인에게 가장 유익한 정보가 될 수 있습니다.

내 사무실에는 뇌가 어떻게 트라우마를 받고 어떻게 치유할 수 있는지 직접 설명하는 데 사용하는 뇌 모형이 있습니다. 내담자에게 머리와 목의 뒷면을 만져 보며 뇌간의 위치를 느끼게 하기도 합니다.

　"이곳이 당신이 살아 있고 숨 쉬게 하는 곳입니다. 이곳은 당신의 생
　존 본능이 나오는 곳입니다."

　내담자들은 종종 자신의 생존 능력이 어디에 있는지를 배우면
서 안도의 한숨을 쉬게 됩니다.

▶ ▶ ▶

　내가 개발한 브레인스포팅 기술 중에 내부 뇌 스캔(Internal
Brainscan)이라는 것이 있습니다. 이 책을 읽으면서 시도해 보아도
좋을 것입니다.

　이 장의 앞부분에서 설명한 것처럼, 브레인스폿은 '뇌는 항상 뇌
자신을 스캔하고 있다'는 믿음에 근거합니다. 내부 뇌 스캔 접근
법에서 뇌 자체를 스캔하는 것을 직접 그 순간에 경험할 수 있도록
다음과 같이 안내합니다.

　"당신을 불편하게 하는 문제를 생각해 보십시오. 그리고 (최소) 0에서
　(최대) 10까지 척도 중 어느 정도로 불편함을 느끼는지를 확인합니다. 그
　리고 이제 몸의 어느 부분에서 그것을 느끼고 있는지 주목하십시오. 이
　제 눈을 감고 말 그대로 뇌 속을 들여다보고 뇌의 어느 부분이 활성화되
　어 있는지 확인하십시오. 앞, 중간, 뒤쪽 중 어디에 있습니까? 왼쪽이나
　오른쪽에 있습니까? 위 또는 아래입니까? 이제 활성화된 곳을 찾았으므
　로, 그 모양이 어떤지 알아볼 수 있습니다. 크기와 모양을 알아차리십시

오. 색깔, 혹은 어둡거나 밝음을 알아차리십시오. 자, 이제 눈을 뜨고, 시선이 자연스럽게 향하는 장소를 찾아보십시오. 그냥 지금 뇌 안에 자신이 본 또는 느낀 것을 의식하면서 그대로 시선의 끝을 바라보며 자기 안에서 일어나는 것을 관찰해 봅니다."

몇 분 동안 진행한 후 다음과 같이 말합니다.

> "그러면 눈을 감고 아까 당신이 봤던 뇌의 장소로 돌아가 봅니다. 그리고 지금 어떻게 보이는지, 어떻게 느껴지는지를 알아차려 보십시오. 바뀐 것이 있나요? 만약 무언가 달라진 것이 있다면 어떻게 바뀌었는지, 그리고 그 변화가 지금 어떻게 느껴지는지 주목하십시오. 그리고 SUDS (0~10)로 불편함의 정도를 다시 확인해 보기 바랍니다."

이 하나하나의 단계를 계속해서 반복해 봅니다. 이 방법이 흥미로운 점은 내담자들이 아웃사이드 스폿(외부 지점)뿐 아니라 인사이드 스폿(내부 지점)도 발견한다는 것입니다. 그리고 내담자들은 종종 그 지점들 사이의 관계를 느끼고 있다고 보고합니다. 아마도 이 과정은 단지 은유적인 것이 아니라, 뇌가 스스로 스캔할 수 있는 능력을 실제로 활용하는 것일 수 있습니다.

내담자들은 종종 브레인스포팅 세션이나 치료에서 일어나는 것들에 대해 놀라움을 느낍니다. 많은 사람이 이전에 받았던 치료로 얻어 왔던 결과보다 비교되지 않을 만큼 브레인스포팅을 통해 얻을 수 있었던 것입니다. 단 한 번의 세션으로도 자신의 경험과 삶에 변화가 나타나는 것을 볼 수 있습니다. "어떻게 이것이 가능합니까?"라고 물으면, 나는 항상 "모든 것은 뇌에서 일어나는 일입니다."라고 답합니다.

　나는 그것을 믿고 있습니다.

Brainspotting

브레인스포팅
Brainspotting

10
브레인스포팅과 몸
'몸은 기억이다'

Brainspotting

원래 랜디는 공황 증상과 통증 증후군 치료를 위해 나에게 왔습니다. 그녀는 부모가 밤낮으로 싸운 역기능 가정에서 자랐습니다. 때때로 싸움은 폭력으로 번졌습니다. 그녀의 생애 첫 5년 동안 랜디는 어머니보다 아버지와 훨씬 더 가까웠습니다. 그녀의 어머니는 그녀를 학대할 정도로 거부했습니다. 랜디의 어머니의 입에서 "너는 못생겼고, 멍청하고, 쓸모가 없다."라는 말이 끊임없이 나왔습니다. 랜디의 아버지는 그녀의 어머니보다 모성적 면을 가지고 있었지만, 그것도 랜디가 다섯 살이 될 때까지뿐이었습니다. 뭔가가 바뀌었는데, 아마도 랜디의 아버지가 술을 마시기 시작하면서 변한 것 같았습니다. 처음에 그는 차가워졌고 냉담했습니다. 그런 다음 그는 분노하며 랜디를 신체적으로 학대하기 시작했습니다. 그녀는 문자 그대로 무엇이 그녀를 때리는지 몰랐습니다. 랜디는 그녀가 할 수 있는 최고의 딸이 되려고 노력했습니다. 사실, 그녀는 부모님을 돌보는 사람이 되었습니다. 그러나 '완벽한' 아이가 되었어도 매일매일 폭력은 멈추지 않았습니다.

랜디의 매일의 고통을 아는 사람은 아무도 없었습니다. 그녀의 부모님은 집에서는 악마지만 거리에서는 천사였습니다. 그들은 지역 사회에서 존경을 받았습니다. 랜디는 이상적인 가정에서 자라온 것으로 여겨졌지만, 사실 그녀는 아무도 모르는 지옥에서 살았습니다.

사춘기 시절에, 그녀는 종잡을 수 없는 공황 발작이 시작되었습니다. 그녀는 한밤중에 가슴이 으스러지는 느낌을 받으며 깨어났습니다. 그녀의 불안은 하루 종일 지속되고 밤에는 점점 더 커졌습니다. 랜디는 계속해서 대학에서 교육학을 공부했고, 어떻게든 이를 악물고 해 나갔습니다. 그녀는 교사로서 일을 하게 되면서 경제적으로 독립을 하게 되자 남성과 관계도 가지게 되었습니다. 그러나 공황 발작은 사라지지 않았고 날마다 고통에 시달려야 했습니다.

스물네 살 때 랜디는 다리에 통증을 느끼기 시작했습니다. 몇 달이 지나자 통증이 심해져서 등과 목에 퍼졌습니다. 그녀는 의학적 도움을 구하기 위해 여러 의사를 전전했습니다. 의료 전문가 중 누구도 통증의 원인을 찾거나 결정적인 진단을 할 수 없었습니다. 랜디는 섬유근육통, 신경병증, 반사성 교감이영양증 또는 단순 미분류형 동통장애를 앓고 있을 거라고 가정될 뿐이었습니다. 공황장애의 병력으로 인해 의사 중 몇 명은 통증이 심리적일 수 있다고 보았고, 심지어 누군가는 통증이 "그녀의 머릿속에" 있다고 말했습니다.

그 의사는 민감함이 부족하긴 했지만 틀리진 않았습니다. 랜디가 느낀 고통은 어떤 의미에서는 '머리에' 있었습니다. 그것은 뇌와 신경계에 존재했습니다. 우리의 신경계는 뇌와 신체를 모두 포함하기 때문에 몸에서 느끼는 모든 것은 실제로 뇌에서 느끼는 것입니다. 몸과 뇌는 분리할 수 없습니다. 그들은 통합된 단위입니다. 그래서 이 장에서 신체를 언급할 때, 또한 뇌도 언급하고 있는 것입니다.

우리는 감정적인 고통을 몸에서 느낍니다. 가슴 통증은 분명한 예입니다. 질병, 부상 및 통증도 심리적으로 외상을 입으며 신체 상태에서 파생된 정서적 외상도 신경계에 있습니다. 육체적 심리적 상호작용은 서로 얽혀 있습니다. 어떤 수준에서는 육체적·정서적 경험을 구분할 수 없습니다. 그렇다고 해서 신체적·심리적 상태에 대한 감별 진단을 할 수 없다는 뜻은 아닙니다. 그러나 의사는 신체 질환에 상존하는 심리적인 영향을 알아야 합니다. 또한 동일하게 심리치료사도 모든 심리적 상태에 수반되는 신체적 문제를 인지할 필요가 있습니다.

랜디가 심리치료를 받기 위해 나에게 왔을 때, 나는 의사가 아니기 때문에 그녀의 신체 상태를 완전히 진단하는 것은 나의 역할이 아니었습니다. 그러나 그녀의 공황과 통증 상태, 특히 그녀의 외상성 병력과의 맥락에서 상호작용을 염두하는 것은 나의 일이었습니다. 나는 브레인스포팅을 사용하여 신경계에서 감정적 외상을 입은 곳에 도달할 수 있을 것이며, 그렇게 하면 그녀의 신체 통증을 줄일 수 있음을 알고 있었습니다. 심리학은 생리학의 반영이며, 브레인스포팅은 심리적 결과를 가져올 수 있는 생리학적 접근법입니다. 브레인스포팅은 의학적 상태의 주요 치료법으로 사용되어서는 안 되지만, 신체적 상태를 일으킨 정서적 외상을 치료하는 데 사용되면 신체적 증상을 줄이고 의학적 치료가 더 효과적으로 이루어지도록 하는 데 도움이 될 수 있습니다.

▶▶▶

브레인스포팅으로 랜디를 치료할 때 그녀의 심리적·신체적 증상이 어떻게 반응할지 궁금했습니다. 나는 그녀의 가족력과 심리적·의학적 과거력을 포함하여 광범위하게 개인력을 들었습니다. 개인력을 기록하는 과정에서 때때로 랜디가 깊이 슬퍼하면서, 다른 경우에는 담담하고 사실적인 방식으로 이야기한다는 것을 알았습니다. 그녀의 가장 큰 외상은 어머니의 악의적인 언어 폭력이 아니라 아버지가 그녀를 밀어내었던, 아버지의 사랑을 잃어버린 상실이라고 말해 주었습니다. 여기에서 브레인스포팅 프로세스가 시작되었습니다. 랜디의 외상성 병력과 설명할 수 없는 통증 상태 때문에 주의 깊게 진행했습니다. 나는 그녀의 리소스 눈(Resource Eye, SUDS 레벨이 더 낮음)에서 시작하여 신체 리소스(Body Resource)와 리소스 지점(Resource Spot), 원-아이 브레인스포팅을 포함한 전체 리소스 모델을 사용했습니다. 나는 심지어 랜디가 지시봉을 지나 벽(z축)까지 보도록 안내했는데, 이는 그녀가 덜 위험하다고 느끼도록 하는 데 도움이 되었습니다. 우리는 그녀의 고통스런 기억이 밀려와 진통이 악화되지 않도록 몸의 통증을 면밀히 모니터링했습니다. 초기 세션에서 그녀가 나의 존재를 느끼고 안정된 감각이 유지될 수 있도록, 처리 과정 내내 의도적으로 이야기가 끊이지 않도록 노력했습니다.

아버지가 말 그대로 그녀를 밀쳐 냈던 핵심적인 기억을 불러일으켰을 때, 랜디는 비디오를 보는 것처럼 벽에 있는 브레인스폿을 바라보았습니다. 그녀의 눈이 커지고 동공 또한 강하게 확장되었습니다. 그녀는 반복해서 외쳤습니다.

"아빠, 내가 뭘 잘못했어? 내가 뭘 잘못했어?"

그러나 기억은 거기에서 그치지 않았습니다. 랜디는 아버지의 거부와 신체적 학대의 이미지를 보고 또 보았습니다. 그녀는 그의 숨결에서 알코올 냄새를 맡고 벨트 버클이 다리와 등을 때리는 것을 느끼며 아파했습니다. 그리고 그녀는 어머니가 옆에서 아버지에게 "더 때려!"라고 부추기는 것을 보았습니다.

그런 고통스러운 과정을 목격하는 것이 어땠는지 궁금할 것입니다. 치료 전문가로서 수십 년을 보내면서, 내담자들과 공감적인 접촉을 잃을 정도로 멀어지지는 않으면서 감정적인 거리를 유지하는 것을 배웠습니다. 눈앞에서 한 인간이 치유되는 기적과 그 사람의 공포와 슬픔을 동시에 보고 있는 기묘한 균형이긴 합니다. 사실, 치료사가 내담자에 대해 깊이 마음을 기울이고 있다면 이 트라우마적인 노출은 치료사의 무의식 깊숙한 부분에 축적되어 갑니다. 트라우마 치료사는 이러한 희생을 피할 수 없기 때문에 셀프케어를 정기적으로 필요로 하는 것입니다.

랜디의 브레인스포팅 프로세스는 길고 힘들었습니다. 그녀의 숙모와 함께 살게 된 열다섯 살이 될 때까지 아버지의 손에 의해 신체적 학대는 계속되었습니다. 다달이 트라우마 처리 과정을 해 나갈수록 점차적으로 신체적 통증이 감소되었지만, 세션 동안 그리고 세션 사이에 여러 차례 통증이 확 증가하였습니다. 우리는 인사이드 윈도우와 아웃사이드 윈도우, 원-아이(One-Eye)와 양안(Two-Eye), 게이즈스포팅 및 Z축 브레인스포팅을 포함한 많은 형태의 브레인스포팅을 사용했습니다. 언제 닥칠지 모르는 다음 폭력을 기다리며 두려움에 떨면서 살아왔기 때문에 발생한 공황 상태와 더불어 몸의 기억을 풀어 주는 것이 모두 필요했습니다.

점차적으로 그녀의 몸은 육체적 고통을 점점 덜 느끼게 되었으며, 이것은 그녀에게 모든 수준에서 엄청난 안도감을 주었습니다. 그러나 그녀의 통증 완화는 SUDS 10점 만점에 3점 수준에서 정체되었습니다. 지속적인 과정에도 장벽을 뚫지 못했습니다. 랜디의 뇌에 저장된 폭행에 대한 신체 기억은 처리했지만, 뇌에 담긴 감정적인 고통은 처리하지 못했습니다. 그녀는 구타로 인한 육체적 고통이 있었던 같은 장소를 통해 감정적인 고통을 느끼고 있었습니다.

남은 정서적 고통은 어머니의 잔인한 거부에 기인했으며, 이는 랜디의 탄생으로 거슬러 올라갑니다. 랜디의 치료를 시작하여 개인력 조사를 하던 때에 그녀가 분리된 듯 해리가 있었던 적이 있음을 기억할 것입니다. 이러한 셧다운은 그녀가 어머니에 대해 이야기할 때 나왔습니다. 랜디는 이미 어머니와 관련된 문제를 처리했으며, 극복할 수 없는 것은 아버지의 배신과 학대라고 믿고 있었습니다.

그러나 사실 그녀는 어머니에게서 받았던 증오 가득한 비난에서 느끼는 감정적 고통을 무의식적으로 억제하고 해리시키고 있었던 것입니다. 이러한 단절에 대한 정서적 고통이 랜디의 몸에서 나타나고 있었던 것입니다.

그래서 우리는 다시 처음으로 돌아가 브레인스포팅을 사용하여 도려내어졌던 랜디의 생애 첫 5년 동안의 기억을 해방시키는 눈의 위치를 찾았습니다. 그 전과 마찬가지로 고통에 압도당해 길을 잃지 않도록 리소스 모델을 주로 사용하였는데 효과가 있었습니다. 몇 달 동안 트라우마 기억의 처리 과정을 계속하면서, 랜디는 부모님이 함께 그녀를 대했던 방식 때문에 그녀가 신체적·정서적 고통에 얽혀 있음을 깨달았습니다. 생애 초기 5년 동안, 그녀의 아버지는 어머니로부터 랜디를 보호하지 않았고, 그 이후 몇 년 동안 랜디의 어머니는 그녀를 아버지로부터 보호하지 않았을 뿐만 아니라 그가 더 폭행을 하도록 부추겼습니다.

이러한 더 깊은 작업은 그녀의 고통을 줄여 주었지만, 통증은 사라지지 않았고 때때로 통증 정도가 심해지기도 하였습니다. 계속 남아 있던 육체적 통증은 그녀가 유소년기에 정서적·육체적으로 겪어야 했던 경험과 유소년기의 상실에 대한 분노와 슬픔이라는 형태로 최종적으로 마침내 풀려났습니다. 결국, 랜디의 통증은 모두가 겪는 일반적인 통증을 제외하고는 완전히 사라졌습니다.

랜디의 치유에는 브레인스포팅 작업이 필수적이었습니다. 대화 요법은 언어를 사용하는 뇌의 영역에까지밖에 도달하지 못하고, 감정과 신체 경험의 가장 깊은 영역에도 도달하지 못합니다. 트라우마에 기반한 정서적·신체적 고통은 그녀의 신경계와 불가분의 관계가 있었습니다. 그녀가 신체 통증과 정서적 공황에서 벗어나려면 두 가지 증상을 동시에 치료해야만 했습니다. 뇌에 저장되어 몸에서 느껴지는 정서적·신체적 외상을 브레인스포팅에서는 레이저와 같은 방식으로 뇌에 초점을 맞춰 풀어낼 수 있습니다.

▶ ▶ ▶

브레인스포팅 치료사는 모든 내담자의 의학적 상태를 의사와 함께 체크하도록 배웁니다. 브레인스포팅이 육체적 고통이나 질병을 치료한다고 가정하지 않으며, 필요하다면 내담자의 주치의

와 상담합니다. 그러나 브레인스포팅이 증상을 줄이고 치유 과정을 촉진함으로써 신체적 질병의 치료를 돕는다는 것을 발견했습니다. 상당수의 사례에서 브레인스포팅은 통증과 피로를 포함하여 진단할 수 없거나 다루기 어려운 증상을 성공적으로 호전시키고 때로는 없앴습니다. 이러한 점에서 브레인스포팅 치료사들은 선입견이나 고정 관념으로 그 신체적 상태를 보지 않습니다. 조심스럽지만 희망적 태도를 잃지 않고 브레인스포팅을 적용하여 어떤 일이 일어나는지 확인합니다. 브레인스포팅은 불확실성 원리에 의해 작동하는, 추측을 하지 않는 현상학적 모델입니다. 따라서 치료사는 눈앞에 있는 내담자에게 일어나고 있는 처리 과정을 관찰하고 조율하며 따라가는 것입니다.

▶ ▶ ▶

두부 손상은, 특히 자동차 사고나 그와 비슷한 상황에서 자주 발생하는 의식 상실을 수반한 경우에 대해서도 브레인스포팅을 사용하여 흥미로운 결과를 얻을 수 있었습니다.

나는 전문가들조차도 "그들은 결코 기억을 되찾지 못할 것이며 그렇게 하는 것이 더 나을 것"이라고 말하는 것을 들었습니다. 그것은 사실이 아니며 반드시 그런 것은 아닙니다. 기억 상실에는 몸을 기반으로 하는 기억 상실과 심리적 기억 상실 두 종류가 있는데, 후자를 해리라고 합니다. 예를 들어, 자동차 사고로 머리를 다친 것은 뇌에 대한 신체적 외상이기도 하고 정서적 외상이기도 합니다. 따라서 기억 상실은 신체적 · 정신적 외상에서 비롯된 신체적 · 심리적으로 인한 것일 수 있습니다.

나는 자동차 사고로 인한 두부 손상을 겪은 내담자들과 브레인스포팅을 사용하면서 기억 상실이 신체적·정서적 외상 모두에 뿌리를 둔다는 것을 발견했습니다. 그런 내담자들에 대해서는 PTSD를 앓고 있는 내담자들과 같은 방식으로 브레인스포팅을 하는데, 먼저 내담자들에게 "나쁜 일이 일어날 것이라는 것을 처음으로 알게 된 순간은 언제였습니까?"라고 질문합니다. 그러면 대개 "교차로에서 차가 옆에서 튀어나왔고, 그 시점에서 부딪칠 거라는 생각이 들었어요."라는 식의 대답들을 합니다. 만약 의식 상실에 수반하여 기억 상실이 일어났다면 의식을 잃기 직전에 기억하고 있는 것 그리고 의식이 회복되어 가장 먼저 기억하는 것을 물어봅니다.

그런 다음, 사고의 시작 또는 사람이 의식을 잃기 직전의 순간에 연결되는 브레인스폿을 찾아 SUDS 레벨을 체크하고 신체에서 활성화가 유지되는 위치를 찾습니다. 그런 다음, 집중 마인드풀니스 과정을 시작합니다.

사고를 당했던 내담자의 처리는 사고 이외의 트라우마 내담자의 처리와 대개 비슷하다는 점에서 관찰하는 것이 흥미롭습니다. 이미지, 소리, 감정 및 신체 경험을 통해 처음부터 끝까지 처리 과정이 순차적으로 진행됩니다. 마지막까지 가면 다시 처음으로 돌아가게 하여 다시 시작하도록 안내합니다. 이런 과정을 통해 SUDS 수준은 떨어지고 외상의 충격은 과거의 일이 되면서 약해집니다.

뇌 손상 증상 중 일부는 호전되고 상실되었던 기억의 일부가 돌아올 수 있습니다. 많은 경우에 내담자들은 "구급차에서 몇 분 동안 의식을 되찾았었는데, 지금 그것이 기억났어요."라고 말했습니다. 사람이 자신의 기억을 의심하는 것은 드문 일이 아닙니다. "그런 일이 일어났을 리가 없어요. 내가 기억을 만들어 내고 있는 거예요."라고 말하는 사람도 있습니다. 이것은 많은 감정적 외상의 생존자들이 해리의 베일이 그들의 눈앞에서 들추어질 때 표현된 것과 같은 의심입니다.

브레인스포팅 치료사는 인간의 기억을 신뢰할 수 없다는 것을 알고 있으므로 사건을 사실로 받아들이기 전에 확인해야 합니다. 내담자들은 가족 및 친구와 대화함으로써 브레인스포팅 처리 중에 내담자가 다시 포착한 사건 및 대화의 세부 사항이 사실인지 확인할 수 있습니다. 또한 드물기는 합니다만, 두부 손상 때문에 일어났다고 생각되는 기억 상실이 모두 생각나는 경우도 있습니다. 내담자는 이 기억의 회복을 억지로 기억해 내는 '기억나지 않는 편이 더 나은' 것으로서가 아니라 뇌의 통합으로서 체험하는 것 같습니다. 랜디는 뇌의 통합으로 기억을 되찾았습니다만, 이러한 경우 랜디와 마찬가지로 정서적 및 신체적 기억은 신경계에 복잡하게 편재되어 있기 때문에 심리적 외상을 치료하면 신체적 외상도 치료할 수 있습니다.

나는 이라크와 아프가니스탄에서 돌아와 PTSD로 진단받거나, 경증에서 중등도의 외상성 뇌 손상(TBI) 또는 둘 다 진단받은 수많은 참전 군인의 치료를 많이 해 왔습니다. 그들이 전투 현장에서 얼어붙어 그 자리에 남겨진 자신의 부분을 되찾아가는 치유의 과정은 마치 기적이 일어나고 있는 것을 지켜보는 것처럼 느껴집니다. 마찬가지로, 블랙아웃 및 기타 뇌 손상 증상이 완만하게 치유되어 가는 과정은 더 큰 기적처럼 느껴집니다.

　다른 비슷한 방법들과 마찬가지로, 브레인스포팅은 뇌와 몸의 작업에 있어서 최전선에 있습니다. 우리는 여전히 이러한 뇌 기반의 방법이 어떻게 작동하는지 정확히 이해하지는 못하지만, 뇌와 몸을 치유함에 있어 뇌에 정교하게 접근할 수 있는 치유의 새로운 앞날을 향해 다가가고 있다고 생각합니다.

Brainspotting

브레인스포팅
Brainspotting

11

브레인스포팅과 스포츠 퍼포먼스

'산산조각 난 꿈을 재건하기'

Brainspotting

대여섯 살부터 나는 운동을 하는 사람이자 스포츠 팬이었습니다. 대화 요법을 쓰는 치료사로서 일할 때 때때로 스포츠 문제를 가지고 있는 사람들과 세션을 했었습니다. 그러나 나는 운동을 하는 사람으로서의 나 자신과 치료사로서의 나 자신을 겹쳐서 생각하지는 않았습니다.

그러나 EMDR을 알게 되고 얼마 지나지 않아 EMDR이 수행 문제, 특히 스포츠 문제에도 적용되고 있음을 알게 되었을 때 이러한 상황이 바뀌었습니다. 1994년에 참석한 최초의 EMDR 콘퍼런스에서 EMDR과 퍼포먼스에 관한 워크숍이 흥미로워 보여 등록했습니다. 두 스포츠심리학 전문가가 발표한 내용이 이해를 돕는 분명한 정보일 것을 기대하며 세미나 내내 앉아 기다렸습니다. 그러나 스포츠 수행에 대해 그다지 독특하거나 혁신적이지 않은 매우 상투적인 EMDR이 발표되는 걸 보고 실망했습니다. 나중에 발표자들이 인지행동치료사라는 것을 알게 되었고, 그들의 방식은 정신분석학 시절에 공부했던 심층심리학적 접근법과는 맞지 않았습니다. 발표자들은 또한 '수행 문제가 있는' 내담자에게 '감정적인 문제가 발생'했을 때 '개인적' 작업을 위해 다른 EMDR 치료사에게 의뢰했다고 확실하게 말했습니다. 개인적 문제가 해결되면 수행 문제에 대한 작업이 재개되었습니다. 다시 말해, 발표자들은 수행 문제와 개인적 문제를 분리했습니다.

EMDR과 수행 문제에 대한 작업, 둘 다 처음 접한 것이었지만 이렇게 분리해서 생각하는 것은 어리석어 보였습니다. 나는 그때에도 이미 수행 불안이 수행을 통해 표현되는 개인적인 불안이라는 것을 알고 있었던 것입니다. 또한 수행이 제대로 되지 않는 것은 해리에서 나타난 개인적인 블록이라는 것도 알고 있었습니다. 해리는 트라우마에서 비롯되므로 수행장애도 트라우마에서 비롯되는 것임에 틀림없다고 생각하고 있었던 것입니다.

그래서 나는 스포츠 수행장애와 불안이 있는 내담자와 EMDR을 시작했을 때, 더 깊은 트라우마 경험이 나왔다는 사실에 놀라지 않았습니다. 이러한 트라우마 중 상당수는 내담자들의 운동 수행과 연습 및 준비 과정 중에 발생했습니다. 나중에 나는 운동선수들의 이러한 경험을 언급할 때 스포츠 외상 스트레스 장애(sports trauma stress disorder: STSD)라는 용어를 만들었습니다. 그러나 많은 트라우마는 어린 시절부터 있어 왔으며, 다른 내담자들에게서 보았던 것과 같은 종류의 트라우마였습니다. 이러한 초기 외상은 종종 심리치료에서 애착 문제(attachment issues)라고 일컫습니다. 이 용어는 어머니 또는 다른 양육자에 대한 초기 애착의 혼란을 의미합니다. 이러한 혼란은 언어를 배우고 생각하기 이전에 발생하므로 표현되거나 이해할 수 없습니다. 그것들은 단지 느껴질 뿐입니다. 처음부터 나는 알고 있었습니다만 수행을 하는 것은 사람이며, 만약 그 사람에게서 수행을 제외해 버린다면 그 사람에게 남는 것은 그리 많지 않습니다. 그렇기 때문에 그러한 형태에서 이루어지는 수행 관련 워크에는 깊이나 효과, 지속 시간에 있어서 제한이 있는 것입니다.

스포츠 트라우마 문제를 해결하기 위해 운동선수들과 함께 EMDR을 사용하였고 어느 정도 성공을 거두어 왔습니다. 브레인스포팅으로 바꿔서 했더니 전반적인 치료에 있어서뿐만 아니라 수행 문제 내담자들도 더욱 집중할 수 있어 도움이 되었습니다. 운동선수들과의 브레인스포팅 작업을 계속해 나가면서 놀라운 것을 몇 가지 발견했습니다.

▶▶▶

나는 Division 1(D-1) 야구팀의 대학 포수인 필과 함께 던지기 어려움에 대한 작업을 하고 있었습니다. 필이 어려움을 겪고 있던 것은 도루를 저지하기 위한 투구나 재빨리 던지는 동작이 아니었습니다. 그것들은 모두 반사적인 동작이기 때문에 문제가 되지 않았으며, 그가 힘들어했던 것은 투수가 투구한 후 그 볼을 받아 투수에게 다시 던져 주는 투구였습니다. 그것이 '동작을 의식하고 있을' 때 나타나는 문제로 가장 운동선수들을 힘들게 하는 것입니다. 4피트 이하에서 퍼팅을 할 수 없는 프로 골퍼도 비슷한 고통을 겪습니다. 이러한 증상은 "입스(the yips)"[1]라 불리는데, 운동선수들은 이것을 "그 짐승" "그 물건" 또는 단순히 "그것"이라고 칭합니다. 입스는 다른 사람에게 전염되는 것을 염려하여 운동선수들이나 코치들은 그것에 대해 입에 담지 않습니다. 따라서 운

---

1) 입스(yips): 입스는 경험 있는 선수들에게서 갑작스럽게 나타나는 설명할 수 없는 증세를 말하는 구어적 용어이다. 이 같은 현상은 미세한 운동 능력의 손실로 주로 심리적인 것으로 여긴다. 원래는 골퍼인 토미 아머(Tommy Armour)가 갑작스럽게 퍼팅 능력이 상실된 것을 설명하기 위해 만든 말로, 나중에 그 용어는 설명되지 않는 기술의 상실에도 적용되었고, 다양한 스포츠 종목의 선수들에게 적용되었다.

동선수는 그것이 드물게 일어나는 것이라고 생각하지만, 실제로는 전 세계 모든 스포츠에 걸쳐 놀라울 정도로 많이 일어납니다. 입스를 가진 선수들은 혼자서 고통스러워하며 자기 책임이라고 느끼는데, 미묘하게 팀원들과 코칭스태프조차 선수 책임으로 돌리기도 합니다.

필의 투구 고민은 대학교 1학년 봄 시즌 초반에 일어났습니다. 타자의 파울 팁이 필의 오른쪽 어깨 보호구 이음새 부분에 정통으로 맞았는데, 그때 팔에서 손가락 끝까지 마비되는 느낌과 함께 저릿한 느낌이 왔습니다. 2이닝 후 필이 투수에게 던진 볼이 투수의 머리 위로 날아가 버리고 말았습니다. 운 좋게도 그때 베이스에는 아무도 없었고 필을 포함한 모든 사람이 웃고 지나갔지만, 이어서 던진 볼이 홈 베이스의 바로 옆에 떨어져서 튀어 올랐을 때에 필은 더 이상 웃을 수가 없었습니다. 그리고 그다음 볼을 던질 때 필은 손을 굳게 쥔 채로 팔이 움직이지 않게 되었고, 그때 그는 손 안에 있는 볼을 무언가 이상한 거라도 보듯이 내려다보고 있었음을 기억하고 있었습니다. 그는 말 그대로 얼어붙었고, 결국은 그라운드에서 내려와야 했습니다.

코치들은 그것을 부상이라고 불렀지만, 경력 초기에 입스를 앓았었던 코치는 필의 문제를 알아차렸습니다. 코치는 필과 함께 투구의 메커니즘을 연구하며 점차적으로 개선해 나갔습니다. 그러나 필은 예전처럼 재능이 넘치는 포수로 돌아가지 못했고, 홈 플레이트 뒤에 앉아 있을 때마다 불안이 커지는 것을 느꼈습니다.

필은 입스의 100% 완치를 장담한 스포츠심리학자를 만나러 갔습니다. 심리학자는 전통적인 시각화, 이완 운동, 인지행동적 '강한 정신력' 작업 및 최면을 사용했습니다. 필은 약간은 좋아졌지만, 금방 다시 나빠졌습니다. 심리학자는 필에게 숙제를 주었고, 필은 충실하게 숙제를 했습니다. 필이 잘 나아지지 않자 좌절한 심리학자는 그에게 "충분히 노력하지 않는다."라며 비난했습니다. (아마도 그렇게 해서 100% 완치율을 유지하고 있었던 것이겠지요. 그는 치료가 되지 않은 내담자들은 내보냈던 것 같습니다.) 필은 그 심리학자와의 치료 작업을 그만두고 더욱 좌절하고 낙담했습니다. 그는 재능도 있고 너무나 좋아하는 야구를 그만두려고도 생각했습니다.

필은 가족의 친구의 소개로 나를 찾아왔습니다. 그때까지도 그는 아무것도 도움이 안 될 것이라는 의심을 가지고 있었습니다.

첫 번째 세션에서 나는 간단한 개인력을 조사했고, 그가 어떻게 반응하는지 보기 위해 초기 브레인스포팅을 시도했습니다. 나는 필이 그의 입스가 생겨난 첫 순간을 기억하도록 했습니다. 세 가지 이미지가 나왔습니다. 첫 번째는 그가 투수의 머리 위로 던진 공이고, 두 번째는 공을 내리친 것이고, 세 번째는 게임에서 퇴장을 당한 것이었습니다. 드문 일은 아닙니다만, 흥미롭게도 공을 어깨에 부딪친 것이 떠오르지 않았습니다.

우리는 첫 번째 이미지로 시작했습니다. 필의 SUDS 레벨은 8이었고, 당연스럽게 그는 그것을 던지는 팔의 어깨에서 느끼고 있었습니다. 인사이드 윈도우 브레인스폿을 발견하고 필이 처리를 시작했습니다. 그의 처리는 즉시 파울 볼이 어깨에 맞은 기억으로 바뀌었습니다. 그러나 뒤이어 일어난 것은 전혀 예기치 못했던 일이었습니다. 필의 프로세스는 하나의 스포츠 부상에서 다른 스포츠 부상으로 넘어갔습니다. 첫 번째는, 열다섯 살 때 어깨 부상을 당

했던 것입니다. 다음은 열세 살에 있었던 손의 골절이었고, 같은
해에 팔꿈치 탈구가 이어졌습니다. 그리고 가장 강력했던 부상은
열일곱 살 때 홈구장에서 주자와 부딪쳐 기절하며 심한 뇌진탕을
입었던 것입니다.

나는 문득 스포츠 부상이 심각한 스포츠 트라우마라는 것을 깨
달았습니다. 이러한 스포츠 트라우마는 시간이 지나면서 예상치
못하거나 이해되지 않게 나타나기도 하고 때로는 폭발하기도 합
니다. 되돌아보면, 내가 어릴 때 겪었던 모든 스포츠 부상 때문에
이 연결을 직관적으로 이해할 수 있었습니다.

내 친구들은 대부분의 아이가 지금 하는 것처럼 조직적으로 스
포츠를 하지 않았습니다. 우리만의 방식으로 그 자리에서 어떤 운
동을 할지 정해서 놀았습니다. 야구, 농구 또는 축구를 할 것인지
결정한 다음 편을 나누었습니다. 때때로 우리는 이웃 동네 아이들
이나 또 다른 동네 아이들과 대전을 하기도 했습니다. 1960년대
뉴욕의 퀸즈시에서는 모든 것이 자연스레 일어났고 언제나 잘 이
루어졌습니다. 공식적인 리틀 리그 팀이 없었음에도 불구하고, 경
쟁은 치열했고 경기는 거칠고 격렬했습니다. 누군가가 다치는 것
은 드문 일이 아니었고 나도 예외가 아니었습니다. 우리는 보통
'통증을 털어 내고' '고통 안에서도 경기한다'는 태도로 경기를 했
으며, 때때로 누군가가 넘어져 필드에서 실려 나가거나 심지어 집
으로 실려 가는 일도 있었습니다. 병원으로 옮겨지는 일도 드물었
지만 아예 없지는 않았습니다. 나 자신도 몇 차례나 뇌진탕을 겪었
으며 농구장에서 누군가의 손가락에 눈을 찔려 심한 부상을 입었
을 때를 기억합니다. 또한 농구 경기 중에 발이 부러졌지만 경기가

끝날 때까지 절룩거리면서도 계속 뛰었습니다. 운동하다가 다치는 것은 지금도 자연스러운 것으로 생각됩니다. 아이들이 놀다가 다치는 경우에도 그렇게 생각되고 있는 것입니다.

필의 치료 후 다른 선수들을 치료할 때도, 운동선수의 수행 성과에 직간접적으로 영향을 미치는 누적된 스포츠 부상이 얼마나 심오한지 계속해서 관찰했습니다. 나는 스포츠심리학이나 수행에 관한 논문에서 이런 현상에 대해 읽은 적이 없었습니다. 스포츠 트라우마로서의 스포츠 부상을 연구하면서 그것들이 왜 운동선수에게 그렇게 강력한 영향을 미치는가 하는 문제에 대해서, 신체적 상해는 신경계 외상으로서 다친 부위에서 느껴지고 뇌에 저장된다는 결론에 도달하였습니다. 그러나 신체적 상해는, 특히 운동 중의 부상은 신경계에 대한 심리적 상해이기도 합니다. 신체적·정신적 외상은 동시에 일어나므로, 그것들은 함께 저장되고 뇌와 몸에 서로 뒤얽혀 고정되는 것입니다. 그리고 나는 신체적 외상과 정서적 외상은, 특히 트라우마가 세월과 함께 축적되어 있는 경우는 어느 수준까지는 분리가 불가능하다고 생각합니다. 이처럼 운동선수들의 신경계는 점점 지뢰가 늘고 있는 지뢰밭에 발을 들여놓으려 기다리고 있는 상황과도 같습니다. 뇌와 몸에 있는 트라우마를 탐색하고 찾아내기 위해 레이저와 같은 시야를 사용하는 브레인스포팅은 이러한 지뢰를 찾아내고 제거하는 데 효과적인 도구입니다. 그러나 선수들에게는 빠르고 쉬운 과정이 아니며, 필도 예외는 아니었습니다.

세션이 끝난 후 필과 나는 그의 스포츠 부상 트라우마를 처리했습니다. 그의 뇌와 몸에 묻힌 지뢰는 끝이 없는 것처럼 보였습니다. 4개월 동안 치료를 하면서 필은 천천히 간헐적으로 공을 자연스럽게 투수에게 던질 수 있는 능력을 회복했습니다. 그러나 남아 있는 두 번의 삶의 트라우마를 브레인스폿으로 처리하기 전까지 그의 치료는 완료되지 않았습니다.

필이 두 살이었을 때, 그의 어머니는 필의 여동생인 사라를 어렵게 출산했습니다. 필의 어머니는 3주 동안 입원했으며, 당시 필은 어머니는 영원히 사라진 듯 느꼈습니다. 애착이 중단되면서 사라가 태어나는 장면은 필을 구석으로 몰아넣는 듯한 느낌을 주었고, 심지어 어머니가 돌아왔을 때도 그러했습니다.

필이 겪었던 두 번째 개인적인 외상은 여섯 살 때 할머니의 죽음이었습니다. 필은 할머니와 매우 가까웠습니다. 할머니는 사라가 태어나 어머니가 그의 곁에 없었을 때에 필을 돌봐 주었습니다. 인사이드 윈도우, Z축, 게이즈스포팅의 조합을 통해 이러한 외상이 해결되면서 필은 불안 없이 공을 자유롭게 던질 수 있었습니다.

필과 함께 작업한 몇 년 후, 나는 뉴욕 메츠의 전 포수 맥키 새서(Mackey Sasser)와 함께 작업할 기회를 가졌습니다. 그와의 작업은 알랜 골드버그(Alan Goldberg)와 함께 저술한 『스포츠하는 뇌(This Is Your Brain on Sports)』에 실렸습니다. 맥키의 프로 커리어는 투수에게 공을 되던지지 못하는 입스 문제로 끝나고 말았다는 이야기는 아주 잘 알려져 있습니다. 실제로, 투수에게 공을 되던지는 송구 문제는 야구 세계에서 새서 신드롬(Sasser Syndrome) 혹은 맥키 새서라이티스(Mackey Sasseritis)[2]로 알려져 있습니다. 필과 다

---

2) 맥키 새서라이티스(Mackey Sasseritis): 맥키 새서(이하 새서)는 강한 배팅력과 잠재력을 두루 겸비한 촉망받는 포수였다. 그러나 어느 순간부터 투수에게 공을 되

른 포수들과 함께 작업하면서 나는 어린 시절부터 오랜 프로 활동 경력 동안 스포츠 부상 관련 외상을 입은 맥키를 치료할 준비가 되었습니다. 그는 또한 어린 시절과 청소년기에 심각한 개인 외상을 입었습니다. 세 번의 시간을 연장한 브레인스포팅 세션을 실시한 후 맥키는 그가 코치하는 대학 팀과의 타격 연습에서 자유롭게 던질 수 있게 되었습니다. 나중에 맥키는 브레인스포팅 덕택에 등이 50파운드(약22kg)는 가벼워졌다고 말했습니다.

▶▶▶

모든 운동선수가 필과 맥키 정도의 수행장애 문제를 가지고 있는 것은 아닙니다. 그러나 모든 운동선수는 장기간의 슬럼프를 겪으며 자신감을 잃습니다. 운동선수들은 누구든지 장기간의 슬럼프나 자신감의 상실을 체험하기도 하며 또 그 자체가 트라우마가 되기도 하는 실패와 굴욕을 경험합니다. 그렇기 때문에 운동선수들이 마음을 열었을 때에는 일상적으로 그들이 안고 있는 불안에 대해 이야기합니다. 슬럼프 중에 이 불안감은 점점 더 악화될 뿐입니다.

돌려주는 송구에서 문제를 느끼게 되었다. 포구 후 새서는 투수에게 곧바로 공을 되돌려주지 못했다. 항상 머뭇거렸으며 송구하려는 모션을 몇 차례나 반복하고 나서야 되돌려주곤 했다. 아이러니하게도 도루하는 상대 주자를 잡기 위한 2루 송구는 물 흐르듯 원활했다. 새서가 심각한 문제에 직면하고 있을 무렵 상대 주자들은 그의 약점을 이용하였다. 치명적인 약점을 해결하지 못한 새서는 백업 포수로 전락하였고, 그의 잠재력은 더 이상 확인할 길이 없었다. 이러한 새서의 증상에 영감을 받은 시나리오 작가는 영화 속에서 그와 동일한 캐릭터를 구현시켰다. 영화 〈메이저리그 2〉에서 등장한 포수 '루브 베이커'가 바로 맥키 새서를 모티프로 한 캐릭터이다.

　　나는 지금까지 다양한 종목의 운동선수들과 함께 세션을 하면서 슬럼프가 더 짧고 얕게 지나가도록 도와 왔습니다. 브레인스포팅을 통해 운동선수는 자연스럽게 깊은 뇌로 들어가 의식적으로 생각하는 뇌의 부정적인 소리에서 멀어집니다. 리소스 모델은 운동선수가 몸을 잘 느껴 긴장하지 않고 편안하게 움직이도록 돕는 데 매우 유용합니다. 세션에서 우리는 선수가 편안하고 몸이 잘 느껴지는 리소스 지점을 찾아냅니다. 그리고 그것을 세션과 세션 사이에, 어려움을 겪을 때뿐만 아니라 기분이 좋을 때에도 그 지점을 사용하도록 안내합니다. 선수들이 리소스 지점을 자주 사용할수록 그들은 더 안정되게 됩니다. 나와 작업한 선수들에게 경기 시작 직전 몇 초 동안 리소스 지점을 바라보도록 한 것은 드문 일이 아닙니다. 운동선수라면 누구든지 자신에게 도움이 되는 것을 찾습니다만, 이 셀프스포팅은 그들에게 의미 있는 효과를 제공합니다.

　　몸을 편안하게 하고 안정시키는 이 효과는 스포츠에서 브레인스포팅의 또 다른 응용으로 이어집니다. 이를 브레인스포팅의 확장 모델이라고 부릅니다. 이를 통해 선수는 운동 능력을 확장하고 향상시킬 수 있습니다. [절정(peak)은 성능 향상에 한계가 있음을 의미하므로, 절정의 성과(peak performance)보다는 성과의 확장(performance expansion)이라는 용어를 선호합니다.] 실제로 확장 모델은 모든 유형의 성과와 창의성 및 자기성취에도 적용됩니다. 즉, 브레인스포팅은 단지 트라우마를 제거하거나 감정적 상처를 치유하는 방법, 혹은 개인이라는 시스템 안에서 부정적인 부분이 있는 곳에만 접근하는 방법이기만 한 것은 아닙니다. 자신감, 성장, 통찰력 및 자기긍정 등을 포함한 거의 모든 것에도 브레인스폿이 도움이 됩니다. 영적인 내담자들 중 일부는 기도 스폿과 심지어 신의 스폿을 찾아내기도 했습니다. 브레인스폿은 더 깊게 신경생물학적으로 몸으로 접근할 수 있는 입구이기 때문에, 누구든 자신의 광대한 내적 경험과 관련이 있는 지점을 자신의 시야에 무수히 가지고 있는 것입니다.

스포츠용 브레인스포팅 확장 모델에는 두 가지 응용 프로그램이 있습니다. 첫 번째는 운동선수의 스포츠 외상이 해결되고 긍정적인 방식으로 처리할 준비가 되면 나타납니다. 항상 그렇듯이 몸은 부정적이든 긍정적이든 모든 경험에 접근하는 방식이 있습니다. 세션 중에 운동선수들에게 가장 부정적인 활성화가 느껴지는 신체 부위를 알아차려 보도록 안내합니다. 선수가 진정으로 치유되면 몸에 있는 이 부위(가장 부정적인 활성화가 느껴졌던-역자 주 / 종종 가슴, 위, 목, 머리 또는 등)가 중립적이거나 긍정적으로 느껴집니다. 그 시점까지 수행한 모든 브레인스포팅 치료 작업을 통해 신체의 이 취약한 부분을 몸의 리소스로 바꾸고 있다는 것이 됩니다. 약점을 강점으로 만든 운동선수는 큰 힘과 회복력을 느낍니다. 그런 다음, 새로 생성된 이 몸의 리소스와 그곳의 프로세스가 일치하는 브레인스폿을 찾습니다. 이때 종종 긍정적인 성과를 기대하면서 선수들이 앞을 내다보는 것을 발견합니다. 때로 그들의 뇌는 과거의 실패로 되돌아가기도 합니다만, 자연스럽게 긍정적인 방식으로 삶의 각본을 다시 씁니다. 이러한 자연적인 수정 과정은 뇌가 스스로를 어떻게 치유하는지에 대한 또 다른 놀라운 예입니다.

브레인스포팅의 확장에 대한 두 번째 응용 프로그램은 어려움을 겪진 않지만 자신의 성과를 개선하고자 하는 운동선수를 위한

것입니다. 브레인스포팅은 단순히 장벽을 제거하고 불안을 완화시키기 위한 방법은 아닙니다. 그것은 성장과 회복력을 확장하는 데에도 적용할 수 있습니다. 타율 2할 8푼을 기록한 야구 선수는 타율을 3할로 향상시킬 수 있습니다. 핸디캡이 8개인 골퍼는 6개로 떨어뜨릴 수 있습니다. 육상 선수는 달리기 평균을 몇 초 단축할 수 있습니다. 나의 개인적인 생각입니다만, 선수(또는 다른 성과를 내야 하는 사람)의 성적이 높을수록 성장 가능성이 높다는 것입니다. 어떤 스포츠에서든 그 사람들과 이야기한다면, 그들은 대부분 정확히 어떤 점에서 부족한지 명확히 인식하고 있습니다. 운동선수라면 누구나 수없이 많은 축적된 스포츠 외상의 신경학적 부담을 지고 있다는 것을 기억하십시오. 스포츠에서 최고의 성과를 보이는 선수들은 매우 높은 수준의 천재적인 적응력을 가지고 있습니다. 최고 수준의 운동선수가 트라우마를 해결하면 그는 더 높은 수준으로 올라갈 수 있습니다. 스포츠의 기록은 항상 갱신되는 법입니다.

단순히 성과를 향상시키기 위해 온 선수들과 성과 확장을 위해 브레인스포팅을 사용할 때, 나는 그들의 강점을 알아내고 그것에 매칭되는 브레인스폿을 찾는 것에서 시작합니다. 확장 모델은 리소스 모델의 강력한 버전이라 할 수 있습니다. 선수들이 자신의 몸에서 숙련된 또는 재능을 가진 느낌이 느껴지는 곳을 찾은 다음 그것에 맞는 눈의 위치를 찾아내는 것입니다. 이 확장 작업에서의 처리 과정은 매우 흥미롭고 때로는 기분 좋은 느낌을 얻게 합니다. 간혹 수행을 억제하고 있던 것이 표면화되기도 하지만, 그것들도 처리되어 갑니다. 이러한 긍정적인 처리가 이루어진 후 만일 선수가 원한다면, 스포츠 트라우마(특히, 스포츠 부상)를 찾아내어 제거하기 위해 문제를 좁혀서 작업을 할 수 있습니다. 이것이 이루어지면 다시 긍정적인 지점과 신체 경험으로 되돌아가고, 확장은 보통 거기에서 시작됩니다.

▶▶▶

스포츠는 대부분 몸의 움직임을 통해 표현되는 유연함, 민첩성 및 독창성을 필요로 합니다. 위대한 선수들은 종종 새롭고 예상치 못한 것들을 이루어 내기 때문에 크리에이터라고 불립니다. 성취에 대한 수많은 벽이 사라지면 운동선수들은 훨씬 더 많은 것을 창조해 냅니다.

그것은 예술가, 특히 공연 예술가들도 마찬가지입니다. 다음 장에서는 브레인스포팅을 이용하여 아티스트의 창의적인 표현을 막는 것을 알아내고 제거하는 방법에 중점을 두고 설명하도록 하겠습니다.

Brainspotting

12

브레인스포팅과 창의력

'전 세계의 무대'

Brainspotting

"**창**의적이지 않고서는 치유가 일어나지 않고, 치유되지 않고 서는 창의적일 수 없다."

이 표현은 내가 만들어 낸 문구입니다. 치유 과정으로서의 브레인스포팅은 매우 창의적이고, 브레인스포팅 또한 예술가들의 창의력을 촉발시키고 확장시킬 수 있습니다.

치료 과정으로서 브레인스포팅은 프로토콜 중심이 아닙니다. 즉, 지켜야 할 단계나 절차가 없다는 것입니다. 오히려 미리 정해져 있는 것은 치료사의 순간순간 내담자와의 직관적인 조율과 내담자의 창조적인 치유 과정을 방해합니다. 브레인스포팅은 우뇌와 좌뇌에 동시에 작용하기 때문에 뇌의 예술적인 부분과 과학적인 부분을 반영하고 통합하게 됩니다. 형태 및 구조, 도구 및 기법, 특히 내담자의 과정을 열린 마음으로 따라간다는 이중 조율의 프레임에서 보면 브레인스포팅은 예술과 아주 유사합니다.

생존, 탄력성 그리고 회복은 모두 창의력을 필요로 하는 동시에 창의력을 드러냅니다. 브레인스포팅은 더 깊은 뇌의 천재성에 접근합니다. 브레인스포팅 처리 과정에서 인간이 진실로 얼마나 직관적이고 창조적이며 지적인지를 볼 수 있습니다. 브레인스폿에 의해 활성화되고 집중하는 내담자의 프로세스는 깊고 빠르며 예측할 수 없어 나는 항상 놀랄 준비를 하고 기다립니다. 실망할 일은 거의 없습니다. 인생의 다양한 사건의 장면들이 계속해서 나타나 소용돌이치는 감정이나 유동적인 몸의 감각으로 바뀌기도 하고, 내담자 내면에서 불쑥 의문이 올라와도 금방 납득될 만한 대답이 어디선가 나타납니다. 평소에는 의식하기 어려운 뇌의 깊은 부분, 창조적인 뇌에서 답이 나타나기 때문에 그 답이 어디에서 나온다고 특정하기 어려운 듯합니다. 이 과정에 대한 반응으로, 내담자의 SUDS 레벨이 새로운 내용에 접근했을 때 높아지는 경우도 있지만 필연적으로 0을 향해 내려갑니다. 이는 예술가들이 그들의 깊은 자아에서부터 나타나는 사고의 흐름을 관찰하여 거기에서 무언가를 얻고 있는 과정과 유사합니다.

나는 연기, 노래, 춤, 작곡, 집필, 회화, 그림과 조각 등 수많은 분야의 예술가와 많은 세션을 해 왔습니다. 나는 그들의 개인적인 문제뿐만 아니라 창조성의 문제를 돕기 위해 브레인스포팅을 사용했습니다. 또한 브레인스포팅을 사용하여 배우들을 코칭하는 방법도 개발하였습니다. 그때 창의적 확장이나 심화에 동반하여 동시에 깊은 치유가 일어나고 있다는 것을 알게 되었습니다. 그러한 경험이 있었기에 점차 창의력 향상의 기본은 치유에서 출발한다고 믿게 되었습니다. 다시 말해서, "창의적이지 않고서는 치유가 일어나지 않으며, 치유되지 않고서는 창의적일 수 없다."라는 것입니다.

배우부터 화가, 작가까지 아울러 많은 예술가는 트라우마로부터 치유되면 창의력을 잃어버릴 것이라고 생각합니다만, 그것은 잘못된 미신적인 생각입니다. 트라우마는 창의력을 만드는 것이 아니라 창의력을 방해한다는 것이 진실입니다. 트라우마는 경험에 접근하도록 허용하지 않으며, 되레 반사적 해리라는 장벽으로 경험을 막아 버립니다. 트라우마로부터 예술을 창조해 내는 예술가도 있지만, 그때의 창조적 과정은 단지 상처에 한정된 좁은 폭에서 이루어질 뿐입니다. 캔버스는 얼룩덜룩한 검고 붉은 줄무늬로 덮이고, 배우는 지독히 고통스러운 영혼을 연기합니다. 브레인스포팅이 예술가의 상처를 치유하면 창의력의 스펙트럼은 극적으로 넓어집니다. 화가는 팔레트의 모든 색상을 사용할 수 있으며, 배우는 가장 처절하게 고통받는 배역에도 미묘하게 희망을 표현할 수 있습니다. 트라우마는 예술성을 차단시켜 버리지만, 브레인스포팅은 창의력의 무한한 가능성을 열어 줍니다.

어떤 사람들은 브레인스포팅이 단지 뇌 안에서 트라우마의 위치를 찾아낼 뿐이라고 잘못 믿고 있습니다. 사실, 우리 자신의 모든 면에 접근할 수 있는 시야의 포인트는 셀 수 없이 많습니다. 그렇기 때문에 브레인스폿은 상처만큼이나 창의력에 대해 접근할 수 있는 지점이라 할 수 있습니다. 게다가 브레인스폿에는 다양한 창의력이 있습니다. 노래도 부르는 배우는 자신의 연기와 노래 실력을 연결시키기 위한 각기 다른 브레인스폿이 있을 수도 있습니다. 작곡가는 다른 브레인스폿을 사용하여 가사와 음악을 끌어올 수 있습니다. 코미디에서 드라마로 전환한 작가는 그들의 창조적인 브레인스폿을 때때로 바꿔야 할 것입니다. 예술가의 여러 가지 창의성은 다양한 브레인스폿을 이용하는 것이 도움이 됩니다.

소렌이 내게 처음 세션을 받으러 왔을 때 그는 30대 중반이었습니다. 그는 스물두 살 때 고향인 덴마크를 떠나 미국으로 이민을 왔습니다. 그의 창의력을 막고 있는 마음 깊숙한 무능함의 느낌을 극복하기 위해 도움을 받고자 했습니다. 그의 이야기를 펼쳐 내면서, 소렌은 나에게 점차 그의 재능을 하나씩 하나씩 드러내기 시작했습니다. 치료 초기에 그는 브로드웨이에서 수석 무용수로 일하고 있었습니다. 천성적으로 그는 우아했습니다. 그리고 얼마 후 그는 자신이 배우 지망생이라고 하였고, 자신의 노래 실력도 보여 주었습니다. 그 후 그는 자신이 극작가이고, 뮤지컬을 위해 연극을 하나 완성했다는 것을 보여 주었고, 다시 얼마 후 나는 그가 뮤지컬의 대사와 가사를 쓰는 재능이 있다는 것도 알게 되었습니다.

소렌과의 브레인스포팅 작업은 트라우마 처리에서부터 시작하여 점차 창조적으로 확장해 갔습니다. 소렌은 4남매 중 한 명이었습니다. 그의 어머니는 소렌의 아버지를 하찮게 여기고 무시하는 집안의 강자였습니다. 더 나아가, 그녀는 모든 남성에 대해 적개심을 표출했습니다. 소렌의 말에 따르면, 어머니는 그를 남자라고 생각하지 못하는 것 같았으며, 남성들은 상스럽고 무능하다는 그녀의 믿음에 소렌을 끌어들이려고 하는 것처럼 느꼈습니다. 이것이 그의 불안감과 열등감의 씨앗으로 자리잡았고, "나는 충분하지 않아."는 그의 입버릇이 되었습니다.

예술가의 스승과 코치들은 학대라 할 수 있을 정도로 요구하고 비판적이 되기도 합니다. 소렌의 스승들도 예외는 아니었습니다. 소렌이 10대 내내 다녔던 댄스 아카데미의 수석 강사는, 특히 더 그랬습니다. 그 선생님은 소렌을 애완견처럼 예뻐하는 한편, 많이 경멸하기도 했습니다. 그녀가 소렌이 재능이 있기 때문에 밀어붙이는 것인지 아니면 너무 부족해서 그러는 것인지 소렌은 알 수가 없었습니다. 징벌 차원에서 소렌을 일 년에 딱 한 번 열리는 아카데미의 공개 발표회에서 제외시켜 버린 적도 있었습니다. 소렌은 아카데미의 스타로 각광을 받는 것이 아니라 관객석에서 발표를 지켜보았던 것입니다. 그를 배제시킨 것이 변덕스럽고 불공평한 처사였다고 느끼고 있었지만, "나는 충분하지 않아."라고 귓가에 맴도는 소리를 피할 수는 없었습니다. 그와 동시에 마음 깊은 곳 어딘가에서 소렌은 자신이 충분할 뿐만 아니라 특별하다는 것을 알고 있었습니다.

소렌이 매우 창의적일 뿐만 아니라 민감하다는 것이 놀라운 일은 아닙니다. 예술가들은 대부분의 사람과 다르게 세상을 봅니다. 이미지, 소리, 움직임 또는 개념으로 모든 것을 인식하며, 대부분의 사람과 다른 우주를 봅니다. 예술가들은 대개 어렸을 때부터 이런 직관력을 가지고 있습니다. 그러나 창의적으로 재능 있는 사람들이 이러한 인식을 나타낼 때, 대개의 경우 부모, 교사, 형제자매들이나 동료들은 잘 이해하거나 받아들이지 못합니다. 그 결과, 창의적인 재능이 있는 사람들은 어린 시절부터 가장 소중하면서도 취약한 영역인 그들의 재능에 상처를 입게 됩니다. 그들의 재능은 다른 사람들의 관심을 끌기도 하고 경멸의 대상이 되기도 합니다. 그러한 상처는 가장 무정하면서도 깊은 상처이기도 합니다. 누군가의 재능과 표현을 학대하는 것에는 이중적인 효과가 있습니다. 그것은 영혼을 상처 입히고, 창조적인 불안과 장애의 기초를 놓는 것입니다. 수십 년 동안 세션을 해 오면서, 나와 함께했던 예술가 내담자들은 한결같이 그들의 창조적인 본성 때문에 고통받았다고 하였습니다. "이상한 말을 하네." "너는 멍청해." "너는 미쳤어." "너는 말썽꾸러기야." "넌 너무 예민해." 등의 말은 대개

영재들이 들어 왔던 말들이며, 마찬가지로 그런 말을 들어 왔던 소렌도 자신이 불충분하다고 느끼며 단단한 껍데기 속으로 들어가 버린 것이었습니다.

게다가, 예술가들은 운동선수들과 마찬가지로 예술 작업 중에 신체적 부상을 당하는 일도 종종 있습니다. 특히 이런 부상은 연습과 공연을 위해 고통스러울 정도로 몸을 혹사시키는 무용수들 사이에서 만연한데, 이것은 어린 시절부터 시작되어 평생 지속되는 경향이 있습니다. 무용수들은 예술과 운동의 접점에서 표현을 하기 때문에 스포츠와 창조성 두 방면에서 모두 부상을 입기 쉽습니다. 그러므로 만약 매우 중요한 무대 공연 중에 부상이 발생했다면 그 상처는 복합적인 것입니다. 소렌 역시 이러한 잔인한 현실에서 예외는 아니었습니다.

그러나 무용수만이 신체적 부상을 입는 예술가는 아닙니다. 배우들 역시 무대나 카메라 앞에 서야 하기 때문에 그들의 몸을 혹사시킵니다. 영화 〈성난 황소(Raging Bull)〉에서 로버트 드니로는 처음에 권투 선수 제이크 라모타를 연기하기 위해 믿을 수 없을 정도로 큰 폭의 체중 감량과 증량을 번복했습니다. 가수 이디나 멘젤은 브로드웨이에서 위키드의 마지막 공연에서 트랩 도어 사이로 떨어져 갈비뼈에 금이 갔습니다. 나는 액션 영화를 찍으며 여러 번 뇌진탕을 경험한 유명한 영화배우와 함께 일한 적이 있습니다. 그때 그는 스트로브 조명에 노출되면서 2시간 동안 완전히 실명하기도 했습니다. 음악가들은 종종 반복적 동작이나 수근관 증후군[1]

---

1) 수근관 증후군(carpal tunnel injuries): 수근관에서 손목을 관통하는 정중신경의 수축으로 인하여 발병하는 질병이다. 주요 증상은 특정 손가락의 통증, 무감각, 저림이 있다.

(carpal tunnel injuries)에 시달리기도 하여 부득이하게 쉬어야 하거나 그들의 경력을 끝내게 되는 경우도 있습니다. 이 같은 부상은 조각가나 화가 같은 그래픽 아티스트에게도 발생합니다.

예술적 과정 중에 이러한 신체적인 부상이 발생하면 동시에 심리적인 상처도 받게 되는데, 운동선수들과 마찬가지로 이러한 심리적·신체적 부상은 서로 복잡하게 얽혀 있습니다. 움직임과 예술은 불가분의 관계에 있으므로, 움직임에 대해 어떠한 제한도 창조적인 과정을 제한하며 불안을 야기시킵니다.

예술가들이 직면하는 가장 치명적인 트라우마는 거절입니다. 이것은 모든 형태의 예술에 적용됩니다. 하나가 받아들여지기까지 수천 번까지는 아니더라도 수백 번의 거절을 경험합니다. 예술가가 이러한 엄청난 거절의 파란을 겪어 내고 살아남아 승리한다는 것은 놀라운 일입니다. 오디션은 종종 의도적이거나 의도치 않게 학대적으로 이루어집니다. 이러한 '적정 테스트'는 추방과 사형 언저리의 어떤 것일 수 있습니다. 아무리 여러 번 그런 일이 일어난다 해도, "다음!" 혹은 "됐어요!" 하는 말을 듣는 것은 늘 괴롭고 굴욕적인 일입니다. 때로 배우나 가수는 오디션을 본 이후에 뽑히지 않았다는 것을 알려 주는 예의상의 전화조차 받지 못하는 경우도 있습니다.

배우들은 "당신의 연기는 훌륭하지만, 당신 눈이 너무 몰려 있어요."라든지 "당신 어깨가 마음에 들지 않는군요."라는 말을 듣습니다. 그리고 가장 흔한 일은 왜 배역을 얻지 못했는지 알지 못한

증상은 일반적으로 점진적으로 시작되며, 통증은 팔로 번질 수 있다. 약한 악력과 엄지손가락 밑 부분 근육의 쇠퇴가 시작될 수 있다.

채로 있는 것입니다. 심지어 역할을 맡았어도 배우, 가수, 댄서들이 감독들에게 욕설을 듣거나 굴욕을 당하는 경우는 빈번합니다. 리허설이나 촬영장에서 변덕스럽게 해고되는 공연자들도 있습니다. 나는 자신의 최고의 작품을 도난당하거나 훼손당했던 그래픽 아티스트들과도 세션을 한 적이 있습니다.

결국 굶주린 예술가(starving actor)라는 표현은 재능 있는 예술가들과 연주자들이 어떻게 최저 생계 수입으로 살고 있는지를 나타냅니다. 연기에서의 목표는 스타가 되는 게 아닙니다. 그저 '일하는 배우'가 되는 것입니다. 이 말은 단순히 배우라는 직업으로 생활에 필요한 비용을 번다는 뜻을 나타냅니다. 나는 맨해튼에 사무실이 있기 때문에 예술의 메카로 몰려드는 많은 예술가와 브레인스포팅을 할 수 있는 특권을 누리고 있습니다. 나는 종종 그들을 위해 세션 비용을 대폭 낮추어 줍니다. 이것이 예술의 후원자가 되는 나만의 방법입니다.

예술가들의 핵심 상처를 치유하기 위해서는 브레인스포팅을 반복적으로 여러 번 하기도 합니다. 소렌과의 경우도 그러했습니다. 다행히도 그는 브레인스포팅에 '잘 반응하는 타입'의 내담자였습니다. 어떤 형태의 브레인스폿에도 안정된 상태로, 헤드폰을 통해 양측성 자극음을 들으며 소렌은 치유의 여정을 떠났습니다. 그의 처리 과정은 예술적 재능만큼이나 놀라웠습니다. 나는 할 수만 있다면 그의 머릿속에서 벌어지고 있는 트라우마 치유 이미지를 볼 수 있었으면 하고 바랐습니다. 나는 때때로 소렌의 얼굴에 나타나는 감정의 변화, 깨달음, 해방감을 그저 놀라움으로 지켜볼 뿐이었습니다. 창의적으로 재능이 있는 사람은 가장 창의적인 방법으로

치유됩니다. 유전적인 영향과 끊임없이 재능을 갈고 닦기 때문에
예술가들은 놀라운 신경 회로를 가지고 있는 것입니다.

소렌의 트라우마가 하나둘씩 치유되면서 풀려 갔습니다. 그의
복잡한 창조성이 평생 동안 상처받아 왔다는 사실을 내가 이해하
는 것은 그에게 있어서는 매우 중요한 일이었습니다. 나는 아무것
도 판단하지 않았을 뿐만 아니라, 그의 재능에 조율했습니다. 그
가 얼마나 뛰어난 사람인지 깨닫고 인정해 준 첫 번째 사람이 아마
도 저였을지도 모르겠습니다. 시선을 집중시키기 위해 지시봉을
잡고 있으면서 그의 새로운 재능을 발견할 때마다 그저 놀라울 따
름이었습니다. 특별한 능력을 가진 내담자들을 겁내 하거나 위축
되는 치료사들을 간혹 본 적이 있습니다만, 나에게 있어서 소렌과
함께하는 세션은 마치 궁극의 디즈니랜드로 가는 여행과도 같았
습니다. 창의적 재능을 가진 내담자는 창의성이 풍부한 치료사와
치유 작업을 해 나가는 것이 이상적입니다.

점차 우리의 작업은 정서적 치유에서 공연 능력 확장 작업으로
변화해 갔습니다. 먼저, 소렌은 연기력을 향상시키고 싶어서 오디
션 독백 대사를 가지고 왔습니다. 나는 그에게 대사를 한번 읽게
한 다음, '배역 스폿'을 찾도록 도와주었습니다. 인사이드 윈도우
브레인스포팅으로 소렌을 가이드하면서, 먼저 지시봉을 오른쪽으
로, 그다음에는 가운데로, 그리고 왼쪽으로, 그리고 눈 위아래로
옮겼습니다. "그 배역이 가장 많이 느껴지는 부분이 어디인가요?"
라고 물었을 때 소렌은 왼쪽과 위를 가리켰고, "지금 당신의 몸속
에서 가장 그 배역을 가장 많이 느끼는 부분이 어디입니까?"라고
묻자 그는 말없이 가슴에 손을 얹었습니다. "지금 이 순간, 독백에

서 어떤 대사가 머릿속에 떠오릅니까?"라고 묻자, 소렌은 "모르겠네요."라고 하였습니다.

나는 소렌에게 과정을 처리하고 있는 것이 자신이 아닌 그 배우, 즉 찰스라는 이름의 배역이라는 생각으로 이 프로세스를 지켜보도록 가이드했습니다. 소렌에게 깊은 감정과 신체적 공명으로 번뜩이는 기억들이 나타났습니다. 그런데 반전이 일어났습니다. 그 기억들은 소렌의 것이 아니라 찰스의 기억이었습니다. 그의 시선이 브레인스폿에 머물러 있을 때, 장면, 소리 그리고 냄새들이 모두 소렌의 앞에서 휙 비춰졌습니다. 갑자기 튀어나온 것 같았지만, 그것들은 모두 찰스와 독백에 있어서는 자연스럽고 유기적인 것들이었습니다. 배우들은 배역을 만들고 연결하기 위해 몇 날 며칠이 필요하지만, 소렌은 거의 순식간에 그걸 하고 있었습니다.

15분 후에 그는 독백을 암송했습니다. 소렌이 내 사무실에서 그 배역을 구현하자 오싹해질 정도였습니다. 소렌은 흥분해서 "이것 정말 끝내주네요!"라고 말했습니다.

그러나 그 과정은 끝나지 않았습니다. 배우가 그렇게 배역에 깊이 빠질 때, 거기에 그대로 두는 것은 현명하지 않습니다. 그래서 우리는 소렌의 스폿, 즉 셀프스폿을 찾아 찰스를 처리하고, 그 자신으로 돌아올 수 있도록 도와주었습니다. 소렌이 오디션을 위해 찰스를 조금만 더 유지하고 싶다고 해서 "당신 몸 어디에 찰스를 두고 싶은가요?"라고 물었습니다. 그러자 그가 왼손을 들어 올렸고, 우리는 거기에 찰스를 옮기기 위한 브레인스폿을 찾아냈습니다. 찰스는 서서히 소렌의 몸을 빠져나와 소렌의 왼손으로 흘러가 머물렀습니다.

마지막으로, 나는 소렌에게 "오디션 직전에, 왼손을 가슴에 대고 왼쪽과 위쪽을 바라보고 오늘 같이 작업했던 배역 스폿을 찾아보세요."라고 제안했습니다.

소렌은 내 지시를 따랐고, 오디션에서 심사위원을 매료시켜 멋지게 찰스의 배역을 따냈습니다.

연기에 관한 세션은 소렌의 모든 창작과 관련한 처리 과정의 시작이었습니다. 어느 날 그는 녹음기를 들고 와 노래 한 곡에 대한 세션을 하고 싶다고 했습니다. 나는 소렌이 노래 레슨을 받는다는 건 알고 있었지만, 그의 목소리는 나를 놀라게 했습니다. 그가 "저를 좀 도와주실 수 있으실까요?"라고 물었을 때, 그의 노래를 더욱 좋게 만들기 위해 무얼 할 수 있을까 하고 생각했습니다.

예술가들과 세션을 하면서 나는 창조성은 비약적이라는 것을 알게 되었습니다. 기본적인 능력이 높으면 높을수록 가능성도 커진다는 점은 주목할 만합니다. 세션을 통해 소렌의 목소리의 공명과 노래에 대한 감정의 연결은 더욱 더 높아졌습니다.

또 다른 세션에서는 "정해진 춤 동작을 추는데, 한 곳에서 막히네요."라고 하였습니다. 우리는 더 넓은 공간을 찾기 위해 지시봉을 들고 대기실로 나갔습니다. 나는 소렌이 가진 재능의 또 다른 면을 보게 되었고, 그것은 흥분되는 일이었습니다. 그는 잘 안 되고 있는 동작을 보여 주었지만, 내가 보기엔 괜찮아 보였습니다. 그러나 그는 문제가 있는 지점을 알고 있었고, 막혔다고 느끼는 부분과 관련된 브레인스폿을 찾아냈습니다. 우리는 문자 그대로 한 걸음 한 걸음씩 작업해 나갔습니다. 작업이 끝났을 때 소렌은 마치 대기실 안을 날아다니는 것 같았습니다.

그의 이야기 마지막 장에서, 소렌은 연극의 대본을 들고 내 사무실로 왔습니다. 그는 이것을 건네면서 "제가 썼어요. 이것 좀 읽어주시겠어요?"라고 말했습니다. 나는 영화나 연극에 사용하는 대본에 대해 심리학적으로 문제가 없는지 확인하는 일을 예전에 한 적이 있었기 때문에 그의 대본을 받아 들고 "그럼요."라고 대답했습니다. 소렌은 양측성 자극음 CD를 들으며 연극 전체를 썼다고 했습니다. 이 연극은 다재다능한 엔터테이너에 관한 것이었는데, 소렌이 어떻게 주인공에 자신을 투영했는지 알 수 있었습니다.

그의 대본을 읽으며 나는 다음의 두 가지 것에 충격을 받았습니다. 첫째, 소렌은 전에 나에게 보여 준 적이 없는 기막힌 유머 감각을 가지고 있었습니다. 둘째, 소렌의 제2외국어인 영어는 흠잡을데가 없었습니다. 문법상의 오류도, 철자법도, 관용어 사용도 훌륭했습니다. 그 완벽함은 영어를 모국어로 하지 않는 사람들에게는 거의 불가능한 일입니다. 그가 작곡한 악보와 그가 쓴 가사가 포함된 소렌의 연극은 믿을 수 없을 정도였습니다. 나는 주인공의 심리에 대해 몇 가지 도움이 되는 메모를 하였고, 소렌은 매우 감사해하였습니다.

소렌은 누가 그의 연극을 감독해야 하는지 결정을 내려야 했습니다. 자신이 직접 하는 걸 고려하고 있었지만, 금전적인 후원자들은 명감독을 데려오고 싶어 하는 걸 알고 있었습니다. 나는 지시봉을 꺼내 "당신의 결단 지점을 찾아보자."라고 했습니다. 그 브레인스폿은 정중앙이었고, 소렌은 10분간 그 자리를 응시하다가 눈을 감았습니다. 나는 그가 여전히 내면의 같은 스폿을 응시하고 있다는 것을 알 수 있었습니다. 10분간을 더 그러고 있는 소렌을 나는 그저 조용히 기다리고 있었습니다.

마침내 눈을 뜨며 "내가 감독하겠어요."라고 말하는 그의 눈동자에 후회는 없었습니다. 그는 동시에 제작과 안무도 스스로 하기로 결심하고 있었던 것입니다.

그렇게 연극을 만들어 가게 되었고, 그 사이 창조성의 문제나 개인적인 문제가 나타날 때마다 우리는 브레인스포팅을 했습니다.

종종 중압감이 몰려들 때면 소렌이 일시적으로 자신감을 잃는 경우도 있었습니다만, 그럴 때 브레인스포팅은 별로 필요가 없었고 그는 스스로 다시 정상으로 돌아왔습니다. 그는 연극에 대한 큰 워크숍을 개최했고, 현재는 브로드웨이 뮤지컬을 무대에 올리는 데 필요한 엄청난 액수의 돈을 모으는 과정 중에 있습니다. 소렌의 입버릇은 더 이상 "나는 충분하지 않아."가 아닙니다. "나는 자랑스러운 예술가야."로 변화했습니다.

▶▶▶

나는 브레인스포팅을 개방적이고 창의적인 모델로 디자인했습니다. 브레인스폿에서 치료사는 내담자의 직관적이며 순간적으로 일어나는 치유 과정을 따라갑니다. 이러한 창조적인 요소 덕분에 브레인스포팅은 예술가들을 치료하는 것과 그들의 창조적인 잠재력을 확장하는 것 둘 다에 적합합니다. 나는 예술가와 함께 브레인스포팅 작업을 하며 그들에게 이러한 도구를 그들 스스로 사용하도록 가르쳐 줍니다. 다음 장에서 여러분 스스로 어떻게 시야를 활용하여 셀프-브레인스포팅을 할 수 있는지를 소개하도록 하겠습니다.

Brainspotting

13

셀프-브레인스포팅

'당신의 시야를 활용하라'

Brainspotting

사람들은 항상 나에게 "자기 스스로도 브레인스포팅을 할 수 있나요?"라고 묻습니다. 나는 보통 "당신은 지금 하고 있어요."라고 대답합니다. 그리고 나를 보고 있다는 것은 뇌의 특정 부분과 관련된 눈의 위치를 유지하고 있다는 설명을 덧붙입니다. 또한 브레인스포팅이 얼마나 직관적이고 무의식적인지를 설명합니다.

우리는 하루 종일, 날마다 셀프-브레인스포팅을 하고 있습니다. 어디를 보고 있느냐에 따라 느낌이 달라지는 것을 알아차린다면 이러한 자연스러운 현상을 잘 활용할 수 있을 것입니다. 보는 위치에 따라 뇌의 특정 정보에 접근하고 있다는 것을 알아차리는 것은 자기 자신을 이해하는 것, 그리고 눈의 위치를 의식적으로 사용할 수 있는 것으로 이어집니다. 사실, 여러분은 지금 이 문장을 읽으면서 브레인스포팅을 하고 있습니다. 그것을 알아차려 보세요. 이 단어들을 보면서 잠시 동안 내면에서 어떤 일이 일어나는지 지켜보세요.

보는 위치에 따라 느낌이 달라지는 구조를 내가 발명한 것은 아닙니다. 나는 그저 그것을 알아차렸을 뿐입니다. 사실, 모든 사람이 그러했겠지만 나도 무의식적으로는 알고 있었습니다. 하지만 내담자인 카렌의 눈이 미세하게 움직이는 것을 보았을 때, 그녀가 보고 있는 그 자리에 손가락을 고정시켜 가만히 있었던 경험에서 나는 눈의 위치가 지닌 힘을 의식적으로 알게 되었던 것입니다. 카렌이 자신의 눈이 미세하게 움직이고 있다는 것을 전혀 몰랐다는 사실로 보더라도, 브레인스포팅을 하는 치료사의 도움 없이는 그 누구도 눈의 위치의 힘을 끌어낼 수 없다는 것을 알 수 있습니다. 이 책에서 나는 이중 조율 프레임(치료사가 내담자에 대해 관계적이고 신경생물학적인 기반으로 조율하는 방식)이 브레인스포팅의 힘이라고 언급해 왔습니다. 외부에서 자신을 관찰할 수 없기 때문에, 혼자서는 이중적 조율을 할 수 없습니다.

또한 무엇이 나타날지 모르기 때문에 혼자서 깊은 트라우마 작업을 하는 것은 그리 좋은 방법이 아닙니다. 브레인스포팅 세션에서 예기치 않은 상황이 발생하면, 치료사는 그라운딩하고 안정화시킬 수 있습니다. 주기적으로 나타나는 깊은 기억과 감정은 시간을 들여 적절한 도움을 통해 그것을 처리하고 다시 균형을 찾을 수 있습니다.

브레인스포팅의 몇 가지 모델과 기술은 훈련된 치료사의 가이드가 필요하지만, 스스로에게 적용할 수 있는 셀프-브레인스포팅은 우리 자신을 더 차분하고 안정화되도록 하며, 수면을 돕고, 창의력과 수행 능력을 향상시키는 데에 활용할 수 있습니다. 이번 장에서는 다양한 셀프-브레인스포팅에 대해 알려 드릴 것입니다.

사용하기 가장 편한 도구를 가장 먼저 소개하도록 하겠습니다. 실은 집필 중인 지금도 나는 그것을 사용하고 있습니다만, 그것은 소리가 부드럽게 왼쪽과 오른쪽으로 흐르는 양측성 자극음입니다. (양측성 자극음을 어떻게 개발하게 되었고, 브레인스포팅 세션에서 어떻게 사용하는지는 제3장에 나와 있습니다.)

양측성 자극음 CD나 인터넷상에서 다운로드할 수 있는 음악 파일은 왼쪽에서 오른쪽으로 소리가 움직이듯 프로그램화되어 있으며, 부드러운 치유 계열의 음악이나 자연의 소리를 담고 있습니다. 이것은 동시에 두 가지 효과를 발휘합니다. 첫째, 진정시키는 역할을 하는 부교감신경계를 활성화하여 몸과 뇌를 이완시키는 데 도움을 주며 또한 수행 능력을 향상시키게 해 줍니다. 둘째, 음악이 한쪽 귀에서 반대쪽 귀로 왔다 갔다 하기 때문에 좌뇌와 우뇌를 번갈아 자극합니다. 이러한 자극은 좌우 뇌의 교류, 통합 그리고 조화를 촉진합니다. 양측성 자극음은 브레인스포팅 세션에서 사용할 때에도 매우 효과적이지만, 개인적으로 사용할 때에도 유용합니다.

양측성 자극음을 개인적으로 사용할 때에는 다양하게 응용이 가능합니다. 먼저, 언급했듯이 뇌를 안정키시고 몸의 긴장을 완화시켜 줍니다. 긴장하거나 불안감을 느낄 때 양측성 자극음을 듣는 것은 안정감을 찾는 데 도움을 줄 것입니다. 이미 평온한 상태라면 더욱더 차분한 상태로 들어갈 것입니다. 안정 효과는 사람마다, 상황에 따라 다릅니다. 빨리 반응하는 사람들이 있는 반면, 어떤 사람들은 더 오래 걸립니다. 조급해하지 말고, 양측성 자극음을 들을 때에 시간과 여유를 가지세요. 이완은 명령한다고 되는 것이 아닙니다. 때로는 알아차리지 못할 때 자연스럽게 옵니다. 의식적인 뇌는 깊이 있는 뇌를 진정시키는 게 아니라 오히려 반대입니다. 기억하세요. 우리가 살고 숨 쉬는 곳은 뇌의 깊은 곳입니다.

양측성 자극음 덕분에 편안히 잠들 수 있었다고 하는 분도 많이 있었습니다. 이 사운드가 이완을 하도록 해 주고, 이완되면 편히 잠들 수 있기 때문입니다. 수면장애에는 심각하고 신체적인 여러 가지 원인이 있기 때문에 만성 불면증은 보통 치료하기가 힘듭니다. 하지만 잠드는 것이 힘든 사람들에게 카페인 섭취를 제한하고, 규칙적인 수면 스케줄을 따르고, 자기 전에 충분하게 휴식 시간을 주는 것과 같은 좋은 수면 습관과 양측성 자극음 듣기를 병용한다면 수면 문제 개선에 도움이 될 것입니다. 잠들기 위한 도움으로 사용할 것이라면 먼저 낮 시간에 이완 목적으로 양측성 자극음을 한번 사용해 보고 나서 쓰기를 권합니다.

양측성 자극음을 처음 사용할 때 일시적으로 활성화되는 경우가 있습니다. 왜냐하면 이 음악이 의식 표면보다 조금 아래에 있는 것들을 무엇이든지 꺼내 오기 때문입니다. 그런 것들은 차분해지고 안정되기 위해 일단 의식으로 나타나지 않으면 안 될지도 모릅니다. 일시적으로 활성화되면 대개 뒤이어 풀리는 느낌과 안도감이 나타납니다. 그래서 잠자기 바로 전에 사용하는 것보다는 낮에 먼저 양측성 자극음을 사용해 보기를 권하는 것입니다. 이는 드물긴 합니다만, 활성화로 인해 수면을 방해할 가능성을 막기 위함입니다.

아무것도 하고 있지 않을 때, 혹은 무언가 활동하고 있을 때에도 이완하거나 불안감을 줄이기 위해 양측성 자극음을 들을 수 있습니다. 일할 때 사용하면 양측성 자극음은 일의 능률을 올리고 창의력을 확장시켜 줍니다. 학생들은 양측성 자극음을 들으면서 공부했더니 시험 성적이 향상되었다고 보고하기도 했습니다. 나와 함께 세션을 했던 배우들은 무대에 오르기 직전이나 카메라 앞에서 이 사운드를 듣습니다. 배우들은 이렇게 하는 것이 창의력이 열리고, 배역에 더 몰입하게 하는 데에 도움이 되었다고 하였습니다. 나에게 치료를 받는 두 명의 화가는 화폭에 색칠을 할 때에 항상 헤드폰을 통해 양측성 자극음을 듣습니다.

양측성 자극음을 사용하는 것의 장점은 아무것도 할 필요가 없다는 것입니다. 소리가 귀로 직접 들어가 뇌의 깊은 곳으로 들어가서 몸속으로 내려갑니다. 뇌에서 직접 심장, 소화기, 호흡기 계통까지 이어지는 부교감(진정시키는)신경계의 중심 축인 미주신경에 작용합니다. 미주신경은 우리가 위협으로부터 안전하다는 것을 알려 줍니다. 그래서 진정하고 속도를 늦추며 우리의 내부 환경으로 주의를 돌릴 수 있습니다. 이러한 미주신경의 반응은 그라운딩하며 동시에 열릴 수 있도록 해 긴장하지 않고서도 성과와 창의력을 증진할 수 있도록 도와줍니다.

다음은 셀프-브레인스포팅을 위한 세 가지 방법입니다. 첫 번째는 리소스 모델의 신체적 리소스를 활용하는 연습입니다. 이 연습은 신체적 리소스와 집중 마인드풀니스 상태를 활용하여 이완하거나 머리를 맑게 하고 또는 마음의 중심을 회복하는 것을 목적으로 합니다. 보다 구체적인 문제 해결 방법은 다음에 소개하는 두 가지 방법(스스로 하는 게이즈스포팅과 인사이드 윈도우 브레인스포팅)을 참조하시기 바랍니다.

연습 1 자신의 신체 리소스를 찾아내어 활용하기

이 연습은 브레인스포팅 리소스 모델을 기반으로 한 신체적 리소스를 사용합니다. 제4장에서 신체적 리소스에 대한 설명이 나와 있는데, 간단히 말해 가장 편안하고 든든하게 느껴지는 몸의 부분입니다.

• 1단계: 신체 리소스 찾기

신체 리소스를 찾는 가장 간단한 방법은 머리에서 발끝까지 천천히 몸을 느껴 보고 편안하거나 든든하게 느껴지는 곳을 찾는 것입니다. 가슴이나 등처럼 넓은 부위일 수도 있고, 혹은 무릎 뒤나 발바닥처럼 동전만큼 작은 부위일 수도 있습니다. 직관을 믿으세요. 빨리 찾을 수도 있고, 시간이 좀 걸릴 수도 있습니다. 어느 쪽이든 인내심을 가지고 자기 자신을 부드럽게 대합니다.

신체 리소스는 실제로 뇌에서 안정되고 차분한 감각을 느끼는 영역(the calm groundedness)에 해당합니다. 뇌에서 그 지점이 어디인지 상상하거나 시각화하는 것도 도움이 됩니다. 내부 지점을 찾는 방법은 제9장의 내부 뇌 스캔 안내 내용을 참조하기 바랍니다.

• 2단계: 추가적인 안정화와 그라운딩하기

먼저, 앉아 있다면 발이 바닥에 닿아 있는 것을 느껴 봅니다. 발을 땅바닥에 부드럽게 누르거나 이리저리 옮겨 볼 수 있습니다. 발이 바닥에 닿는 걸 느끼면서, 뇌도 마찬가지라는 것을 알아 두세요. 다음, 의자가 몸을 지탱하고 지지하고 있는 걸 알아차려 봅니다. (누워 있다면 침대나 바닥이 몸을 받치고 있는 걸 알아차려 봅니다.) 문자 그대로, 이렇게 우리 자신을 그라운딩하는 것은 감정적으로도 그라운딩되도록 해 줍니다. 이것이 뇌와 몸이 함께 작용하는 방식입니다.

그라운딩이 충분히 되었다고 느껴지면 다음 3단계로 넘어갑니다. 아직 충분히 안정되어 있지 않은 것 같으면 확실한 다음의 두 가지 방법을 시도해 보길 권합니다.

첫 번째는 너무 간단해서 바보같이 느껴질 수도 있습니다만, 그냥 숨을 쉬고 있는 것에 귀를 기울이는 것입니다. 호흡을 늦추거나 바꾸려고 하지 말고, 그저 숨을 들이쉬고 내쉬면서 호흡에 귀를 기울여 봅니다. 숨을 들이마실 때 세포 수준까지 산소가 들어가고 있음을 알아차려 봅니다. 그리고 숨을 내쉬면서 이산화탄소를 내뿜을 때 세포 수준에서 깨끗해지고 있다는 것을 알아차려 봅니다. 호흡은 우리 뇌간에 있는 자율신경계에 의해 조절됩니다. 우리는 숨 쉬는 법을 배울 필요가 없습니다. 호흡은 태어날 때부터 하는 직관적인 행동입니다. 숨소리를 듣고 있다는 것은 뇌간이 제대로 작동하고 있다는 것을 관찰하는 것인데, 그 리듬을 듣고 있으면 호흡은 저절로 점차 안정되어 가게 됩니다.

호흡을 지켜보며 그라운딩 작업을 계속하면서, 손가락을 뒤통수와 목이 만나는 부위에 부드럽게 놓아 봅니다. 뇌간이 뇌에서 척추로 흐르는 곳을 느끼고 있습니다. 이곳이 우리가 살고 숨 쉬는 곳입니다. 호흡을 느끼면서 이곳을 만질 때, 스스로와 연결되고 훨씬 더 깊게 그라운딩될 것입니다.

안정화와 그라운딩을 강화하는 두 번째 방법은 한 손을 천천히 들어 다른 한 손을 부드럽게 잡도록 하는 것입니다. 잡는 손을 안내하여 반대쪽 손을 부드럽게 지지합니다. 준비가 되면, 잡고 있는 손을 부드럽게 어루만지도록 합니다. 이것이 얼마나 안정되고 힘이 되는지 알아차려 봅니다. 잠시 후 자연스럽게 손을 바꾸어 똑같은 행동을 반복해 봅니다. 이 테크닉은 좌뇌와 우뇌를 서로 진정시켜 줍니다.

이제 여러분은 신체 리소스를 찾아내어 추가적인 안정과 그라운딩 작업을 했으니, 집중 마인드풀니스 단계로 나아갈 수 있습니다.

• 3단계: 집중 마인드풀니스로 처리하기

브레인스폿을 찾아낸 이후에는 마인드풀니스를 충분히 사용하여 브레인스포팅을 합니다. 당신이 마인드풀니스에 대해 잘 알고 있다면, 시작할 때와 신체 리소스를 다시 알아차리게 할 때를 제외하고는 거의 가르칠 필요가 없습니다. 마인드풀니스에 익숙하지 않은 사람들에게도 실제로 신체 리소스와 결부시키는 것은 간단합니다.

신체 리소스는 시작하는 곳이며, 때로는 다시 그라운딩하기 위해 되돌아가야 하는 곳이기도 하며, 마무리하는 곳이기도 합니다. 그 사이에 집중 마인드풀니스 처리 과정이 있습니다. 핵심은 이러한 마인드풀니스는 지시되지 않는다는 것입니다. 대부분 브레인스포팅과 마찬가지로, 가이드되지 않을수록 더 좋습니다. 여러분의 몸에서 편안하고 든든한 느낌이 드는 곳을 알아차려 보고, 마음이 가는 대로 어떤 기대나 판단 없이 그저 거기에 머물러서 관찰해 보세요. 한곳에 잠시 머물 수도 있고, 관계가 없어 보이는 것으로 넘어갈 수도 있습니다. 기억, 생각, 감정이나 신체 감각이 오고 갈 수 있습니다. 무작위적이거나 설명할 수 없는 것이 올라온다고 해도 그것을 의심하진 마세요. 의식의 관찰자로서의 뇌는 그저 더 깊고 무의식인 뇌의 과정을 지켜보고 있을 뿐입니다. 핵심은 본능을 믿는 것입니다. 나는 또한 "호기심을 가지고 관찰해 보세요."라고 말하는 걸 좋아합니다.

집중 마인드풀니스를 약 1분간 지속한 후에 신체 리소스로 주의를 돌립니다. 그리고 나서 다시 집중 마인드풀니스를 시작합니다. 이번에는 3분에서 5분 정도 지속되도록 해 보세요. 이 과정이 지속되면 자신만의 리듬과 타이밍을 찾을 수 있을 것입니다. 어떤 사람들은 신체 리소스를 자주 확인하는 것을 좋아하지만, 또 어떤 사람들은 15분에서 20분 정도 관찰을 한 후에 다시 그라운딩 감각을 얻는 경우도 있을 것입니다.

이 신체 리소스를 사용한 간단한 처리에는 시간적 제약이 없습니다. 시간이 짧든 길든 시간을 내서 해 봅니다. 연습을 반복해서 하면 할수록 효과는 누적되기 때문에 더 큰 효과를 얻을 수 있습니다. 최적의 효과를 위해서는 편안하고 방해받지 않는 장소에서 하는 것이 좋을 것입니다.

> **연습 2** 셀프-게이즈스포팅

이번 연습은 자연스럽게 바라보고 있는 눈의 위치를 활용합니다. 이 눈의 위치는 과거의 기억을 가지고 있는 뇌의 장소와 관련이 있는 위치입니다. 제5장에서 어떻게 게이즈스포팅이 작용하는지 자세히 설명하였으니 참조하시기 바랍니다. 이 연습은 양측성자극음을 들으며 같이하면 더욱 효과적이겠지만, 그 사운드가 없어도 충분히 효과를 기대할 수 있습니다. 셀프-게이즈스포팅은신체 리소스로 시작하기 때문에, 진행하기 전에 먼저 1단계 연습인 '신체 리소스를 찾아내어 사용하기'를 다시 해 봐야 합니다.

• **1단계: 게이즈스폿 찾기**

신체 리소스를 발견하거나 만들어 냈다면 시작할 준비가 된 것입니다. 당신의 몸 중에서 편안하고 든든하게 느껴지는 부위를 알아차리고 그대로 5초에서 15초간 머물러 봅니다. 그 시간 동안 또는 그 후 시선이 이동하여 시야 안의 무언가를 가만히 응시하고 있는 것을 깨닫게 될 수 있습니다. 이것이 게이즈스폿입니다. 만약눈이 즉시 움직이지 않는다고 한다면, 더 많은 시간을 들일 필요가있으므로 계속해서 신체 리소스에 집중하며 잠시 동안 마음이 가는 대로 허용해 봅니다. 의식적으로 알아차리기 전에 무의식적으로 선택된 장소, 즉 게이즈스폿을 보고 있을 것입니다.

신체 리소스로 가면 자연스럽게 눈을 감아 버리는 사람도 있습니다. 만약 그렇다고 하더라도, 눈을 감은 상태에서도 실제로 그방향을 보고 있다는 것을 알아차립니다. 눈을 떴을 때도 그 눈의 위치를 유지하여 그 장소를 일직선으로 계속해서 바라보기만 하고 있어도 됩니다.

• 2단계 : 처리 프로세스 준비하기

게이즈스폿(응시점)을 찾아내어 그 지점에서 처리가 시작되는데, 예를 들어 예정되어 있는 발표나 고민스러운 인간관계 등 무언가 구체적인 문제를 선택할 수도 있고, 특정 문제를 고르지 않고 탐험할 영역을 열어 둘 수도 있습니다.

어떤 것을 선택하든 게이즈스폿에 집중하며 잠시 그 문제에 대해 생각해 봅니다. 그럼으로써 그 문제에 대해 활성화가 일어나고, 동시에 그 경험을 가지고 있는 뇌의 부분도 작동하게 합니다. 그리고 활성화된 레벨의 SUDS를 체크해 봅니다. SUDS는 0에서 10까지인데, 활성화되지 않는 것이 0이며, 제일 가장 높은 것은 10입니다. SUDS는 처리 프로세스의 어디쯤에 와 있는지를 알게 해 주는 기준이 됩니다. 주의를 당부하고 싶은 것은, 셀프 게이즈스포팅을 할 때는 신체 리소스에 주의를 기울여 몸의 활성화가 일어나고 있는 지점을 찾아내지 않는 편이 좋을 것입니다. 이것은 브레인스포팅에서 하는 작업입니다.

그리고 게이즈스폿을 계속해서 바라보면서 신체 리소스로 주의를 되돌립니다. 반복해서 말합니다만, 신체 리소스는 어디까지나 시작점일 뿐이므로 생각들이 왔다 갔다 하기 시작하면 신체 리소스에 계속해서 주의를 머무르게 하는 것은 아닙니다. 이 연습을 하는 동안 그대로 머물러 있어야 하는 것은 응시점을 바라보는 당신의 시선뿐입니다.

• 3단계: 집중 마인드풀니스로 처리하기

이제 집중 마인드풀니스를 사용하여 처리를 해 나갈 준비가 되었습니다. 이것은 연습 1에서의 3단계와 동일합니다. 다만 차이는, 이 단계에서는 문제에 대해 집중하고 있는 동안에 처리가 진행된다는 점입니다. 따라서 일반적으로 더 정확하고 구체적으로 처리가 됩니다.

이 단계에서는 내면에서 무엇이 일어나는지를 예측하거나 기대를 갖지 않고 보고 있는 것 자체가 목표입니다. 당신의 깊은 뇌는 어떻게 경험을 처리해야 할지를 알고 있으므로, 저절로 문제 해결과 균형을 유지하는 방향으로 이끌어 줄 것이라고 믿을 필요가 있습니다. 어디를 가든, 어디에 도착하든, 있어야 할 곳이라는 것을 믿으십시오.

때때로 처리 프로세스의 어느 즈음에 와 있는지를 알기 위해 원래의 문제로 돌아가 SUDS 정도를 체크해 볼 필요가 있습니다. 이 동안에도 계속해서 게이즈스폿을 응시하고 있도록 합니다. SUDS를 확인했으면, 다시 신체 리소스(응시점을 계속 보고 있으면서)를 알아차려 보지만, 신체 리소스에 집중하려고는 하지 마세요. 다시 말하지만, 이곳은 때때로 돌아와 다시 시작하는 시작점일 뿐입니다.

셀프-게이즈스포팅 연습의 목표는 SUDS 0을 달성하는 게 아닙니다. SUDS는 0이 될 수도 있고 안 될 수도 있습니다. 중요한 것은 깊은 뇌와 몸의 시스템에 이 문제에 대해 연구하고 처리할 수 있는 기회를 주는 것입니다. 종료 시간이 정해지지 않았으면, 직관적으로 언제 처리를 종료할지 감지할 수 있습니다. 또한 언제든지 그 문제로 돌아와 처리를 진행할 수 있기 때문에 미리 시간을 정해 놓고 그 시간에 끝내는 것도 도움이 될 수 있을 것입니다. 하지만 기억해 두어야 할 것은, 이 연습을 멈춘 시점에서 처리도 멈추는 것은 아니라는 것입니다. 뇌는 항상 처리를 하고 있기 때문에, 셀프-게이즈스포팅을 끝낸 후에도 몇 분 혹은 몇 시간 동안 처리가 이어지는 것도 드문 일이 아닙니다.

연습 3 셀프-인사이드 윈도우 브레인스포팅

아웃사이드 윈도우 브레인스포팅은 다양한 눈의 위치에서 일어나는 눈이나 얼굴의 반사적인 반응을 관찰하는 사람을 필요로 합니다. 혼자서 관찰하는 사람과 관찰되어지는 사람의 역할을 동시에 할 수는 없기 때문에 아웃사이드 윈도우 브레인스포팅은 혼자서는 할 수 없습니다. 그러나 인사이드 윈도우 브레인스포팅에서는 신체 감각을 관찰함으로써 눈의 위치를 정할 수 있기 때문에 몸이 느끼는 눈의 위치를 스스로 찾아낼 수 있습니다.

이 장에서 소개하는 셀프-브레인스포팅은 리소스 모델의 신체 리소스를 활용합니다. 셀프 인사이드 윈도우 브레인스포팅도 동일하게 신체 리소스가 가장 강하게 느끼는 곳을 기준으로 브레인스폿을 특정합니다. 이 방법에 관해서는 〈연습 1〉에 제시한 신체 리소스를 찾는 방법을 참조하기 바랍니다.

몸에서 편안하고 든든하게 느껴지는 곳을 발견하면, 인사이드 윈도우 브레인스폿을 찾을 수 있습니다. 이 눈의 위치는 신체 리소스의 존재나 연결을 가장 많이 느끼는 부분입니다. 왼쪽이든 오른쪽이든 시작하는 것은 상관없지만, 일단은 왼쪽에서 시작하는 것으로 설명하겠습니다.

먼저, 방에서 자신의 왼쪽 눈높이에 있는 무언가를 바라봅니다. 약 10초 동안 바라보며 신체 리소스가 어떻게 느껴지는지 관찰합니다. 그리고 다음은 정면을 보고 10초 정도 눈앞에 있는 것을 바라보며 신체 리소스가 어떻게 느껴지는지 알아차려 봅니다. 마지막으로, 오른쪽 눈높이에 있는 무언가를 보고 신체 리소스가 어떻게 반응하는지 봅니다. 이 세 개의 위치 중 신체 리소스가 가장 강하게 느껴지는 곳을 선택합니다.

그 지점이 수평선상으로 x축에서 어디에 있는지 확인했으면, 수직선상인 y축으로 진행할 수 있습니다. 신체 리소스를 가장 많이 느끼는 x축의 위치(좌, 중간, 우)에서 시선을 위로 이동해 봅니다. 눈높이보다 위쪽의 시선 끝을 10초간 응시한 후 다시 원래의 눈높이로 돌아가서 똑같이 해 봅니다. 그러고 나서 10초간 눈높이보다 아래쪽 시선 끝을 바라봅니다. 그 과정에서 어느 높이가 가장 몸에서 편안하고 든든하게 느껴지는지 y축의 위치를 찾아봅니다.

인사이드 윈도우 브레인스폿을 찾아냈다면 처리를 진행합니다. 집중 마인드풀니스의 준비에 관해서는 〈연습 2〉의 2단계와 3단계를 참조하기 바랍니다.

▶▶▶

눈을 감고서도 항상 셀프-스포팅을 하고 있다는 걸 기억하세요. 셀프-스포팅은 우리의 외부와 내부를 모두 포함한 환경의 시공간 속에서 자신을 어디로 향하게 할지를 결정짓는 것과 관련됩니다. 이러한 정위 과정은 확실히 인식할 수 없으며 우리의 깊은 뇌와 신체에 의해 결정되고 있는 것입니다. 어떤 특정한 곳을 응시하고 있는 자기 자신을 발견하게 된다면, 그러고 있는 것이 이상하거나 무의미하다고 생각하지 말고 거기에 뭔가가 있다고 생각해봅시다. 그리고 의식적으로 알아차리면서 계속 그 장소를 바라보세요. 그곳을 바라봄으로써 당신에게 무슨 일이 일어나는지 지켜보시기 바랍니다.

Brainspotting

14

브레인스포팅의 국제적 확산

'세계 각국에서의 브레인스포팅'

Brainspotting

2003년에 브레인스포팅을 발견했을 때 처음 든 생각은 새롭고 독특하며 강력한 도구라는 것입니다. 그리고 동료들과 함께 한 달 동안 브레인스포팅을 사용해 본 후 든 두 번째 생각은 브레인스포팅을 위한 훈련 프로그램을 개발하고 싶다는 것이었습니다. 그리고 얼마 지나지 않아 세 번째로 '브레인스포팅은 미국 내에서뿐만 아니라 국제적으로 확산될 것이다.'라는 생각이 들었습니다.

10년이 지난 지금 6천 명이 넘는 치료사가 브레인스포팅에 대해 훈련을 받았으며, 그중 절반 이상이 미국 이외의 지역에 있습니다. 나는 21명의 브레인스포팅 트레이너를 훈련시켰습니다. 6명은 미국, 4명은 남미, 10명은 유럽, 1명은 중동에 있습니다. 그리고 브레인스포팅은 지금까지 영어, 스페인어, 포르투갈어, 독일어, 네덜란드어 및 히브리어의 6개 언어로 진행되고 있습니다.

언어와 문화는 우리의 정체성과 자기 경험의 가장 핵심적인 부분입니다. 언어와 문화는 우리의 두뇌, 아마도 우리의 DNA에 각인되어 있을 것입니다. 미국에서는 대부분의 사람이 영어만 사용하지만 점점 다문화가 증가하는 추세로 변화하고 있습니다. 유럽에서는 사람들이 둘 이상의 언어를 사용하는 경향이 있으며 영어는 종종 제2의 모국어입니다. 일부 유럽인은 5개 이상의 언어를 사용합니다. 각 언어에는 종종 번역하기 어려운 고유한 관용구와 뉘앙스가 있습니다. 그것들은 정보 제공의 좌뇌보다 직관적인 우뇌에서 더 많이 처리됩니다. 이처럼 문화와 언어는 밀접한 관련이 있지만 문화에는 그 외에도 다양한 면이 있는데, 가족, 지역 사회, 관습, 음식, 음악 등과 같은 것들은 문화마다 다른 양상을 보입니다.

더 깊은 부분의 뇌와 신체에 직접 접근할 수 있는 방법인 브레인스포팅은 다른 문화와 언어로 쉽게 번역될 수 있습니다. 이중 조율 프레임의 맥락에서 브레인스포팅 치료사는 내담자들의 말이나 반응의 대부분 혹은 모두에 대해 열려 있으며 주의를 기울입니다. 추측을 하지 않는 모델과 불확실성의 원칙으로 브레인스포팅 치료사는 혜성의 꼬리처럼 내담자가 어디를 가든지 따라가며 머물려고 노력합니다. 그러므로 만약 브레인스포팅 치료사가 문화적 또는 언어적 단서를 놓쳤다 하더라도 계속해서 호기심을 갖고 내담자를 따라가는 한 문제가 되지 않습니다. 브레인스포팅의 개방적이고 통합적인 모델이, 다양한 배경과 언어를 가진 내담자들에 대한 조율을 가능케 하는 것입니다.

전 세계에 브레인스포팅 협회가 생겨나고 있습니다. 우리가 첫 번째 국제 브레인스포팅 콘퍼런스를 개최하기까지 그리 오래 걸리지 않을 것입니다. 그것은 미국이나 유럽 또는 남미에서 열릴 수도 있습니다. 개최 지역에 상관없이 전 세계적으로 확장되고 있는 브레인스포팅 커뮤니티의 활기찬 모임이 될 것입니다. 각기 다른 언어들이 모이는 브레인스포팅 세계는 불협화음이 아니라 화음입니다. 즉, 우리를 다르게 만드는 것이 또한 우리를 하나로 만드는 것입니다.

▶▶▶

처음부터, 나는 브레인스포팅은 나만의 것이 아니라 나를 뛰어 넘는 것으로 성장해 가길 바랐습니다. 국제적인 브레인스포팅 커 뮤니티가 설립되고 있는 것은 브레인스포팅에 있어서 나의 가장 큰 성과입니다. 나는 종종 브레인스포팅을 어떻게 국제적으로 확 산시킬 수 있었는지 질문을 받습니다. 그럴 때마다 나는 "브레인 스포팅을 발견했을 때 나는 이미 미국 밖에서 지도자로 활약하고 있었고, 외국이나 각 나라의 전문가인 친구들과 교류가 있었으며, 그들은 전 세계에 브레인스포팅을 전파하려는 나의 노력을 지지 해 주었다."라고 대답합니다.

다른 국가에 브레인스포팅을 소개하는 것을 왜 그렇게 중요하게 느끼는지 질문을 받기도 합니다. 그러면 나는 일곱 살 때 국제적인 사람이 되었다고 설명합니다. 나는 미국이 세계에서 유일한 나라 이거나 다른 나라보다 더 중요하다고 생각하지 않으며, 나는 내 나 라의 시민이자 세계의 시민이라고 느끼기 때문에 다른 나라의 치 료사들과 연결되고자 하는 강한 동기가 있다는 대답을 합니다.

내가 일곱 살 때 부모님은 여동생 데비와 나를 데리고 유럽과 중 동으로 4개월간 여행했습니다. 아버지는 국제 강의 여행을 시작하 게 되었는데, 부모님은 그것을 가족 여행으로 결정한 것이었습니 다. 우리는 먼저 영국으로 여행을 갔고, 거기에서 오션 라이너(외 국 항로의 배)로 각지를 1주일씩 여행하였습니다. 여행 기간 동안 우리는 영국, 네덜란드, 벨기에, 프랑스, 이탈리아, 스위스, 오스트 리아, 유고슬라비아, 그리스, 터키 및 이스라엘을 방문했습니다. 흥미롭게도 이 11개 국가 중 10개 국가에서 브레인스포팅 교육이 이미 이루어졌습니다.

부모님은 운전을 하지 않았기 때문에 유럽에서는 놀라운 열차 시스템을 이용하였습니다. 나는 기차의 창문을 통해 농장, 숲, 마을, 산 그리고 알프스를 관통하는 터널을 보았던 것을 선명하게 기억하고 있습니다. 그러나 무엇보다도 나는 사람들을 기억합니다. 아버지는 모든 나라에 친구가 있었는데, 그런 나의 아버지는 사람으로서 훌륭했다고 생각합니다. 그의 친구 중에도 랍비도 있었고, 교육자, 작가 및 예술가도 있었습니다. 그들은 모두 재미있는 사람들이었습니다. 아빠의 많은 친구에게는 자녀가 있었기 때문에 여동생과 나는 여행 내내 놀이 친구가 있었습니다. 다른 아이들이 영어를 할 줄 모를 때에는 우리는 항상 놀이라는 공통 언어를 사용하였습니다. 나는 일곱 살이었지만 사람들의 공통점과 차이점을 모두 인식했습니다. 친숙한 경험이든 새로운 경험이든 모든 경험은 나를 매혹시켰습니다.

그것이 부모님의 의도였는지는 모르겠지만, 이 여행에서 만났던 사람들 덕에 나는 국제적인 사람이 되었습니다. 그들의 행동에서 사람의 차이는 두려운 것이 아니라 흥미를 끄는 것이라는 것을 배웠습니다. 타인은 언제나 나의 흥미를 끌기 때문에 나에게 있어서 '외국인 공포증'을 이해하는 것은 매우 어려운 일입니다. 나는 다민족으로 구성되어 있다는 점이 미국을 위대한 나라로 만들고 있다고 믿고 있습니다. 뉴욕시에서만도 최대 800개의 언어가 사용된다고 들었습니다.

1990년대 후반에 런던과 네덜란드에서 내추럴 플로우 EMDR 워크숍을 개최하였던 것이 나에게 있어서는 첫 해외 지도였습니다.

어린아이로서, 여행자로서가 아니라 내 분야의 전문가로서 유럽으로 다시 돌아온 것은 매우 기쁜 일이었습니다. 어린 시절 길러진 문화적 이해가 나를 지지하고 있었기에 일을 잘 해낼 수 있었고, 보다 많은 것을 경험할 수 있었습니다. 나는 수년에 걸쳐 국제적인 친구들과의 네트워크를 구축하기 시작했고, 이는 나중에 전 세계에 브레인스포팅을 알리려는 나의 노력을 지원해 주었습니다. 유럽에서 첫 워크숍을 개최하고 채 1년도 되지 않아 아르헨티나와 이스라엘에서 내추럴 플로우 EMDR을 지도할 기회가 있었습니다. 친애하는 친구이자 EMDR 트레이너인 마리아(Maria Elena Aduriz)의 소개로 우선 부에노스 아이레스에서 내추럴 플로우 EMDR을 가르쳤습니다. 거기에서 내가 가르친 치료 전문가들은 뉴욕에서 가장 훌륭한 치료사들과 비슷한 수준이었습니다. 남아메리카, 특히 아르헨티나는 정신분석학 연구 및 발전에 있어서 길고 풍부한 역사를 가지고 있으며, 1인당 심리학자 수가 가장 많다는 것을 읽은 적이 있습니다.

나는 평생 이스라엘을 열 번 정도 방문하였는데, 지도를 하기 위해 이스라엘로 간 것은 흥분되었습니다. 내추럴 플로우 EMDR 교육은 친애하는 친구 프랑(Fran Yoeli)의 도움으로 이루어졌습니다. 거기에서 참가자들에게도 이야기한 것에도, 아버지가 사랑한 나라, 나의 제2의 고향에서 가르치게 되었다는 것에도 깊은 감회를 느꼈습니다. 나는 심지어 제2외국어인 히브리어를 사용하려고 했고, 단어를 잘 기억하고 있었던 것에 대해 놀라움을 느낄 정도였습니다.

브레인스포팅을 발견한 지 한 달 후, 나는 그리스의 히드라 섬에서 독일어를 사용하는 치료사들을 위한 워크숍에 참석할 예정이었습니다. 그 워크숍은 베를린에 있는 트라우마치료연구소의 올리버가 개최한 것이었습니다. 우연히도 올리버와 나는 1993년 뉴욕에서 최초의 EMDR 교육을 받을 때에 만났던 인연이 있어서 우리는 금세 친해졌습니다. 나는 내추럴 플로우 EMDR 강의를 마치고 난 후 그에게 "중요한 것을 발견한 것 같습니다. 내가 보여 줄까요?"라고 이야기했고 그는 "좋아요!"라고 대답했습니다. 나는 올리버에게 초보적인 브레인스포팅 세션을 해 주었고 그에게 의견을 물었다. 올리버는 "브레인스포팅은 밖을 보면서 내부를 보는 방법이로군요."라는 말을 하였고, 나는 나중에 그 말을 몇 번이고 머릿속으로 되뇌었습니다. 그리고 그는 동시에 브레인스포팅의 체험적 측면과 신경생물학적 측면에 대해서도 의견을 들려주었습니다.

▶▶▶

2004년, 브레인스포팅을 발견한 지 1년 만에 처음으로 미국에서 보스턴, 뉴욕시, 시카고 이 세 곳에서 브레인스포팅 워크숍을 개최하였습니다. 새로운 훈련은 실제로 해 보지 않고서는 잘 될지 어떨지 절대로 알 수 없는데, 다행히도 훈련은 잘 진행되었습니다. 그 이후로 나는 거의 백 번의 브레인스포팅 워크숍을 개최하였습니다. 첫 이틀간의 브레인스포팅 교육은 입문 1단계가 되었으며, 그 후 2단계 교육을 개발하여 가르쳤습니다. 내가 미국이 아닌 베를린에서 처음으로 2단계 브레인스포팅 교육을 실시한 것은 중요합니다. 그것은 브레인스포팅이 국제적인 치료법으로 확립되었다는 것을 반영합니다.

최초의 국제적인 브레인스포팅 워크숍은 2005년 부에노스아이레스에서 스페인어 통역을 끼고서 이루어졌습니다. 그로부터 6개월 후 유럽에서는 처음으로 베를린에서 브레인스포팅 교육이 열렸습니다. 이러한 훈련을 통해 처음으로 국제적인 브레인스포팅 커뮤니티가 설립되었으며, 오늘날에도 여전히 남미와 유럽에서 활동을 이어 가고 있습니다. 올리버의 후원으로 베를린에서 브레인스포팅 교육이 이루어지고 3년 후, 나는 그에게 나 이외의 최초의 브레인스포팅 트레이너가 되도록 가르쳤습니다. 그가 트레이너가 되면서 브레인스포팅은 내가 직접 지도하지 않아도 새로운 국가들로, 치료사에게로 전파되기 시작했습니다. 이것은 전 세계의 브레인스포팅 운동에서 이정표가 되었습니다.

프랑은 독일에서 처음으로 브레인스포팅 훈련을 마치고 이스라엘에서 최초의 브레인스포팅 교육을 실시했습니다. 반응은 훌륭했으며, 그 결과 나의 기대를 뛰어넘어 이스라엘에 브레인스포팅 커뮤니티가 탄생했습니다. 열정적인 시온주의자였던 아버지에게 생전에 이스라엘에서의 브레인스포팅을 보여 드리지 못한 것은 애석하지만, 나의 어머니가 이스라엘과 전 세계에 브레인스포팅이 확대되어 가는 것을 볼 수 있다는 것만으로도 충분히 행복한 일입니다. 프랑은 개척 정신을 가지고 2011년에 그리스에서 최초의 브레인스포팅 교육을 개최하였습니다.

브레인스포팅의 국제적인 확산의 전기가 찾아온 것은 마리아가 나를 브라질 EMDR의 권위자인 에슬리(Esly Carvalho)에게 소개했을 때였습니다. 에슬리는 브라질뿐만 아니라 남미 전역에서도 사이코드라마의 선구자 중 한 명으로 알려진 사람이었습니다. 에슬리는 2007년에 브라질에서 최초의 브레인스포팅 교육을 실시했습니다. 그 후 그녀는 나를 브라질로 여러 번 초대해 주었을 뿐만 아니라 다른 나라에도 연결을 시켜 주어서 브레인스포팅은 마치 도미노처럼 남미로 확대되어 갔습니다. 그녀는 먼저 에콰도르 EMDR의 지도자인 산티아고(Santiago Jacome)가 키토에서 브레인스포팅 훈련을 받도록 했습니다. 우리는 그 후 에콰도르에서 수많은 워크숍을 개최하였고, 영어와 스페인어, 포르투갈어에 능통한 에슬리는 매번 나를 위해 통역을 해 주었습니다. 그렇게 해서 산티아고와 글렌다 빌라마린을 트레이너로 하여 에콰도르에는 강력한 브레인스포팅 커뮤니티가 생겨났습니다.

EMDR 트레이너 및 전문가로서 에슬리의 명성은 EMDR 커뮤니티를 타고서 포르투갈과 스페인까지 퍼져 있었습니다. 그 연고를 통해 현재는 브레인스포팅 트레이너인 마가리다 쿠토(Margarida Couto)가 리스본에서 교육을 하게 되었고, 다시 에슬리가 통역을 하였습니다. 작은 규모에도 불구하고, 포르투갈은 국가 공인 브레인스포팅 협회를 설립한 최초의 국가였습니다.

다음 단계는 스페인이었습니다. 거기서 에슬리는 교류 분석 및 통합 심리치료 분야의 유럽 리더인 마리오(Mario Salvador)와 나를 연결시켜 주었습니다. 마리오와 연관된 중요 인물이 브레인스포팅 지지자가 되기를 바랐고, 그가 그렇게 했을 때 감격스러웠습니다. 에슬리는 다시 루고에서 첫 번째 훈련을 통역했습니다. 마리오가 앞장서면서 스페인 브레인스포팅 커뮤니티는 대륙에서 가장 강력한 커뮤니티 중 하나가 되었습니다.

마리오가 루마니아에 브레인스포팅을 소개했을 때 2세대 브레인스포팅 이야기는 계속 이어지고 있었으며, 그곳에서 그는 이미 강한 유대 관계를 가지고 있었습니다. 나는 루마니아에는 직접적인 연고가 없었으나 마리오의 헌신 덕에 루마니아 브레인스포팅이 탄생했습니다. 슬로베니아에도 마찬가지로 마리오가 브레인스포팅을 소개하였습니다.

2009년 유럽의 브레인스포팅 개척자인 올리버는 오스트리아에서 현재 번성하고 있는 브레인스포팅 커뮤니티를 설립했으며, 트레이너인 엘리자베스 루이드가드 피어(Elizabeth Luitgard Peer)와 토마스 웨버(Thomas Weber)가 이끕니다. 올리버는 스위스와 라트비아에서도 교육을 실시하였습니다.

브레인스포팅은 내가 처음 시작했을지는 몰라도, 애초에 바라던 대로 그것은 나를 뛰어넘어 성장해 갔습니다. 브레인스포팅이 나 이외의 트레이너에 의해 계속해서 새로운 나라로 전해진다는 사실은 브레인스포팅이 개인적 발견이라는 수준을 뛰어넘은 증거이며, 그동안 해 온 일이 틀리지 않았다는 증거일 것입니다. 나는 브레인스포팅의 국제적인 범위를 계속 확장해 가려고 합니다.

2009년에 나는 호주로 여행을 갔으며 로비(Roby Abeles)와 함께 새로운 브레인스포팅 커뮤니티를 설립하는 데 힘을 보탰습니다. 2012년에 영국에서 필립 듀턴과 함께, 네덜란드에서 마리(Marie-Jose Boon)와 함께 교육을 실시했습니다. 유럽의 다른 지역에서 훈련받은 노르웨이와 스웨덴의 브레인스포팅 치료사들이 자국으로 다시 가져 오면서 스칸디나비아는 현재 거의 전역에 브레인스포팅이 확대되고 있습니다. 2012년 현 시점에서 프랑스에서는 훈련이 실시되고 있지 않지만 그것도 조만간 실현될 것입니다.

인간의 두뇌는 우리가 사는 지구를 반영합니다. 뇌는 영역으로 구성되며 각 영역은 수십억 개의 뇌세포로 구성됩니다. 이 모든 신경세포는 협동하여 기능하면서 만조나 되는 신경의 연결을 만들어 내고 있습니다. 세계에는 약 200여 개의 나라가 있으며 70억 명의 인구가 있습니다. 우리 모두는 공통 조상을 가지고 있습니다. 오늘날의 기술을 사용하면 언제 어디서나 전 세계의 모든 사람과 커뮤니케이션할 수 있습니다. 이러한 사실을 고려해 보자면 브레인스포팅이 국제적으로 확산되는 것은 오히려 자연스러운 일입니다. 인간에게는 개성이 있지만 인간의 뇌는 본질적으로 동일하기 때문입니다. 그리고 브레인스포팅에 대한 인간의 반응 또한 공통되는 부분이 있습니다. 과거의 외상이 사라지면 우리는 과거의 그림자가 잠재되어 있지 않은 현재를 경험할 수 있습니다. 우리는 순간에 우리 자신이 될 수 있습니다. 우리는 그저 호기심을 가지고 앞을 볼 수 있는 것입니다.

브레인스포팅의 국제화가 이루어지면서 나의 꿈은 이루어졌습니다. 이중 조율 프레임 중 관계성의 측면은 사람에게서 사람으로, 나라에서 나라로 전해집니다. 치료 전문가들은 매일 브레인스포팅을 창의적으로 실험하고 있습니다. 그런 가운데 나는 언젠가 누군가가 나와 피겨 스케이팅 선수인 카렌이 얻었던 것과 같은, 또는 그 이상의 통찰을 얻을 수 있기를 바라고 있습니다. 그것은 미국에서 일어날 수도 있고 또는 슬로베니아에서, 또는 아직 브레인스포팅이 전해져 있지 않은 나라에서 발생할 수도 있습니다. 항상 같은 모양으로 머무르는 것은 없습니다. 즉, 모든 것은 변화하기 마련입니다. 움직임은 인간과 세상의 이치이며, 뇌의 이치이기도 한 것입니다.

결론: 브레인스포팅의 미래

브레인스포팅은 여러 가지 방면에서 다른 심리치료와 치유 방식이 다릅니다. 우선, 환자의 시야를 전략적으로 활용하여 뇌의 자기스캔 및 자기치유 능력에 액세스합니다. 또한 심리학이 생리학의 반영이며 생리학적 접근법이 심리적 결과를 가져올 수 있다고 가정합니다. 그리고 생존과 적응에 대한 인간의 욕구를 의도적으로 활용하여 해방시킵니다.

브레인스포팅에서 우리는 인간의 뇌라는 내적 세계에 대하여 조금밖에 알지 못한다는 불확실성 안에서 치료가 이루어진다는 사실을 인정하고 받아들이고 있습니다. 브레인스포팅 치료사들은 내담자가 치료실에 가져오는 문제에 대한 유일한 해결책은 환자 자신 안에 있다는 것을 알고 있습니다. 브레인스포팅은 내담자의 요구에 따라 다양한 활성화의 스펙트럼상에서의 개입, 즉 가장 활성화가 일어나 있는 상태에서부터 가장 리소스가 풍부한 상태까지 눈의 위치와 신체 경험을 활용하여 개입합니다. 그리고 구체적이고 의도적으로 다른 방법과 통합되도록 설계되었습니다.

마지막으로, 브레인스포팅은 치료사의 내담자에 대한 관계성 및 신경생물학적 조율을 완전히 통합하고 있습니다. 브레인스포팅 치료사는 내담자의 말이나 신체 경험을 들으면서 내담자의 눈, 얼굴 및 몸에서 일어나는 반사적 반응을 관찰합니다. 브레인스포팅은 인간에게 자기치유 시스템이 있다는 사고에 바탕을 두고 있기 때문에, 치료사의 역할은 내담자의 자기치유 능력을 촉진시켜 활용하는 프레임을 설정하고 유지하는 것에 있습니다.

브레인스포팅에서는 효율성이 중시됩니다. 모든 세션이 중요하며, 각 세션은 독립적으로 이루어집니다. 나는 이 개념을 "와이어 투 와이어(wire to wire)"라고 부릅니다. 이 용어는 경주에서 사용되는 용어로, 경주의 처음부터 끝까지 계속해서 선두로 달리는 것을 뜻합니다. 이 말은 세션의 시작부터 끝까지 집중된 의도적 순간이 이어지는 것의 중요성을 나타내고 있습니다. 브레인스폿에서 처리가 이루어지고 있을 때, 즉 치유될 필요가 있는 뇌의 어떤 부분에 정확히 주의를 집중하고 있을 때 마치 레이저 광선과 같은 효율이 가능해지는 것입니다.

브레인스포팅의 또 다른 독특한 개념은, 치유가 세션 중에서만 아니라 세션 사이에서도 일어난다는 것입니다. 일주일은 168시간 이지만 그중 세션이 이루어지는 것은 고작 한 시간입니다. 그 짧은 시간에 어떻게 변화가 일어나는 것일까요? 이 시간과 변화에 대한 대안적 태도를 나는 "북엔딩(bookending: 여러 권의 책을 세워 놓은 것이 쓰러지지 않게 양쪽 끝에 받치는 것)"이라고 부릅니다. 왜냐하면

매주 브레인스포팅 세션은 그 주에 일어나고 있는 변화나 처리의 마지막에 오는 '책 지지대'와 같은 것이라고 생각하기 때문입니다. 이러한 태도에서, 브레인스포팅 세션 또는 '북엔딩(책 지지대)'은 세션 후 일어나는 변화를 촉진시키는 기회로 간주될 수 있습니다. 다음 세션 또는 후속 세션에서는 전 주의 변화를 반복 촉진시키는 것을 비롯하여, 그 변화의 지속에 초점을 맞춤으로써 다른 '북엔딩(책 지지대)'을 제공하게 되는 것입니다.

그러나 브레인스포팅이 다른 요법과 다른 것이라고 하는 진짜 이유는, 브레인스포팅이 지금까지의 심리 요법의 발전과 앞으로의 발전의 일시적 중간점이라는 점입니다. 접근 방식으로서 브레인스포팅이 달성한 혁신은 정신 건강 분야에서 영원히 지속되도록 의도된 것은 아닙니다. 궁극적으로 브레인스포팅을 대체할 수 있는 새로운 이론적 전망이나 임상적 발견의 문을 열도록 의도되었습니다. 모든 이야기에는 시작과 중간, 끝이 있습니다. 우리 행성의 지형은 외적 힘에 따른 침식이나 내적 압력에 따른 융기나 파괴에 의하여 항상 변화하고 있습니다. 브레인스포팅을 뛰어넘은 새로운 심리 요법은 전 세계 어딘가에 있는 심리치료실에서 나와 카렌(피겨 스케이팅 선수)과 같은 특별한 경험을 한 치료사가 발견할 수도 있습니다. 또는 브레인스포팅 요법을 받은 사람의 뇌를 fMRI(기능적 자기공명 영상)나 QEEG(정량적 뇌파검사)로 연구하는 과정에서 차기 심리 요법의 돌파구가 발견될 수도 있습니다.

연구 프로젝트로서, 아칸소 주립 대학 병원에서 뇌 과학자 팀과 나는 이미 fMRI 스캐너 안에서 내담자와 브레인스포팅 세션을 하였습니다. 우리는 외상 생존자의 뇌에 대한 브레인스포팅 효과를 연구하고 있습니다. 이 첫 시도는 예비적이긴 하지만 기대할 만한 결과를 남겼고, 피험자의 수를 늘려 현재 추가 조사를 검토 중에 있습니다. 오스트리아의 브레인스포팅 트레이너인 토마스 웨버(Thomas Weber)는 비엔나에서 가장 유명한 연구 병원에서 브레인스포팅에 대한 주요 QEEG 및 fMRI 연구 계획을 세우고 있습니다. 또한 피츠버그 대학교 의과 대학에서 토론이 진행되어 브레인스포팅 세션 동안 눈동자가 어떻게 반응하는지 조사하는 연구 검토가 현재 진행되고 있습니다. 또한 마크 스테플러(Mark stemmler) 박사(독일 에를랑겐 대학교 심리학 연구실장)와 공동으로 EMDR과 브레인스포팅의 효과를 비교 검토하는 실험이 이루어지는데, 첫 국제적 연구라는 점에서 그 결과가 매우 기대됩니다. 스코틀랜드에서 프랑크 코리건(Frank Corrigan) 박사가 브레인스포팅을 신경생물학적 관점에서 심도 깊은 저널 논문을 작성했습니다. 그는 브레인스포팅이 '핵심 자아'를 보유하고 있다고 믿는 뇌간 영역(뇌의 상구라고 불리는 부분과 중뇌수도주위회백질이라 불리는 부분 사이에 위치한다)에 직접 작용하여 치유한다고 보고 있습니다.

▶▶▶

브레인스포팅 커뮤니티를 확장해 가는 것에 관해 나나 다른 사람들의 주요 관심사는 조직 구조상 필연적으로 발생할 것이라고 생각할 수도 있는 권력이나 지배 문제가 아닙니다. 내가 심리치료 일을 시작한 이래로, 나는 훌륭한 의도를 가진 조직이 당초의 의도를 잃고 오로지 조직의 존속과 확대만을 목표로 하는 모습을 보아 왔습니다. 브레인스포팅 커뮤니티의 주요 관심사는 관계성입니다. 나는 브레인스포팅 치료사와 브레인스포팅 커뮤니티 간 연결의 확대에 관심이 있습니다. 브레인스포팅에 있어서 치료사와 내담자 사이에서 일어나는 치료 과정에 있어서도, 그리고 브레인스포팅 치료사의 커뮤니티를 확대하는 데 있어서도 관계성은 매우 중요합니다. 그러기 위해서는 조직 혹은 단체의 존재가 중요하며, 브레인스포팅이 도입된 나라에서는 자체적으로 그러한 단체가 만들어지고 있습니다. 그러나 나는 브레인스포팅의 관계성의 원리가 그림자로 덮여 버리지 않도록, 구조화의 함정에 빠지지 않도록 주의를 기울이고 있습니다.

우리는 앞으로 브레인스포팅을 새로운 나라들에 전파하여 각국에서 브레인스포팅 훈련이 이루어지길 바라고 있습니다. 아프리카나 아시아 등 아직 브레인스포팅 훈련이 이루어지고 있지 않은 나라들에 브레인스포팅을 전할 계획도 가지고 있습니다.

또한 새로운 브레인스포팅 치료사와 숙련된 브레인스포팅 치료사 모두를 위한 훈련 기회를 확대하고 있습니다. 그동안 브레인스포팅의 기본인 1단계와 2단계 훈련에만 시간과 노력을 들여 왔지만 그것도 계속해서 내용을 갱신하고 업그레이드하고 있으며, 2011년에는 경험이 풍부한 치료사들을 위해 3단계 훈련을 추가했습니다. 3단계 훈련에서는 운동 수행 및 창의성의 확대, 그리고 브레인스포팅을 받은 배우에 의한 일인극 퍼포먼스 시연도 포함되어 있습니다. 리사(Lisa Schwarz)는 브레인스포팅의 리소스 모델에서 자신의 고급 훈련을 개발했으며, 그것은 가장 복잡한 외상 및 해리장애를 다루는 것에 적용됩니다.

그리고 가장 상급 훈련 과정은 '집중 코스(Intensive)'입니다. 이것은 5일 내내 최대 12명의 브레인스포팅 치료사들을 대상으로 하는 과정입니다. 참가자들에게 있어서는 이 과정이 개별적인 도전 과정이기에 '집중 코스'라는 명칭은 매우 정확합니다. 브레인스포팅의 체험적 세션은 참가자들이 둘러앉은 하나의 원 안에서 12세션이 이루어지게 되는데, 각각의 참가자는 치료사가 되기도 하고 내담자가 되기도 하는 기회가 있습니다. 내가 치료사 옆에 앉아서 가장 개방적이고 창조적인 방식으로 문제를 다루어 갈 수 있도록 안내합니다. 나는 이를 "자유로운 형태의 브레인스포팅"이라고 부릅니다만, 내 사무실에서 실제로 쓰고 있는 방식입니다. 이 집중 코스에서의 심도 깊은 배움으로 개인의 치유 경험도 강력합니다. 나는 전 세계에서 15회의 집중 코스를 진행했습니다. 나의 궁극적인 목표는 커리큘럼으로 브레인스포팅을 지도할 수 있게 됨으로써 대학에서 수업으로 받아들여지는 것입니다. 갓 심리치료사가 된 사람들에게는 브레인스포팅을 경험하는 것이 도움이 되리라 생각합니다. 경험이 많지 않은 치료사는 보다 개방적이고, 이중 동조 프레임이 더욱 필요하다고 생각하기 때문입니다.

▶▶▶

"어디를 보느냐에 따라 느껴지는 것이 달라진다."

독자 여러분에게 이 책은 자신만의 고유한 브레인스포팅 여행의 시작을 나타냅니다. 어쩌면 당신은 브레인스포팅 치료사를 찾고 있고, 개인적 치유나 운동 수행 능력 향상 또는 예술에 있어서 창의성의 확대를 바라고 있어서 브레인스포팅 치료사를 찾고 있을지도 모릅니다. 당신의 여행의 다음 단계가 어떤 형태가 되든 "어디를 보느냐에 따라 느껴지는 것이 달라진다."라는 것을 의식하면서 다음 단계로 나아가게 될 것입니다.

참고문헌

Badenoch, Bonnie. *Being a Brain-Wise Therapist: A Practical Guide to Interpersonal Neurobiology.* New York: W. W. Norton & Company, 2008.

Bergmann, Uri. *Neurobiological Foundations for EMDR Practice.* New York: Springer Publishing Company, 2012.

Doidge, Norman. *The Brain That Changes Itself: Stories of Personal Triumph from the Frontiers of Brain Science.* New York: Penguin Books, 2007.

Grand, David. *Emotional Healing at Warp Speed: The Power of EMDR.* New York, NY: Harmony, 2001.

Grand, David and Alan Goldberg. *This Is Your Brain on Sports: Beating Blocks, Slumps and Performance Anxiety for Good!* Indianapolis: Dog Ear Publishing, 2011.

Martinez-Conde, Susana, and Stephen L. Macknik. "Windows on the Mind." *Scientific American,* 297 no. 2 (August 2007): 56-63.

Scaer, Robert. *The Body Bears the Burden: Trauma, Dissociation, and Disease.* New York: Routledge, 2007.

Scaer, Robert. *The Trauma Spectrum: Hidden Wounds and Human Resiliency.* New York: W. W. Norton & Company, 2005.

Siegel, Daniel. *Pocket Guide to Interpersonal Neurobiology: An Integrative Handbook of the Mind.* New York: W. W. Norton & Company, 2012.

Schiffer, Fredric. *Of Two Minds: A New Approach For Better Understanding and Improving Your Emotional Life.* London: Pocket Books, 1997.

저자 소개

　David Grand는 International University에서 박사 학위를 받았고, 임상 사회복지사 면허를 취득하였으며, 현재 맨해튼에서 개인 심리치료를 하고 있다. 그를 찾는 내담자들 중에는 유명한 탤런트, 영화배우, 연극배우, 프로 스포츠 선수, 사업가, 심각한 외상 생존자(9.11테러 및 허리케인 카트리나 포함) 그리고 이라크와 아프가니스탄의 참전 용사들도 있다. 그는 매년 몇 달씩 전 세계를 여행하며 치료사들을 대상으로 브레인스포팅을 강의하고 훈련한다. 그는 『Emotional Healing at Warp Speed』(Harmony, 2001)의 저자이며, 다큐멘터리 영화 〈Come Hell or High Water〉의 감독이자 프로듀서이며, 연극 〈I Witness〉의 극작가이다. 그는 CNN, NBC, Nightline, Jane Pauley Show 및 NBC Extra에서 인터뷰를 하였으며, 『뉴욕 타임스』『워싱턴 포스트』『오 매거진』『골프 다이제스트』『뉴스데이』 등에서 특집으로 소개되기도 하였다. 더 자세한 내용은 brainspotting. com에서 확인할 수 있다.

역자 소개

서주희Seo Joohee

원광대학교 한의과대학을 졸업하고, 동대학원에서 한의학 박사 학위를 받았다. 국립의료원에서 한방신경정신과 전문의 과정을 마치고, 한의사로서는 1호로 미국 하코미연구소 인증 하코미 테라피스트 자격을 취득하였다. 한국 M&L 심리치료연구원에서 뇌과학에 기반한 최신의 심리치료기법과 한의학의 현대적 접목을 위한 연구를 하고 있으며, 현재 국립중앙의료원 한방신경정신과에서 이 같은 연구를 바탕으로 내원하는 사람들의 몸과 마음을 통합적으로 치료하고 있다. 옮긴 책으로는 『몸과 마음을 잇는 트라우마 치유』 등이 있다.

고경숙Ko Kyoungsook

충북대학교 국어국문학과 졸업 후 제주대학교와 부산외국어대학교 대학원에서 일어일문학 석박사 과정을 수료하였다. 일본 가고시마 대학교 유학 시절 하코미 테라피를 만나 관련 자료를 통번역하면서 심리치료의 세계와 인연을 맺어 미국 하코미연구소 인증 하코미 테라피스트 자격을 획득하였다. 원광대학교 산본병원에서 심리치료사 및 연구원으로 활동하다가 현재는 제주관광대학교 학생상담센터에서 심리상담을 하고 있으며, 학생들뿐만 아니라 제주지역주민들의 트라우마 치료 및 마음건강 회복과 관련한 각종 강의 및 세션을 진행하고 있다. 또한 mindfulness와 제주의 자연을 이용한 치유명상 전문가로도 활동하고 있다.

뇌과학 기반 트라우마 치료법

브레인스포팅
Brainspotting

2021년 1월 5일 1판 1쇄 인쇄
2021년 1월 15일 1판 1쇄 발행

지은이 • David Grand, PhD.
옮긴이 • 서주희 · 고경숙
펴낸이 • 김진환
펴낸곳 • ㈜**학지사**

　　　　04031 서울특별시 마포구 양화로 15길 20 마인드월드빌딩
대표전화 • 02-330-5114　　팩스 • 02-324-2345
등록번호 • 제313-2006-000265호

홈페이지 • http://www.hakjisa.co.kr
페이스북 • https://www.facebook.com/hakjisa

ISBN 978-89-997-2224-0 03180

정가 15,000원

이 도서의 국립중앙도서관 출판시도서목록(CIP)은 서지정보유통지
원시스템 홈페이지(http://seoji.nl.go.kr)와 국가자료공동목록시스템
(http://www.nl.go.kr/kolisnet)에서 이용하실 수 있습니다.
(CIP 제어번호: CIP2020042274)

출판 · 교육 · 미디어기업 **학지사**

간호보건의학출판 **학지사메디컬** www.hakjisamd.co.kr
심리검사연구소 **인싸이트** www.inpsyt.co.kr
학술논문서비스 **뉴논문** www.newnonmun.com
원격교육연수원 **카운피아** www.counpia.com